中学校社会科教育・高等学校地理歴史科教育

社会認識教育学会　編

編集責任者：棚橋健治　草原和博　川口広美　金鍾成

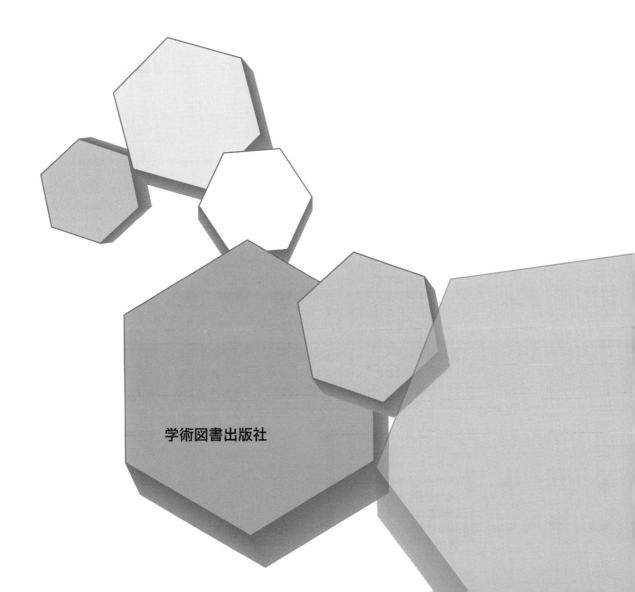

学術図書出版社

執筆者紹介 (執筆順)

棚橋　健治	安田女子大学教育学部	はしがき
草原　和博	広島大学大学院教育学研究科	第1章
福田　喜彦	兵庫教育大学大学院学校教育研究科	第2章
渡部　竜也	東京学芸大学教育学部	第3章
角田　将士	立命館大学産業社会学部	第4章
竹中　伸夫	熊本大学大学院教育学研究科	第5章
岡明　秀忠	明治学院大学文学部	第6章
土肥大次郎	長崎大学教育学部	第7章
田口　紘子	日本体育大学児童スポーツ教育学部	第8章
吉村功太郎	宮崎大学大学院教育学研究科	第9章
永田　成文	広島修道大学人文学部	第10章第1節
山田　秀和	岡山大学大学院教育学研究科	第10章第2節
中本　和彦	龍谷大学法学部	第11章第1節
宇都宮明子	島根大学教育学部	第11章第2節
梅津　正美	鳴門教育大学大学院学校教育研究科	第11章第3節
金　　鍾成	広島大学大学院教育学研究科	第12章
鉅　　悠介	広島大学大学院教育学研究科博士課程後期	付録　年表
河原　洸亮	広島大学大学院教育学研究科博士課程後期	付録　年表
守谷富士彦	広島大学大学院教育学研究科博士課程後期	付録　年表
両角　遼平	広島大学大学院教育学研究科博士課程後期	付録　年表
宅島　大尭	広島大学大学院教育学研究科博士課程後期	付録　年表
小栗　優貴	広島大学大学院教育学研究科博士課程後期	付録　年表

編者紹介

社会認識教育学会

〈事務局〉

東広島市鏡山一丁目1番1号

広島大学教育学部社会認識教育学講座内

〈出版物〉

『社会科教育研究資料』第一学習社，1974年

『社会認識教育の探求』第一学習社，1978年

『中等社会科教育学』第一学習社，1979年

『初等社会科教育学』学術図書出版社，1983年

『社会科教育の21世紀―これからどうなる・どうするか―』明治図書出版，1985年

『社会科教育の理論』ぎょうせい，1989年

『初等社会科教育学』学術図書出版社，1990年，改訂版

『中等社会科教育学』第一学習社，1990年，改訂版

『社会科教育学ハンドブック―新しい視座への基礎知識―』明治図書出版，1994年

『中学校社会科教育』学術図書出版社，1996年

『地理歴史科教育』学術図書出版社，1996年

『公民科教育』学術図書出版社，1996年

『初等社会科教育学』学術図書出版社，2000年，改訂新版

『中学校社会科教育』学術図書出版社，2000年，改訂新版

『地理歴史科教育』学術図書出版社，2000年，改訂新版

『公民科教育』学術図書出版社，2000年，改訂新版

『社会科教育のニュー・パースペクティブ―変革と提案―』明治図書出版，2003年

『社会認識教育の構造改革―ニュー・パースペクティブにもとづく授業開発―』明治図書出版，2006年

『小学校社会科教育』学術図書出版社，2010年

『中学校社会科教育』学術図書出版社，2010年

『地理歴史科教育』学術図書出版社，2010年

『公民科教育』学術図書出版社，2010年

『新社会科教育学ハンドブック』明治図書出版，2012年

『小学校社会科教育』学術図書出版社，2019年

は し が き

　本書は，中等教育段階における社会認識教育についての研究・実践の入門書として編集されたもので，本書で扱うのは，学校教育における現行の教科でいえば，中学校社会科と高等学校地理歴史科である．

　本会では，このような趣旨の書物としては，これまで 1978 年に出版した『中等社会科教育学』以来，学習指導要領改訂で中学校社会科と高等学校地理歴史科ならびに公民科に再編されたのを受けて 1996 年に全面的に編集をし直して『中学校社会科教育』『地理歴史科教育』『公民科教育』の 3 冊を出版し，さらに，学習指導要領改訂に伴い，2000 年に改訂新版として出版した．その後，2008 年の学習指導要領改訂に伴って，全面的に書き改めた．このたび，学習指導要領の改訂を受けて，装いを一新した．社会認識教育は中学校と高等学校では教科名は異なるが，そこにある一貫性，連続性は重要であると考え，『中学校社会科教育・高等学校地理歴史科教育』『中学校社会科教育・高等学校公民科教育』の 2 冊構成とした．

　今回の学習指導要領改訂では，教科編成は変わらないものの，それを構成する科目が大きく変わった．そこには，学校教育ならびにそこにおける中等社会認識教育で育成することが求められる資質・能力像の変化があり，それに対応した社会科，地理歴史科の考え方やカリキュラム，授業，評価，教師などの在り方についての具体的な議論が盛んになっている．教員養成や教員研修のテキストとしての目的も持つ本書の性格上，本書もそれらの議論に対応している．

　しかし，「学習指導要領が変わったから社会科，地理歴史科を変えなければならない」のではない．学習指導要領は様々に論じられている社会科や地理歴史科の教育論のひとつであって，決して不変の絶対的基準ではない．実際，1947 年の学習指導要領以来，おおよそ 10 年ごとに改訂されてきており，それらの中には互いに相容れないのではないかと言えるようなものもある．社会的状況，教育への期待，教育論などの変化により，その時その時に最善と思われる社会科，地理歴史科の在り方が議論され，学習指導要領は，それらの議論を踏まえてまとめられたものである．今次改訂で示された社会科像，地理歴史科像も 10 年経てば過去のものになるかもしれない．

　社会認識教育に関わる者は，実践者であれ，研究者であれ，学習指導要領も特別視せずに，ひとつの社会科論として客観視し，なぜ，それが今の状況で選ばれたのか，その背景にある社会のとらえ方，学習や授業のとらえ方などを冷静に分析，吟味，評価しようとすることが必要である．

　社会認識教育の学界は，学習指導要領を前提としてそれを実現したり擁護したりするために活動するものではない．また逆に，国家という権力が定める学習指導要領を批判・否定するために活動するものでもない．これらは立場こそ正反対

であるが，学界の存在理由と使命を学習指導要領に求めるという点では同じである．それは学問ではなく運動と言うべきであろう．擁護するべきあるいは批判するべき学習指導要領が変われば，論がひっくり返る．更に学習指導要領の改訂で社会科という教科がなくなれば足下から崩れ，あるいはそもそも学習指導要領という縛りがなくなれば学界も消え去ってしまう．

　社会認識教育の研究は決してそのようなものではない．なぜ，どのように社会について学ばねばならないのか．この問いは，教科名や教科編成が，また，その内容がどのように変わろうが変わることのない問いでなければならない．

　本書では，「社会認識を通して市民的資質を育成する」教科とされるこれまでの社会認識教育学研究の成果に基づき，今，この社会で求められるべき中学校社会科教育，高等学校地理歴史科教育について多面的・多角的に考察した．その編集上の特色は，前版のそれを引き継ぎ，大きく次の6点である．

1　全国各地の教員養成学部・大学で，社会認識教育学の研究をしながら社会科教育論や地理歴史科教育論の講義を担当してきたものたちが，相互に交流し話し合いながら，大学の教職専門科目のテキストとして役立つように配慮して，できるだけ平易に執筆するよう努めた務めた．

2　内外の最新の学問的研究成果に基づくとともに，さらに学校現場の実践的な課題に応える授業研究の成果を踏まえて執筆した．

3　中学校社会科教育及び高等学校地理歴史科教育の意義と課題，歴史，目標・学力，内容構成，学習指導，評価などについて，原則的なことがらと，基礎的・教養的なものを整理して提示した．

4　具体的な授業づくりや学習指導ができる実践的能力が養えるように配慮した．授業構成の基本的な方法について，授業実践のレベルまでおりて詳述した．

5　原理や理論だけに偏ることを避け，学習指導の実証的研究に重点をおき，授業実践に役立つように指導案や実践事例を豊富に盛り込んだ．

6　社会認識教育に関する研究をさらに深めることを動機づけることを可能にするため，諸問題・論争点を盛り込んだ．

　このような特色をもつ本書は，教職科目テキストとしてだけでなく，実践に役立つ入門書としての性格も備えている．その意味では，現職教育にも利用でき，初任者だけでなく経験豊富な教員の活用にも十分耐えうるものと考える．

　おわりに，本書を出版するに際しては，学術図書出版社の杉浦幹男氏に大変お世話になった．深く感謝申し上げたい．

　　2020年3月

　　　　　　　　　　　　　　　　　　　　　　　　　　　棚橋健治

もくじ

第1章

中学校社会科・高等学校地理歴史科教育の意義と課題
―なぜ中学校に社会科，高等学校に地理歴史科が必要なのか―

第1節　社会科教育の目的・機能

　学習指導要領に定められた中学校の社会科と高等学校の地理歴史科を，本章では区別せず，総称として「社会科」と表記したい．

　いま総称として「社会科」を用いると述べたが，なぜ総称するのか，厳密に区別すべきではないかという疑問を呈する読者がいたならば，それはまったく正鵠を射た指摘である．書籍や論文によっては，地理や歴史，公民の教育に分けて論じている例もある．逆に中学校の社会科だけなく，高等学校の地理歴史科や公民科，小学校の生活科・社会科までをすべて含めて「社会科教育」「社会認識教育[*1]」と呼称したり，「公民的資質の育成」「市民性教育」の語で括って解説したりしているケースもある．

　対象をどのようにカテゴライズして表現するかには，研究者や執筆者の立場が投影されやすい．本書は，中学校の「社会科」と高等学校の「地理歴史科」を一冊で扱っている点に特徴がある．このような構成には，両者は制度的には別の学校種・異なる教科であっても，理念や目的から見ると同一の教科カテゴリとして扱えるし，扱うべきだとの本書編纂上の立場が現れている．すなわち，「社会科」という語には，制度上の意味と概念上の意味の二つの社会科が存在するので注意を要する．「○○年版学習指導要領の社会科」といえば前者になるが，「社会科らしさとは何か」と問えば後者になるだろう．

　制度的な意味での社会科は，空間的には米国で，歴史的には20世紀に，より厳密には1916年のNIE中等社会科報告書[*2]で成立したと言われている．移民の増加や都市化という社会的状況と，そういう状況を捉える社会諸科学の発展，そして進歩主義的な教育論の広まりが，社会科の成立を後押しした．日本の教育制度に目を向けると，第二次世界大戦後の1947年に刊行された学習指導要領で誕生した．日本社会の民主化を担う中心教科となることが期待されていた．その後の展開については別章の記述に委ねたい．

　概念的な意味での社会科は，大きくは二つの目的・機能をもって説明されるこ

*1　社会認識教育とは，内海巌編『社会認識教育の理論と実践』で提唱された概念．同書では社会認識教育の目標を，「社会認識形成を通して市民的資質を育成する」に求めている．

*2　全米教育協会の中等教育改造委員会社会科委員会が発表した報告書のこと．地理・歴史や公民等が個々に分化・独立するのではなく，目標のもとにそれらが統合されたSocial Studiesの理念を提起した．

とが多い．一つは，メンバーシップのための社会科である．共同体の成員が共通に身につけるべき規範や教養を習得することで子供を社会化していく作用に，社会科の主たる機能を求める立場である．社会化させたい共同体の規範や教養には，そのカリキュラムが実践される社会的・文化的な文脈で違いは出てこよう．例えば，① 調和と新取の精神，② 自由と独立の追究，③ 抵抗と独立の誇り，④ 王室や仏教への敬愛など，社会化には多様な方向性がありうる．しかし，学習者相互の差異や格差はできるだけ見えない環境で，同一の内容を同一の方法で学ばせ，集団としての一体性を高めていく機能は，社会科教育を存立させる重要な基盤となっている．

もう一つは，多様性と社会変革のための社会科である．子ども一人ひとりの見方や生き方を尊重し表現させることで，社会化の作用に対抗[3]していくことに，社会科の主たる機能を求める立場である．対抗社会化が目指すべき姿は，カリキュラムの作り手の教育観や市民像に左右される．例えば，① 一人ひとりが科学的な思考力をもつことで社会から精神的に自立するべきだ，② 個人は他者と連携して社会に参加していくべきだ，③ 現行社会の体制に異議申し立てができるようになるべきだ，など対抗社会化には多様な水準が考えられる．しかし，大きく捉えると，構成員間の多様性を受け入れ，隠れた差異や対立を「見える化」し，既存の観念やシステムに挑戦していくことを支援する対抗社会化の機能は，社会科教育を支えるもう一つの基盤となっている．

社会科の目的と存在理由は，原理的には社会化と対抗社会化の二つの機能の働きをもって捉えることができる．授業において，これらの機能のうちどちらか一つだけが作用することはあり得ない．程度や質の違いこそあれ両者が同時に働くことで，社会科教育は成立している．

第2節　社会科教育のオルタナティブ

1. 米国の授業モデルを参考に

社会化と対抗社会化の機能は，実際の社会科教育の場でどのように作用しているのだろうか．ここでは，現時点で「社会科らしい」と考えられる授業を手がかりに，社会科の二機能とその作用を読みとり，そこから社会科が中等教育で必要とされる理由を帰納的に探っていきたい．

本節でモデルケースとして扱うのは，米国の NCSS（全米社会科協議会）が C3 フレームワーク[5]の理念を単元づくり活かす方策として推奨している IDM（Inquiry Design Model）である．NCSS の年鑑は，IDM に基づく授業モデルを多数提案している．それらのなかから，歴史を中心とした単元例として 7 年生の「大妥協の探究」を，地理を中心とした単元例として 10 年生の「アパルトヘイトの探究」を紹介したい．以下では，表 1-1 と表 1-2 それぞれの単元の見取り図を，

*3　対抗社会化：米国の研究者，エングル（Engle,S.H.）とオチョア（Ochoa,A.S.）が提起した概念．

*4　日本の社会科教育論：対抗社会化の多様の水準に関して，① 社会からの精神的自立は，森分孝治の科学教育論を，② 社会への参加は，唐木清志の社会参加学習論を，③ 社会への異議申し立ては，渡部竜也の社会問題提起力などを参照するとよい．

*5　C3 とは College, Career, Civic life の頭文字に由来する．私たちが社会科を学ぶ意味を，学問研究上の意味，職業生活上の意味，社会生活上の意味に求める社会科論を提唱している．

縦方向と横方向に読み込んでみよう.

2. システムの成立と変化を, 歴史で学ぶ

(1) 議会制度というシステムの学習

　単元「大妥協の探究」は, 米国の憲法制定会議における議会制度の誕生物語を扱う.

　議会制度の在り方をめぐる当時の議論を手がかりに,「代表」とは何か,「妥協」とは何かを探究させている.

表 1-1　第 7 学年 (中学校 1 年)「大妥協 (Great Compromise) の探究」

妥協はつねに公正 (fair) か			
社会科の参照規準と実践	憲法の歴史的発展：新たに独立した国家は, 連合規約の下で政治的経済的な課題に直面した. このような困難は, 憲法制定会議や批准をめぐる議論ならびに人権規定の採択の場面においても生起した. ・証拠を収集し, 活用し, そして解釈する. ・比較, 文脈化.		
問いの立ち上げ	妥協が行われている日常生活の事例を記述する.		
補助的問い 1	補助的問い 2	補助的問い 3	補助的問い 4
連合規約において「代表」はどのように規定されていたか？	ヴァージニア案とはどんなものだったか？	ニュージャージー案とはどんなものだったか？	コネチカット案は行き詰まりをいかに打開させたか？
形成的パフォーマンス課題	形成的パフォーマンス課題	形成的パフォーマンス課題	形成的パフォーマンス課題
連合規約において各州は議会でどのように代表すると規定されていたかを記述せよ.	大規模州と小規模州への影響に注目して, ヴァージニア案を要約せよ.	大規模州と小規模州への影響に注目して, ニュージャージー案を要約せよ.	コネチカット案が憲法制定会議の停滞をいかに切り拓いたかを根拠に基づいて主張せよ.
主要な資料	主要な資料	主要な資料	主要な資料
略	略	略	略
総括的パフォーマンス課題	論証：妥協は常に公正か？　大妥協が小規模州にも大規模州にも公正かを検討したアーギュメント (概要メモ, ポスターや小論文) を作成する. その際には競合する諸見解を受け入れ, 具体的な主張と適切な歴史史料を用いる. 発展：大妥協を扱った憲法想定会議の模擬討論を行う.		
知的な行動を行う	理解：学校やコミュニティーなどで代表をめぐって妥協が要求される問題 (学校経営における生徒会の代表) について研究する. 評価：代表に関する多様な考え方の強みと弱みを吟味する. 行動：双方のニーズを均衡させるプランを作成し, 生徒と学校のリーダーで共有する.		

Kathy Swan, John Lee and S.G. Grant, *Inquiry Design Model: Building Inquiries in Social Studies*, National Council for the Social Studies, and C3 teachers College Career and Civic Life, 2018, p. 159.

本単元で最初に取り上げられるヴァージニア案とは，有権者の人口比に応じて代表は選ばれるべきという提案であり，大規模州に有利な代表概念を表す．2番目に取り上げられるニュージャージー案は，代表は独立した政治単位＝州を単位に選ばれるべきという主張で，小規模州の利権にも配慮した代表概念である．3番目のコネチカット案は，性格を異にする代表概念を立法府の二つの院に割り振ることで，閉塞した審議に突破口をもたらすことのできた妥協案である．すなわち，米国の二院制という政治システムは，上述の議論と葛藤の末に成立した[*6]（必ずしも原理的には一貫しない提案が併存している）という解釈が，教育内容の基盤となっている．

本単元の学習指導上の魅力を書き出してみよう．

*6　社会の語り方(1)：事象の「変化」の語り方には，大きく二つのパタンがある．①一つの立場から出来事を選んで，それが単線的に発展または問題解決していく過程を示す場合．②複数の立場から出来事を選んで，それらが対立・競合しながら進展していく構図を示す場合．本単元は，後者をとっている．

<縦の学習課題の系統に注目すると>
・導入部では，単元を貫く「妥協はつねに公正か」という問いが設定されている．答えを一つに収斂させるのではなく，むしろ拡散させるものであり，公正さの判断基準は子どもの判断に委ねている．
・展開部では，憲法は二院制を採用したという歴史的帰結を示すのでなく，その帰結に至るまでに「代表」の在り方をめぐって提案された複数の主張と，主張間の「妥協」のプロセスが再現されている．
・終結部では，生徒「代表」を学校経営の話し合いの場に送り込むための主張を作らせている．また，実際にその主張を携えて校長と交渉し，「妥協」を模索させている．

<横の学習活動の系統に注目すると>
・学習活動は，教師の側からの一方的な解説ではない．多様な主張を読み解く子供のパフォーマンス課題[*7]（記述する，要約する，主張する等）として設定されている．
・学習活動は，憲法制定会議の議論を時系列に沿って順に分析させている．そうすることで，主張の違いと対立の構図に描かせている．

---

*7　学習成果を言語や図解等で表現させる課題．評価の対象となる．知識やスキルを総合的に使いこなすことが求められる．

(2) 概念分析による社会化，代案づくりによる対抗社会化

本単元を，社会化と対抗社会化の視点から捉えなおしてみよう．

社会化の機能は，学習対象や概念の選び方に見いだすことができる．本単元の内容は，現代政治システムの起源を学ぶという目的に基づいて選ばれた事象であり，「二院制」は米国市民ならば共通に知っておくべき知識として，「代表」や「妥協」は米国市民ならば社会生活の中で使いこなすことが期待される社会科学の概念として取り上げられていると解される．

一方で対抗社会化の機能は，学習対象の示し方・語り方に見いだすことができる．本単元が提示する歴史とは，単に過去の出来事の集積ではない．議論と選択の歴史である．学習者には，米国のシステム設計のプロセスに埋め込まれた対立軸をあえて「見える化」していることが分かるだろう．さらに，学校という場に「代表」概念を持ち込み，代表権獲得のために行動させている点でも特質される．学校が現実社会から隔離された特別な空間ではなく，現実社会と同じように構成

員の「代表」によって統治されるべき場であり，一度決まった制度であっても構成員の意思で修正できるものとして扱われている．なお，ここには，制度を修正する過程で子どもに「妥協」を実体験させたいという意図も見え隠れする．

全体としてみると，本単元には，社会化よりも対抗社会化の機能が強く働いている．民主主義のシステムを継承し，それをより公正なものに作り替えていく主体を育てるために，①現在の私の妥協に始まり，②次に歴史上・憲政上の妥協に移り，③最後に未来に向けて学校内で妥協と改革を経験させる．このように子どもを過去の一時点にとどめるのではなく，過去⇔現在⇔未来を縦横無尽に行き来しながら「正義志向の市民（justice-oriented citizen）[*8]」を育成することが，単元デザインの基本原則となっている．

3．社会問題の原因と解決を，地理で学ぶ

（1）アパルトヘイトという社会問題の学習

単元「アパルトヘイトの探究」は，南アフリカの人種隔離政策という社会問題の解決とその理由を扱う．どういう「主体」のどういう「行為」が，この政策を終わりに追い込んだかを探究させている．

本単元では，まず人種隔離政策の終結の立役者としてネルソン・マンデラの功績を取り上げる．次に，南アフリカ国内の草の根的な抵抗運動やNPO等の活動を取り上げ，最後に国際機関の制裁や支援活動を検討させている．すなわち，南アフリカの人権侵害の解決は，一人の人物の努力だけではなく複数の主体の重層的な働きかけ[*9]でこそ実現したという解釈が，教育内容の中核となっている．世界の，アフリカの社会問題として，地理（学）が得意とする環境問題や都市問題ではなく，迫害や抑圧という人権侵害の問題が優先的に選ばれている点でも注目される．

本単元の魅力を，歴史単元と同様に列挙してみよう．

<縦の学習課題の系統に注目すると>
・導入部では，単元を貫く「何がアパルトヘイトを終わらせたか」という問いが設定されている．この問いは，多様な「理由」づけを引きだそうとするが，どの理由づけが本質的かの判断は，子供に委ねている．
・展開部では，人種隔離政策の終結の理由をネルソン・マンデラという英雄の行為に還元することなく，多様な主体の行為に求めている．またその主体を，国内から世界まで大小様々なスケールで見つけさせている．
・終結部では，人種隔離政策の終わりを，それから25年が経過した現在の視点から評価させている．様々な主体の努力で何がどこまで解決したか（していないか）を見定めた上で，次なる解決に向けて私たちにできることを提案させている
<横の学習活動の系統に注目すると>
・学習活動は，教師の一方的な解説ではない．終結理由を推論する子供のパフォーマンス課題（定義する，図解する，要約する）として設定されている．また記憶に値する事象の選択を，子供に委ねている．
・学習活動は，人種隔離政策が終結した理由を，空間的スケールを変えながら順

[*8] ウェストハイマー（Westheimer, J.）とカーネ（Kahne, J.）が提唱した概念．両氏は，「良き市民」として，① 個人的責任志向，② 参加志向，③ 正義志向の3概念を提起した．
　なかでも③は，民主的な政治運動や社会変革の仕方を知っている市民を意味する．現行体制の不正義を捉え，それを再生産させている仕組みを変えるために行動する市民を評価した．

[*9] 社会の語り方(2)：事象の「理由」の語り方には，大きく二つのパタンがある．① 特定の事象の作用，とくに政治的アクターの行為を強調する場合，② 複数の事象の相互作用，とくに非政治的アクターの行為にも注目する場合．本単元は，両者を考慮している．

表1-2　第10学年（高校1年）「アパルトヘイトの探究」

何がアパルトヘイトを終わらせたか？			
社会科の参照規準と実践	人権侵害：ホロコースト以来，人権侵害は世界的な注意と関心を喚起してきた．国連人権規約は，迫害された集団を保護する努力に関する諸原則を示すとともに，抑圧に関する歴史的事象を評価する際のレンズとしても機能してきた． ・証拠を収集し，活用し，そして解釈する． ・時系列的な推論と因果関係． ・比較，文脈化．		
問いの立ち上げ	南アフリカの「ホームランド」を表した多様な地図を吟味し，物理的な分離がもたらす影響と困難について議論する．		
補助的問い1	補助的問い2	補助的問い3	補助的問い4
アパルトヘイトとは何か？	アパルトヘイトの終結に向けたネルソン・マンデラの努力とは何か？	アパルトヘイトの終結に向けた南アフリカ内の諸集団の努力とは何か？	アパルトヘイトを終結させる国際組織の努力とは何か？
形成的パフォーマンス課題	形成的パフォーマンス課題	形成的パフォーマンス課題	形成的パフォーマンス課題
アパルトヘイト政策の図解年表を作成し，アパルトヘイトの定義を書きなさい．	ネルソン・マンデラの努力を図解年表に追加し，証拠に基づいた要約を2文で書きなさい．	南アフリカの他の人々の努力を図解年表に追加し，証拠に基づいた要約を2文で書きなさい．	国際機関の努力を図解年表に追加し，証拠に基づいた要約を2文で書きなさい．
主要な資料	主要な資料	主要な資料	主要な資料
略	略	略	略
総括的パフォーマンス課題	論証：何がアパルトヘイトを終わらせたか．主要な問いに答えるアーギュメント（概要メモ，ポスターや小論文）をつくる．その際には，競合する諸見解を受け入れ，具体的な主張と適切な歴史史料を用いる． 発展：2019年にアパルトヘイト終結25周年を迎える．この出来事を祝うために何を行うべきかを議論する．この議論には，誰の何が記憶されるべきかを含めること．		
知的な行動を行う	理解：アパルトヘイトが1994年に公式に終結して以降の，南アフリカの利益と痛みを研究する． 評価：南アフリカの政府や市民，他の組織は，アパルトヘイト終結後の諸課題にどの程度成功裏に対応してきたかを評価する． 行動：「マンデラ・デイ」のプラットフォームを活用して，アパルトヘイト終結後の課題に貢献する米国市民の行動を示した声明文を作成する．		

Kathy Swan, John Lee and S.G. Grant, *Inquiry Design Model: Building Inquiries in Social Studies*, National Council for the Social Studies, and C3 teachers College Career and Civic Life, 2018, p. 161.

に分析させている．そうすることで，多様な主体とそれらの行動の相乗効果に気づかせている．

（2）価値追究による社会化，主体的な行動による対抗社会化

本単元を，対抗社会化と社会化の視点から捉えなおしてみよう．

社会化の機能は，学習対象や概念の選び方に見いだすことができる．本単元の内容は，社会問題の解決の原動力を学ぶという目的に基づいて選ばれた事象である．「アパルトヘイト」は米国市民ならば共通に知っておくべき知識であり，「人権侵害」は民主主義の理念に反する危機として，「国連人権規約」は人類が尊重するべき参照枠の一つとして教えられている．

一方で対抗社会化の機能は，学習対象の示し方・語り方に見つけることができる．本単元が提示する地理とは，地名物産の地誌でも系統地理でもない．問題中心[*10]の地理である．学習者には，世界各地で現行制度を変革したり，それを支援したりしている人々の行動を捉えさせている．またこれらの行動の結果を評価する権限も子供に与えている．子供が問題の傍観者となるのでなく，むしろ一人ひとりが主体的に問題解決を祝い，記憶を継承し，アクションプランを作ることができる主体となることが期待されている．

全体としてみると，本単元にも，社会化よりは対抗社会化の機能が強く働いていることが読み取れるだろう．社会問題の解決を通して，正義を実現していく主体を育てるために，① 南アフリカの人権侵害を知り，② 抵抗・改革のための各地の試みを知り，③ 生徒自身も学校や地域において行動を起こす．知らない土地を知ることに価値を見いだすのではなく，他所（よそ）を鏡にして此処（ここ）で為すべき私たちの行動を考え，さらに此処を拠点として他所への働きかけを考える．このような社会的レリバンス[*11]を追究した地域学習の連鎖が，単元デザインの基本原則となっている．

*10 Issue-centered のカリキュラムのこと．社会科のカリキュラムは，大きく ① 事実中心型，② 概念中心型，③ 問題中心型に分類できる．

*11 レリバンス：Relevance. 関わりや学習の意義のこと．ブルーナー（Bruner, J.S.）は，学習の成立を，① 社会全体から見た社会的レリバンスと，② 学習者個人からみた個人的レリバンスに求めた．

第3節 なぜ大学で社会科教育を学ぶか

1．私の基準を問いなおす

前節の米国の授業モデルを見て，どんな印象を持っただろうか．

「日本ではありえない」「地理や歴史の教育ではない」と感じた人もいるだろうし，「共感できる」「挑戦したい」と決意を新たにした人もいるだろう．この判断に影響を与える一つの要因となっているのが，「観察による徒弟制[*12]」である．言い換えると，12年間の被教育体験で培われた教科観や教育観である．

教職課程で学ぶ教員希望者の多くは，「あこがれ」や「理想」を携えて大学に進学してくる．小学校・中学校・高等学校で恩師が教える姿を眺めているので，教師としては素人ではあるが，自己の観察を根拠にして一人前に教育観や教科観を語ることができる．すなわち，大学入学前から「授業観察」としての教育実習が始まっているのである．一般的には恩師の授業と母校の雰囲気が，良い授業を判断するベースラインとなっている．

社会科の被教育体験で良い評価を得て大学に進学したり，恩師に教師になることを勧められたりした経験があると，被教育体験への肯定的な評価はさらに強化

*12 Apprenticeship of Observation のこと．ローティ（Lortie, D.C.）が提唱した概念．

される．自分が学んだ社会科のカリキュラム，自分が馴れ親しんだ指導法や評価法が「良さ」の基準となるのは，ある意味当然であろう．それを否定することは，今の自分の存在を否定することにもなりかねないからである．

中等教育の社会科教師になるために，高等教育で社会科教育学[13]を学ぶのは，社会科に関する自己の判断基準を振り返り，再構築するために他ならない．大学で学んだ結果としてならば，自分が信じてきた「良さ」の基準を継承してもよいし，更新しても構わない．大事なことは，自己が信じる社会科の姿を言葉にした上で，それを学術的な理論や教育実習の経験に照らして問いなおしていくことである．中等教育水準の「教育」を終えた生徒ならば中学校や高校の教壇に立てそうなものなのに，大学で専門的に「教育学」を修めなくてはならない理由が，ここにある．本章の副題「なぜ中学校に社会科，高等学校に地理歴史科が必要なのか」の問いに答えようとすると，自分の被教育体験を相対化するだけの知識と経験が必須となる．

2. 学校の規範・文化を問いなおす

第2節で紹介した授業モデルに共感し，対抗社会化のための社会科の意義を実感したとしよう．また，それを実践するための知識と経験も身につけたとしよう．しかし，いざ学校でそれを実践しようとすると，挫折することが少なくない．新任教師が大学で学んだ知識を放棄する「洗い流し[14]」は，よく知られるところである．

実際のところ，教師一人の力には限界がある．教科の授業は学校の教育課程の中に埋め込まれているし，その教育課程は学校のルールや規範・文化の中に埋め込まれている．学校風土がリベラルで教員集団が対抗社会化の理念を共有している環境ならば，それを実践するハードルは低い．しかし社会化の作用の強く支配している学校でそれに反する授業は行うのは，容易ではない．

概して学校の生活・文化[15]には，社会化の作用が強く働いている．具体的には以下のような規範やルールではないか．

- 生徒は見かけで個性を発揮してはならない．制服を着用し，頭髪を整えるのは，最低限のルールである．同じものを着て，同じものを食べて，同じ教室で学ぶのが，学校の原点である．
- 教室は外界から遮断されるべきである．リアルな社会問題またはタブーな論点争点に触れさせるべきではない．インターネットは原則禁止．子どもは社会の荒波から守られるべきである．
- 授業のコミュニケーションは，読み・書きが主となるべきだ．教師は板書し，子どもはノートをとる．口語でのコミュニケーションは二次的手段．無駄話も厳禁．発言するときは，挙手の上，教師から指名されるのを待つのが原則である．
- 生徒は政治的にも社会的にも未熟な存在である．受験では主体的な対策が期待されるし，部活動では自律的な練習が期待されても，それ以外の場面では期待されない．まして学校に意見を述べたり，社会に向けて意見を発信したりする

*13　この学問分野の成果が掲載されている研究雑誌として，日本教育学会の『社会科教育研究』，全国社会科教育学会の『社会科研究』，社会系教科教育学会の『社会系教科教育学研究』がある．いずれの学会誌の論文もインターネットで公開されている．

*14　Washed out のこと．ザイクナー（Zeichner, K.M.）やタバクニック（Tabachnick, B.R.）らが提唱した概念．

*15　学校の生活・文化：定時制・通信制の高校には，有職者だけではなく，いわゆる「普通」の学校では学びづらさを感じる生徒が多数通っている．そこには，有権者年齢に達している生徒や日本語を母語としない生徒も含まれている．これらの学校ではケアやインクルーシブの視点から多様性が尊重されるとともに，現実社会に近い規範やルールの下で，多様な形での学びが支援されているところが少なくない．

ことは，望ましいことではない．

　対抗社会化を志す大半の教師は，このような環境下でしたたかに実践を積み重ねていくことになる．ただ，教師の側から見ても「教えている社会」と「生きている社会」の間には離齬が目立つ．生徒の側から見ると，いっそうそのように感じられるだろう．教室の外と内とのギャップ．教師はこのギャップを自覚しながら，漸進的にホンモノの学び[*16]を具現していかざるを得ない

　近代学校の建物や教具，教育課程は，社会化の作用が働きやすいように作られてきた．国民国家をつくる国民を，産業界を支える人材を育成するのが主たる任務の学校には，校内のあらゆる空間に社会化のための規範や文化が張り巡らされてきた．対抗社会化の理念が強く表れた第2節の授業モデルに違和感を覚えるのは，このような日本の学校制度に由来するところもあるだろう．

　授業には，授業の思想や哲学に合致した場を必要とする．多様性と社会変革を志向する社会科を実践しようとするならば，それに相応しい学校づくりと教室空間づくり，そして人間関係づくりも，一貫して追究されるべきだろう．大学で教育（学）を学ぶのは，私たちの身体に染みついた「良い」社会科像を振り返るとともに，近代学校に深く浸透している規範や文化を問いなおすことでもある．

*16　Authentic のこと．ウィギンズ（Wiggins, G.）やニューマン（Newmann, F.M.）らが提唱した概念．教室外の実社会の文脈に寄り添った課題に，子供なりの問題意識と言葉で答えていくこと．

第4節　社会科が中等教育に必要とされる理由

　IDM が示唆すること．それは，中学校・高等学校の社会科では，生徒を過度に子供扱いせず，責任を負った国民として，権利を持った市民として扱うこと，社会科では国民・市民として生きるための知的でリアルな練習場を提供するということである．中等教育を終えたからと言って，いきなり賢い国民・市民になれるわけではない．社会科教師の教え方の学びが徒弟的であり，生徒の時から始まっているように，国民・市民の生き方の学びもまた徒弟的[*17]であり，教室空間や日常生活のなかから始まっている．

　公教育で国民・市民を育成するにあたって，社会化と対抗社会化の作用は，切り分け難い車の両輪である．しかし，学校という組織は，本来において社会化の側に傾きやすい特性をもっている．そこで教科としての社会科は，他教科とも連携しながら，対抗社会化を中心的に担い牽引する教科としてデザインされる必要があるだろう．中等社会科の教員志望者には，大学の教職課程でそのための授業づくりと学校づくりを学んでほしい．

*17　徒弟的な学び：ビースタ（Biesta, G.）は，『民主主義を学習する－教育・生涯学習・シティズンシップ』において，民主主義の学習とは，特別な知識を得ることではなく，日常生活を「政治的な主体」として生きることにあると述べた．

参考文献

太田拓紀「教師文化と学校」稲垣恭子，岩井八郎，佐藤卓己編著『教職教養講座第
　12巻 社会と教育』協同出版，2018年.

岡明秀忠「対抗社会化（counter socialization）をめざす社会科：S・H・エングルの内
　容構成論を中心に」『社会科研究』39，1991年，pp. 27-38.

唐木清志『子どもの社会参加と社会科教育—日本型サービス・ラーニングの構想—』
　東洋館出版社，2008年.

草原和博「社会的レリバンスを高める地理授業をデザインする」『「公民的資質」とは
　何か—社会科の過去・現在・未来を探る—』東洋菅出版社，2016年.

草原和博ほか「探究を軸に子どもの「資質・能力」を育成する社会科カリキュラムの
　原理とその展開—NCSSのThe College, Career, and Civic Life（C3）Frameworkを
　手がかりに」『学校教育実践学研究』24，2018年，pp. 157-166.

西岡加名恵・石井英真『教科の「深い学び」を実現するパフォーマンス評価：「見方・
　考え方」をどう育てるか』日本標準，2019年.

森分孝治「社会科の本質—市民的資質教育における科学性」『社会科教育学研究』74，
　1996年，pp. 60-70.

渡部竜也「社会問題提起力育成をめざした社会科授業の構想—米国急進派教育論の批
　判的検討を通して—」『社会科研究』69，2008年，pp. 1-10.

ガート・ビースタ著／上野正道，藤井佳世，中村（新井）清二翻訳『民主主義を学習
　する—教育・生涯学習・シティズンシップ』勁草書房，2014年.

第2章

中学校社会科・高等学校地理歴史科教育の構造
―どのような分野・科目から構成され，各々の担う役割，小学校との連携はどうなるか―

第1節　はじめに

　新たな学習指導要領では，人工知能（AI）の飛躍的な進化，生産年齢人口の減少，グローバル化の進展，絶え間ない技術革新といった予測困難な時代において，子供たちが様々な変化に積極的に向き合い，他者と協働して課題を解決していくこと，様々な情報を見極め，知識の概念的な理解を実現し，情報を再構成して新たな価値につなげていくこと，複雑な状況変化の中で目的を再構築することができるようにすることを次世代の学校教育の役割に求めている．

　こうした次期学習指導要領の指針を受けて，中等学校の社会系科目は，キー・コンピテンシーを学習目標の基軸に据えた新たなカリキュラムへと再編された．

　社会系教科を構成する内容知と探究をベースとした方法知を組み合わせて，子供たちとともにどのような学びを教師が創り出していくのかが問われている．

　次期学習指導要領において，対応が求められている課題は，① 育成を目指す資質・能力の明確化，②「主体的・対話的で深い学び」の実現に向けた授業改善の推進，③ 各学校におけるカリキュラム・マネジメントの推進の三つである．

　そこで，本章では，「主体的・対話的で深い学び」の実現に向けた授業改善を行うために，カリキュラム・マネジメントの視点をもとに，中等学校の社会系科目の構造を分析し，各学校段階の単元や題材，学習内容と構成上の特色の観点を考察する．それによって，各学校段階の教育活動の質の向上を図り，社会系教科のカリキュラムを組織的・計画的に創造できる方略を明らかにする．

第2節　中学校社会科教育のカリキュラム構造

1. 地理的分野のカリキュラム構造

　次期学習指導要領では，小・中・高等学校の学校種を超えて社会科，地理歴史科，公民科を貫く「社会的な見方・考え方」の構成要素が提示されている[*1]．

　中学校社会科地理的分野における「社会的な見方・考え方」では，「社会的事

*1　社会科における「資質・能力」の育成には，汎用性を与える「概念的な知識の獲得」をめざす「視点」（見方）と知識を概念化していく「思考」（考え方）の二つの要素の重要性が指摘されている．加藤寿朗・澤井陽介編『見方・考え方　社会科編』東洋館出版社，2017年．

象の地理的な見方・考え方」として、「社会的事象を位置や空間的な広がりに着目して捉え、地域の環境条件や地域間の結び付きなどの地域という枠組みの中で、人間の営みと関連付けて」捉えることが重視されている。特に、中学校社会科地理的分野では、「世界の諸地域の学習」において地球規模の課題等を主題として取り上げた学習を充実させること、防災・安全教育に関して空間情報に基づく危険の予測に関する指導を充実させることなどの改善が求められている。

中学校社会科地理的分野の学習は、小・中・高等学校の一貫性の観点から日本の様々な地域を地誌的に取り上げて我が国の国土に関する地理的認識を深めるものとなっている。地理的分野の内容の取扱いは、「A 世界と日本の地域構成」、「B 世界の様々な地域」、「C 日本の様々な地域」の順で構成されている。

---

1. 小学校社会科との接続の観点から、世界の地理に関する学習を第1学年の当初から学習することとし、地理に関わる学習の継続と発展を図る内容構成としていること。
2. 地理的分野の目標を実現するために、最初に世界と日本の地域構成を大観する学習を位置付け、それに続いて世界の諸地域の学習など世界の地理的認識を養う項目を設定し、その後に世界地理の学習を踏まえて日本の地理に関する学習を位置付け、広い視野から国土の地理的認識を深め、全体として社会的事象の地理的な見方・考え方を働かせることができるような内容構成としていること。
3. 教科の基本的な構造や三分野の学習内容の関連性に留意して、第1学年及び第2学年では歴史的分野との連携を踏まえるとともに、第3学年において学習する歴史的分野及び公民的分野との関連に配慮した内容構成としていること。
(出典：文部科学省『中学校学習指導要領 (平成29年告示) 解説 社会編』東洋館出版社、2018年、pp. 77-78。)

上記のように、中学校社会科地理的分野の学習内容は、次の三つの視点をもとに構成されている。第一に、世界の地理に関する学習として小学校社会科との接続の観点から地理に関わる学習の継続と発展を図る内容構成となっている。第二に、世界と日本の地域構成を大観する学習を通して世界地理の学習を踏まえて日本の地理に関して学習し、社会的事象の地理的な見方・考え方を働かせることができる内容構成となっている。第三に、教科の基本的な構造や三分野の関係から歴史的分野・公民的分野との連携に配慮した内容構成となっている。

2. 歴史的分野のカリキュラム構造

中学校社会科歴史的分野における「社会的な見方・考え方」では、「社会的事象の歴史的な見方・考え方」として、「社会的事象を時期、推移などに着目して捉え、類似や差異などを明確にしたり事象同士を因果関係などで関連付けたり」することが重視されている[*2]。特に、歴史的分野においては、我が国の歴史的事象に間接的な影響を与えた世界の歴史の学習についても充実させ、民主政治の来歴や人権思想の広がりなどの動きを取り上げるなどの改善が求められている。

中学校社会科歴史的分野で「ねらい」を明確化した学習を実現するためには、授業で扱う歴史に関わる諸事象の精選を図り、それぞれの項目や事項に示された

*2 中学校の歴史的分野においては、原田智仁が「エンパシー」に着目した授業や時代を「大観」する授業など新しい歴史の内容を踏まえた授業づくりのポイントを示している。原田智仁『中学校 新学習指導要領 社会の授業づくり』明治図書出版、2018年。

「ねらい」を踏まえて，歴史的事象を結ぶ問いを構成していく必要がある．

例えば，解説においては，「諸事象の関係から見いだせる時代の特色は何か」，「この時代とその前の時代とを比較して，どのような変化や継続を見いだせるか」といった深い理解への段階を意識した課題や問いを設定し，生徒が各時代の特色と歴史の大きな流れを多面的・多角的に考察し，表現することができるように授業の展開過程を体系的に組み立てることが重要であると指摘している．

このような「課題」や「問い」に基づく中学校社会科歴史的分野の学習を踏まえて，学習内容と学習過程の構造化に留意した授業を構築するためにはどのようにすればよいのだろうか．まず，生徒が歴史に関わる事象を相互に結び付けながら，歴史的事象を概念的な知識として獲得し，歴史的事象への理解を深め，学習過程において，「思考力・判断力・表現力」の育成を図ることが必要である．

> 歴史に関わる事象の指導に当たっては，地理的分野との連携を踏まえ，地理的条件にも着目して取り扱うよう工夫するとともに，公民的分野との関連にも配慮すること．
> （出典：文部科学省『中学校学習指導要領（平成29年告示）解説　社会編』東洋館出版社，2018年，p.124.）

次に，上記に示したように，解説の中で示されている地理的分野・歴史的分野・公民的分野との関わりを踏まえた学習を構成することが重要である．さらに，歴史的分野の指導においては，地理的な事柄との関わりに配慮して，地図の活用に十分に留意すること，歴史の舞台という視点，その影響や意味・意義を考察すること，地理的条件に着目して取り扱うことが学習のポイントである．

こうした地理的分野との連携を踏まえた工夫が，歴史を多面的・多角的に考察する力を育てることにつながっていく．加えて，第3学年において歴史的分野の学習の上に公民的分野を学習するため，公民的分野との関連にも配慮することも必要となる．特に，政治や経済に関わる学習内容との連携が重要である．

このように中学校社会科歴史的分野においては，「課題」や「問い」に基づく歴史的分野の学習を踏まえて，生徒が各時代の特色と歴史の大きな流れを多面的・多角的に考察し，表現することができるように授業の展開過程を体系的に組み立て，学習内容と学習過程の構造化に留意した授業を構築する必要がある．

3. 公民的分野のカリキュラム構造と地歴分野との連携

中学校社会科公民的分野の「社会的な見方・考え方」では，「現代社会の見方・考え方」として，「社会的事象を政治，法，経済などに関わる多様な視点（概念や理論など）に着目して捉え，よりよい社会の構築に向け，課題解決のための選択・判断に資する概念や理論などと関連付けて」捉えることが重視されている[*3]．では，公民的分野の構造と地歴分野の連携はどうなっているのだろうか．

公民的分野においては，防災情報の発信・活用に関する指導，知識基盤社会化による産業や社会の構造的な変化，選挙権年齢引き下げに伴う政治参加などに関

*3　橋本康弘らは，新科目「公共」を見据えて，中学校の公民的分野で活用できる「導入で子どもを引き込む授業のネタ」から「アクティブ・ラーニングを実現する学びのプロセスを入れた活動のネタ」まで生徒が夢中になる公民授業を提案している．橋本康弘編『中学公民　生徒が夢中になる！アクティブ・ラーニング＆導入ネタ80』明治図書出版，2016年.

する指導の充実といった改善が求められている．そこで，公民的分野においては，小学校社会科における位置や空間的な広がり，時期や時間の経過，事象や人々の相互関係，中学校社会科地理的分野における位置や空間的な広がり，歴史的分野における推移や変化といった多様な視点を踏まえて，対立と合意，効率と公正などの現代社会を捉える概念的な枠組みを「視点や方法（考え方）」として用いて，社会的事象を捉え，考察，構想に向かうことが重視されている．

　具体的にみてみると，「A　私たちと現代社会」は，小学校社会科，中学校社会科地理的分野・歴史的分野を踏まえて学習する公民的分野の導入として位置付けられ，この大項目を構成する中項目は，現代社会を概観することで現代社会の特色を学ぶ内容である「(1) 私たちが生きる現代社会と文化の特色」が，地理的分野・歴史的分野と関連深いものとなっている．また，現代社会を捉え，考察・構想する際に働かせる概念的な枠組みの基礎を学ぶ内容である「(2) 現代社会を捉える枠組み」は，それ以降の社会科学習の基礎となる内容が含まれている．こうした内容構成の特色を捉えて，小学校社会科の学習の成果を生かし，地理的分野・歴史的分野の学習との円滑な接続を図っていく必要がある．

　また，公民的分野における以降のそれぞれの大項目においても，現代社会の見方・考え方に加え，小学校社会科における社会的事象の見方・考え方，中学校社会科地理的分野における社会的事象の地理的な見方・考え方，歴史的分野における社会的事象の歴史的な見方・考え方を必要に応じて組み合わせて，小・中学校社会科の特質に応じた「見方・考え方」を抽出し，社会的な見方・考え方を授業の中で総合的に働かせるようにすることが公民的分野においては求められている．では，こうした地歴分野と連携した学習内容の題材はどのようなものだろうか．

> 地理的分野及び歴史的分野の学習との関連を考慮しながら，個人の生活や産業の発展などに伴う公害など環境汚染や自然破壊の問題について理解できるようにすること．
> （出典：文部科学省『中学校学習指導要領（平成 29 年告示）解説　社会編』東洋館出版社，2018 年，pp. 147-148.）

　例えば，上記のように，公害の防止や環境の保全の意義を学習することについては，内容構成の特質を踏まえた学習の構造化がより一層必要である．地理的分野・歴史的分野の学習との関連を踏まえた学習内容の精選が課題となろう．

第3節　高等学校地理歴史科教育のカリキュラム構造

1．地理総合・地理探究のカリキュラム構造

　高等学校の地理学習は，小・中・高等学校の学習の系統性の観点から，現代世界の地理的な課題や地理的な事象，現代世界の諸地域が主な学習対象となっている．特に，地図や地理情報システムを活用して，汎用的で実践的な地理的技能や読図や作図などの作業的で具体的な体験を伴う学習活動が「地理総合」「地理探究」

では重視されている*4. 一方，解説では，「地理的技能」は，人文地理に関する内容は公民科の「公共」「政治・経済」と，自然地理に関する内容は理科の「地学」「生物」に関する科目との関連性が深いため，「地理総合」だけでなく，「地理探究」や地理歴史科の他科目，公民科での他科目，さらには社会的な自立等の観点からも必要となるような技能であることが指摘されている．また，「地理的技能」については，中学校社会科地理的分野の大項目Aの「(1)地域構成」で学習した地球儀や地図の活用に関する技能をはじめとした中学校での既習事項を十分踏まえ，「地球儀」，「地図帳」に掲載された世界地図や主題図，日常生活で接する様々な地図や地理情報を教材として取り上げ，作業的で具体的な体験活動を伴う学習によって興味・関心を喚起し，生徒自身が主体的に学習できるよう工夫することも求められている．加えて，今後の地理学習においては，「生きて働く」地理的技能を育成するよう意図的，段階的に地図やGISを活用した学習を具体化し，学習内容が深化していくよう構成する必要がある．

　具体的にみてみると，「地理探究」の「人口，都市・村落などに関わる諸事象」では，国や地方公共団体の取組みとも深く学習内容が関わることから地方自治などについて中学校社会科公民的分野で学習した内容や高等学校公民科で学習する内容と連携を図り，関連付けることが必要となる．解説では，こうした関連付けはほかにも，「ロシア連邦はアジアなのだろうか，それともヨーロッパなのだろうか」といった問いを立てて，中学校社会科地理的分野の大項目Bの「(2)世界の諸地域」の学習でロシア連邦の多様性を踏まえ，実質地域による地域区分の意味や意義を考察するといった学習活動を展開したり，幾つかの地域に区分した現代世界の諸地域で，中学校社会科地理的分野での学習や「(1)現代世界の地域区分」での学習成果を踏まえ，現代世界の中から複数の様々に切り取られた地域を選んで学習したりすることが例示されている．特に，指導計画の作成においては，相互の科目の特性を考慮し，地理学習の概念である「地域性」という空間軸からの視座とともに，「歴史的背景を踏まえる」ことで時間軸という動的な視座からも取り扱う学習内容を捉え，政治的・経済的・生物的・地学的な事象に発展した学習成果を地理的な事象の空間的な傾向性や諸地域の特色と関連付けることが求められる．

　地理的な考察のためには，こうした視点の活用・関連・調整が必要となろう．

2．歴史総合・日本史探究のカリキュラム構造

　高等学校の歴史学習は，歴史の大きな変化に着目し，世界とその中の日本を広く相互的な視野から捉える内容で構成されている．「歴史総合」は，現代的な諸課題の形成に関わる近現代の歴史に対する人々の生活や社会の在り方の変化を「近代化」「国際秩序の変化や大衆化」「グローバル化」の項目によって構成している．「日本史探究」においても中学校社会科歴史的分野での既習事項を活用して，前の時代からの変化とその後に展開する時代の特色を関連付けて考察できるよう

*4　高等学校で2022年度実施される新しい必修科目「地理総合」の内容・特性，必修化の背景，教員養成の実態と課題については，碓井らが日本学術会議の活動や研究開発学校制度での取り組みなどから詳しく解説している．碓井照子編『「地理総合」ではじまる地理教育 持続可能な社会づくりをめざして』古今書院，2018年．

*5 高等学校の日本史や世界史の授業実践集として、及川らが授業にアクティブ・ラーニングを取り入れたいと考えている教師や学生に向けて、普段の授業時間で実践できる具体的な事例を紹介している。及川俊浩・杉山比呂之編『アクティブ・ラーニング実践集 日本史』山川出版社、2019年。及川俊浩・杉山比呂之編『アクティブ・ラーニング実践集 世界史』山川出版社、2019年。

に構成されている。特に、歴史学習では、これからの時代に求められる資質・能力として、「自国の動向とグローバルな動向を横断的・相互的に捉えて現代的な諸課題を歴史的に考察する力」を育成することが求められている。社会科・地理歴史科の課題を踏まえ、「歴史総合」では歴史を世界と日本を広く相互的な視野からどのように捉えるのかという「問い」に応える必要がある[*5]。

例えば、「歴史総合」の学習においては、小学校や中学校の社会科での学習を踏まえて、社会的事象を一面的に捉えるのではなく、様々な角度から捉えることで生徒が身に付けた技能を繰り返して活用し、より習熟を図るように指導することが重視されている。そのため、文献や絵図、遺物や遺構、地図、統計など歴史学習に関わる様々な性格の資料や作業的で具体的な体験を伴う学習によって得られた幅広い資料から必要な資料を選択して有効に活用する必要がある。

一方、「日本史探究」では、中学校社会科歴史的分野における「各時代の特色を踏まえて理解する」学習や「大観して、時代の特色を多面的・多角的に考察し、表現する」学習などの成果を活用することで、より具体的な仮説を表現することが重要となる。特に、生徒が仮説を表現できるようにするためには、教師が資料と時代の特色の関係を結びつけるような様々な問いかけを行うことで資料から時代の特色を見いだすための視点を形成するように指導することが求められている。「日本史探究」においては、小学校での我が国の歴史の主な事象を人物の働きや代表的な文化遺産を中心に学習すること、中学校社会科歴史的分野での我が国の歴史の大きな流れを世界の歴史を背景に学習すること、「歴史総合」での現代的な諸課題の形成に関わる近現代を学習することを踏まえて、目標に示された「概念などを活用して多面的・多角的に考察したり、歴史に見られる課題を把握して解決を視野に入れて構想したりする力、考察、構想したことを効果的に説明したり、それらを基に議論したりする力を養う」観点から学習を構成する必要がある。また、「歴史総合」が必履修科目として設置されたことを踏まえて、近現代の歴史と地域社会の歴史を我が国全体の歴史や世界の歴史の展開と結び付けて指導計画を作成したり、「歴史総合」の学習をもとに、前の時代との比較などを通して時代の転換を考察したり、探究に向けた時代を通観する問いを表現したりする学習を深めていけるように構成する必要がある。

3. 歴史総合・世界史探究のカリキュラム構造

「世界史探究」は、詳細で専門的な世界の歴史を学ばせるのではなく、中学校社会科や「歴史総合」の学習を踏まえ、生徒が抱いた疑問や追究してみたい事柄について表現した「問い」をもとにして、世界の歴史の大きな枠組みと展開に関わる事象の意味や意義・特色を考察することで思考力・判断力・表現力を育成し、地球世界の課題と解決を主体的に探究する力を育成する科目である。

「世界史探究」は、「A 世界史へのまなざし」「B 諸地域の歴史的特質の形成」

「C　諸地域の交流・再編」「D　諸地域の結合・変容」「E　地球世界の課題」の五つの大項目によって構成されている．特に，「A　世界史へのまなざし」は，科目の導入的性格をもつもので中学校社会科との接続や「歴史総合」で習得した成果に配慮しつつ，人類の生存基盤をなす自然界に見られる諸事象や日常生活に見られる諸事情を扱い，地球環境と人類の歴史との関わりや身の回りの事象と世界の歴史との関わりを考察する項目である．それによって，現在と異なる過去や現在につながる過去に触れ，世界の歴史を学習する意味や意義を理解し，世界の歴史を学ぶ生徒に興味・関心をもたせることをねらいとしている[*6]．

　次に，大項目BからDは，「歴史総合」で学習した「資料から情報を読み取ったりまとめたりする技能」や「問いを表現する」学習などの成果を踏まえて，世界の歴史の大きな枠組みと展開を構造的に理解することができるように歴史を捉える切り口である観点に基づいて考察し生徒に問いを表現させながら，課題意識や学習の見通しをもって，次の学習が展開する内容構成となっている．

　最後に，大項目Eは，生徒がこれまでに習得した知識や技能を活用して，歴史的に形成された地球世界の課題を主体的に探究する活動を通して地球世界の課題を理解する内容で構成され，発展的に歴史学習を深めるものとなっている．

　「世界史探究」は，「歴史総合」と比較して，広い空間軸，長い時間軸を扱い，世界の歴史の大きな枠組みと展開を世界の地域を軸にして，その歴史的特質の形成・交流・再編・結合・変容から構造的に理解することをねらいとしている．さらに，「世界史探究」では，「歴史総合」の「問いを表現する」学習の成果を活用し，「B　諸地域の歴史的特質の形成」，「C　諸地域の交流・再編」，「D　諸地域の結合・変容」の三つの項目を構造的に捉えるための観点を学習していく．それによって，生徒が問いを表現する学習活動を行い，課題意識や見通しをもたせる構成となっている．そのため，中学校での学習や「歴史総合」の学習の成果を活用し，資料から情報を読み取ったりまとめたりする技能を習得したり，諸地域の交流・再編に関わる諸事象の背景や原因・結果・影響，事象相互の関連，諸地域相互のつながりに着目し，諸地域の交流・再編を読み解く観点を考察したりすることで歴史的観点から諸資料を活用して，主体的に，多面的・多角的に考察，構想し，表現する生徒の活動を教師が支援することが求められている．

[*6]　生徒に身近な問題から世界史に興味・関心を持たせ，主体的・対話的で深い学びを視野に入れ，新たな教育の手法や授業方法を提案する授業実践が近年次々と提案されている．千葉県高等学校教育研究会歴史部会編『新版 新しい世界史の授業 生徒とともに深める歴史学習』山川出版社，2019年．

第4節　中学校社会科・高等学校地理歴史科教育のカリキュラム・マネジメント

1. カリキュラム・マネジメントと小学校社会科教育との連携

　小学校社会科では，中学校社会科の分野別の構成とは異なり，社会的事象を総合的に捉える内容として構成されているため，教師は，指導している内容が社会科全体においてどのような位置付けにあるか，中学校社会科とどのようにつながるかといったことを意識して学習を計画する必要がある．それに対して，中学校社会科に

おける学習目標は，小学校社会科や高等学校地理歴史科や公民科との接続も踏まえ，学校種の違いによる発達段階や分野の特質に応じた目標が設定されている．

　次期学習指導要領では小・中学校を一貫して，小・中学校社会科における内容の枠組みと対象の内容を，① 地理的環境と人々の生活，② 歴史と人々の生活，③ 現代社会の仕組みや働きと人々の生活という三つの枠組みで位置付けている．

　こうした枠組みの中で，小学校社会科は中学校の学習内容との連携が一層図られ，世界の国々との関わりや政治の働きへの関心を高めるように教育内容が見直されている[7]．特に，「自然災害時における地方公共団体の働きや地域の人々の工夫・努力等に関する指導の充実」「少子高齢化による地域社会の変化，情報化に伴う生活や産業の変化」に関する教育内容の改善に留意する必要がある．

2．中学校社会科教育のカリキュラム・マネジメント

　中学校社会科のカリキュラム・マネジメントにおいては，中学校社会科の三分野制の特色を踏まえて，それぞれの特質に応じた視点の例，視点を生かした考察や構想（選択・判断）に向かう「問い」の例などが整理されている．また，小学校社会科との連携をもとに，単元など内容や時間のまとまりを見通した「問い」を設定し，「社会的な見方・考え方」を働かせることで，社会的な事象等の意味や意義・特色や相互の関連性を考察したり，社会に見られる課題を把握してその解決に向けて構想したりする学習を充実させることにも重点が置かれている．

　特に，「何を学ぶか」という学習内容と「どのように学ぶか」という学習過程を組み合わせて授業を考えることがその前提となる「何ができるようになるか」を明確にするとともに，授業改善の主要な視点として重要となる．カリキュラム・マネジメントの側面から社会科の各分野の教育内容を見てみると，分野の間だけでなく，教科横断的な視点で組織的に配列することによって，内容や時間の一定のまとまりを単位とする単元という形で，授業を組み立てていくことが必要である[8]．さらに，生徒が自ら問いを立てたり，仮説や追究方法を考えたりするなど課題解決的な学習過程をより発展させた学習内容を構成していくことが重要である．それによって，学習場面を細分化せずに生徒の主体性を生かした学習活動を想定することができ，社会に見られる課題に応じた論争的な学習も展開することができる．

　加えて，障害者の権利に関する条約に掲げられたインクルーシブ教育システムの構築を目指し，生徒の自立と社会参加を一層推進していく必要もある．そのためには，通常の学級，通級による指導，特別支援学級，特別支援学校において，生徒の十分な学びを確保し，一人一人の生徒の障害の状態や発達の段階に応じた指導や支援を一層充実させていくことが求められている．通常の学級においても，発達障害を含む障害のある生徒が在籍している可能性があることを前提に，全ての教科が連携して，一人一人の教育的ニーズに応じたきめ細かな指導や支援ができるように障害種別の指導の工夫だけでなく，これまでのインクルーシブ教育の

*7　小中学校の社会科の一貫性を理解するには，小学校の社会科教育の意義と課題，歴史と構造，目標論・学力論，カリキュラム・マネジメント，学習指導計画づくりと教師の役割，各学年の学習指導・評価，評価と授業改善などを体系的に学ぶ必要がある．社会認識教育学会編『小学校社会科教育』学術図書出版社，2019年．また，木村らは，実践レベルの研究成果を踏まえて，多様な授業論による教材研究と子どもの思考と一人一人の成長にこだわる「わかる」社会科授業によって深い学びを実現する小中学校の社会科の授業デザインを提示している．木村博一編『社会科授業サポートBOOKS 思考の流れ＆教材研究にこだわる！「わかる」社会科授業をどう創るか 個性のある授業デザイン』明治図書出版，2019年．

*8　社会科授業は多様な理論的アプローチから授業づくりがなされている．例えば，森茂らは，多文化教育における理論的な展開の背景をもとに，日本の社会科での多文化教育の理論と授業開発を概観し，小中高での実践事例や北米での事例研究の成果をまとめている．森茂岳雄・川﨑誠司・桐谷正信・青木香代子編『社会科における多文化教育 多様性・社会正義・公正を学ぶ』明石書店，2019年．

研究成果を踏まえて，各教科での「学び」の過程において考えられる「困難さ」への指導の工夫や手立てを明確にすることが重要である．

　新たなカリキュラムでは，社会科と道徳教育との関連を明確に意識しながら，適切な指導を行う必要もある．そのため，社会科における道徳教育の指導においては，学習活動や学習態度への配慮，教師の態度や行動による感化とともに，社会科の目標の実現に向け，道徳科で取り上げた学習項目と関係のある内容や教材を社会科でも扱う必要がある．その場合に道徳科における指導の成果を生かすように工夫することがポイントとなる．したがって，社会科の年間指導計画の作成においては，道徳教育の全体計画との関連を図り，指導内容や学習する時期に配慮し，両者が相互に効果を高め合うようにすることが重要であろう．

3.　高等学校地理歴史科教育のカリキュラム・マネジメント

　高等学校の地理歴史科のカリキュラム・マネジメントにおいては，中学校までの社会科学習の成果を活用することで，公正で客観的な見方・考え方に立つことに関わる学習，国際的な視野という空間的な広がりに関わる学習，多面的・多角的に考察しようとすることに関わる学習などを連携させていく必要がある．

　小学校社会科から中学校社会科へと接続していく過程で，中学校社会科は「分野別」の構造，さらに高等学校地理歴史科，公民科では複数教科に分かれた上で「科目別」の構造になっている．また，高等学校での学習対象も中学校以上に広がりと深まりがある．そのため，社会的事象を多面的・多角的に考察することや複数の立場や意見を踏まえて構想，探究することが一層求められている．

　こうした点を踏まえ，地理歴史科においてはその特質である各科目ならではの視野，国内外の社会的事象を取り扱う地球的な視野をもつことが肝要である．

　また，「公民としての資質・能力」は，小・中学校社会科の目標に一貫した表現である「公民としての資質・能力の基礎」の上に立って育成されるものであることを踏まえ，高等学校地理歴史科との発展的な学習を組織する必要がある．

　例えば，「歴史総合」は「日本史探究」との関連性はもちろんのこと，地理学習との関連を図りながら，「地理的条件」を探究できる学習展開を組織することによって，歴史上の出来事の舞台となった諸地域について地図帳を活用した学習を計画したり，近現代の歴史の諸事象を「地理的条件」と関連付けたり，「歴史総合」と「地理総合」を組み合わせて，多面的・多角的に考察したりする必要がある．

　一方，近現代の歴史と現代的な諸課題との関わりを考察するには，現代的な諸課題が政治や経済・社会・文化・宗教・生活など歴史を構成する様々な要素と複雑に関係していることに留意する必要がある．特に，歴史を構成する様々な要素についての経緯を学ぶことで近現代の歴史と現代的な諸課題の関わりを考察することにとどまらず，様々な要素を踏まえた観点をもって考察することが求められている[9]．さらに，近現代の歴史を多面的・多角的に考察できるようにすること

*9　高等学校と大学との教育の接続を踏まえ，歴史教育に関わる高校と大学教員などの交流を通して歴史教育の内容の向上と制度改革の提案を作成することを目的とする「高大連携歴史教育研究会」といった新たな研究会なども結成されている．http://www.kodairen.u-ryukyu.ac.jp/（2019年8月19日最終確認）

を踏まえ，公民科の必修科目「公共」との関係に留意し，現代的な諸課題がどのように形成されてきたのかを理解することも求められている．

　最後に，高等学校地理歴史科におけるカリキュラム・マネジメントの視点から，国語科の古典関係の科目，数学の数学史，理科の科学史，専門教育に関する科目の中の技術史など歴史的展開に関する部分，芸術科の伝統的な芸術と社会や文化との関わりの部分，特別活動の修学旅行などの学校行事，総合的な探究の時間の地域の歴史や文化を主題とした学習活動などとの関連部分がどのようなものかを把握する必要がある．こうした学習内容を地理歴史科の諸科目の指導計画にどのように関連付け，活用していくのかを考慮し，幅広い配慮や工夫をすることで学習内容を再構成し，新たな課題に応えていく必要があろう．

第5節　おわりに

　本章では，「主体的・対話的で深い学び」の実現に向けた授業改善を行うために，中等学校の社会系科目の構造を分析し，各学校段階の単元や題材，学習内容と構成上の特色の観点を考察してきた．それによって，カリキュラム・マネジメントの視点から各学校段階の教育活動の質の向上を図り，社会系教科のカリキュラムを組織的・計画的に創造することできる方略を探究してきた．次期学習指導要領では，小学校から高等学校までの社会系教科をどのようにデザインしていくか，学校種にとらわれない幅広いビジョンで授業を開発していくことが重要となっている．こうしたニーズに柔軟な姿勢で対応すべきだろう．

　また，社会系教科の全ての学校段階での学習目標である社会的な見方・考え方を働かせ，課題を追究したり解決したりする活動を通して，広い視野に立ち，グローバル化する国際社会に主体的に生きる平和で民主的な国家及び社会の有為な形成者に必要な公民としての資質・能力を育成するためには，小学校から中学校・高等学校までの各分野・科目を連携させたカリキュラム・マネジメントが必要になる．これまでの分野や科目にとらわれない新たな発想で社会系教科の授業を創発し，「Societiy5.0」の社会を生きていくことのできる資質・能力を育成できる社会科教師となることがこれからの学生には求められていよう．

参考及び引用文献
社会認識教育学会編『小学校社会科教育』学術図書出版社，2018 年．
文部科学省『小学校学習指導要領（平成 29 年告示）解説　社会編』日本文教出版社，2018 年．
文部科学省『中学校学習指導要領（平成 29 年告示）解説　社会編』東洋館出版社，2018 年．
文部科学省『高等学校学習指導要領（平成 30 年告示）解説　地理歴史編』東洋館出版社，2019 年．
文部科学省『高等学校学習指導要領（平成 30 年告示）解説　公民編』東京書籍，2019 年．

第3章
中学校社会科・高等学校地理歴史科の教師
―多様な子供や社会に応える教師はどのような働きが求められ，そのために
どのような資質や能力が必要で，それをどのように獲得するのか―

　上の副題にある問いに応えていくにあたり，若手の現場教師たちと筆者との間に実際にあった相談内容とそれへの指導について紹介しよう．おそらくその方が，本章の副題の問いに対して，教師＝実践者目線で検討することができるからだ．なおここで登場する教師は，便宜上，すべて高校教師にしており，授業の事例も草原 (2015) で示されていた「地理」「オセアニア州」の事例に置き換えるなど，実際とは違う面があることを最初に断っておきたい[*1].

*1　草原和博「教科書を教える授業―目標を異にする授業づくり4類型」全国社会科教育学会編『新社会科授業づくりハンドブック：中学校編』明治図書出版，2015年．

第1節　ケース1　「教科書についてよくわかる授業をしたい」教師

　最初に紹介する事例は，これまでも自らの実践を同僚に公開して彼からアドバイスを受けることなどを心がけてきた教師である．彼は他の教師の授業実践を見学して議論する「レッスン・スタディ」にも関心があり，大型書店でレッスン・スタディ関係の図書（教育方法学関係）も複数購入して勉強していた．最近では研究主任になり，カード構造化法[*2]を取り入れたレッスン・スタディなどにも挑戦している．ただ，同僚のアドバイスは教材研究に関する点に集中する傾向があったので，彼には不満があった．

*2　カード構造化法について，詳しくは次の論文を参照せよ．藤岡完治「授業者の「私的言語」による授業分析―カード構造化法の適用」梶田叡一編『授業研究の新しい展望』明治図書出版，1995年．

　そこで彼が注目したのが，授業を実際に受けた生徒に授業実践の記録（映像）を見せて，気づきを次々口に出させて言わせるという再生刺激法[*3]というやり方であった．ただこれは毎回できることではないので，生徒に授業の後にアンケートをとったり，「今日の授業，わかりやすかった？」と尋ねたりすることで，できるだけ子供たちの意見を聞き出し，授業に活かそうとした．

*3　再生刺激法について，詳しくは次の論文を参照せよ．吉崎静夫・渡辺和志「授業における子どもの認知過程―再生刺激法による子どもの自己報告をもとにして」『日本教育工学雑誌』16(1)，1992年，pp. 23-39.

　彼の地理授業でのねらいは「生徒にわかりやすい授業をすること」であった．彼は教科書の見開き1頁について，指導のポイントをキーワードで押さえ，図版でイメージを膨らまし，内容を要素に焦点化して教える手法をとっていた．そして間接的に体験できるメディアを別途補うなどして，生徒に地域についての情報をリアルに伝えることにも拘った．例えば次頁の地理教科書「オセアニア州」の内容（概要）だと，イギリスの植民地，中国系移民，アジア系移民の増加とアボ

リジニ，多文化主義，観光地の開発，ゴールドコースト，ニューカレドニア，これらの用語や地名が板書されるとともに，対応する写真や地図・グラフと照らし合わせて知識の定着と意味の理解を図っていく．これに教師自らがオーストラリア旅行をしたときに撮影してきた写真（オーストラリアの広い農場，コアラやカンガルー，多言語で書かれた標識など），オーストラリアでの和牛ブームを取り上げたテレビ番組（5分）を加える．

第3節「人々によるアジアとのつながり」
〈課題〉
オセアニアは移民や観光に関してアジアとどのように結びついているでしょうか．
〈本文〉
見出し1「白豪主義からの転換」
・イギリスの植民地だったオーストラリアはイギリス系移民が多かった．
・19世紀後半に中国系移民が増えてイギリス系移民と対立が生じた．
・1970年代まで白豪主義が採られ，ヨーロッパ系以外の移民が制限された．
・その後政策を転換し，移民を積極的に受け入れている．
見出し2「多文化社会を目指して」
・現在はアジア系移民が増えている．シドニーやメルボルンにはチャイナタウンがある．
・1993年には先住民のアボリジニの先住権と土地の所有が認められた．
・多様な民族が共存し，文化を尊重する多文化社会を築こうとしている．
見出し3「増大するアジアからの観光客」
・80年代から90年代にかけて，日本企業はゴールドコーストに観光地を開発した．
・日本にとって時代の小ささと逆の季節が魅力となっている．
・タヒチやカレドニアには美しい自然環境を求めて観光客が増えている．
〈図版〉
・シドニーのチャイナタウン（写真）　　・アボリジニの居住地域（分布図）
・移民出身地別の割合（1901～2006年の棒グラフ）
・ゴールドコーストのリゾート（写真）　・仏領ポリネシアのボラボラ島の海岸（写真）
・ニコラスさんの語る日本のゲームや寿司，和牛の浸透，多言語標記（インタビュー）

彼は生徒の意見をできるだけ参考にした．「グラフ資料が多いとわかりにくい」との意見があったので，グラフ資料は多くても二つまでにしていた．「人が出てくると親しみが持てる」というので，現地の人の声をなるべく入れるようにしていた．生徒がその土地に「行ってみたい」と思えるように教えて欲しいと言うので，そうなるように授業に工夫をしてきた．

彼の授業は子供たちの受けは比較的に良いが，授業中に寝ている子供もいた．「中学でもだいたい同じ事を習った．もう少し深く学びたい」「地理でやっていることは，テレビを見てればわかる」と書いてくる生徒もいた．同僚から教えてもらったオーストラリアのオモシロ話を持ってきて笑わせるとその時は生徒全員が注目するが，その後は何人かの生徒がまた眠りに戻った．

診断：「授業実践＝教材研究＋授業技術」図式から脱却できていない

この教師は，自らの授業についての固定観念から脱却できない典型であると言

えるだろう．多くの日本の教師，いや生徒たちも，教師の仕事は教科書をわかり
やすく伝えることであると考えている．そして教科書をわかりやすく伝えること
とは，教科書の内容をいくつかの要素に焦点化（場合によっては補塡）すること
であり，そして各要素を図表や写真資料・映像などを用いて具体的かつリアルに
示すことであると考えている．こうした教師たち同士がレッスン・スタディをし
ても，教材研究，つまり教える内容の正確性や興味深さと，教育技術，つまり情
報を伝える上での手順やテクニックの2点のみに目が釘付けになってしまい，自
らの前提とする授業観や「社会がわかる」観について根源的に問い直すところま
で議論が進展することはまずない[*4]．これは再生刺激法のように，生徒を授業実
践の省察の場に参加させたとしても同じ結果になると考えられる．そしてここで
の生徒たちの中学校時代に地理を教えた教師も彼と同じ授業観だったと推察され
る．結果，同じような授業を何度も体験することになった生徒から彼の授業に不
満の声が出てきたのだろう．

　このように筆者は判断し，この教師の前提となる「社会をわかる」観や授業観
に揺さぶりをかけることにした．まず筆者は，同じ教科書を用いても，例えば次
の①〜③のような授業が選択肢にあることをまず示した．

　① 選択可能性を補い，内容を論争化・複線化して教える

　本文記述を丁寧に読み込みながら，人々の議論と選択を再構成していく授業．
本文に登場する個々や集団の決断を取り上げ，そうなった経緯を分析させようと
する．先の教科書見開きの場合，例えば「1970年代には白豪主義を採った」と
記載されているが，実際には移民制限に反対して運動を展開した人もいるだろう．
後に「白豪主義は撤廃された」と記載されているが，当然受け入れに反対した人
もいるだろう．近年「オセアニアでは観光開発が進んでいる」というが開発に抵
抗したり，環境の改変に不満を表明したりする人もいるだろう．

　しかし実際の教科書ではオフィシャルな帰結のみが描かれ，対立や論争の構図
は省かれる傾向にある．そこで本文に埋もれた別の主張，別の選択肢（サイドス
トーリー）を補い，なぜ最終的には教科書が示す結果となったのか，あなただっ
たらいずれの立場を支持するかなど生徒に判断させてみる．未来に向けて政策的
な議論に参加できる力を養おうとするなら，社会は論争・対立の連続体として理
解させる必要がある．

　② 論理の飛躍を補い，内容を構造化・概念化して教える

　本文の記述の流れを追いかけながら，論理的に飛躍している箇所を説明させる
授業．事象と事象の間をつなぐ概念的な枠組みを探究させる手法を採る．例えば，
先の見開きの場合，中国系とイギリス系の住民はいつの間にか対立しているし，
白豪主義を採用したかと思えば急に70年代に方針転換している．カレドニアは
突如として観光地になっている．展開はあまりに早い．

　教科書では事実を一通り網羅することが優先されるため，全体の構造や体系が

*4　詳しくは，次の著書の特に第3部を参考にせよ．渡部竜也『主権者教育論―学校カリキュラム・学力・教師』春風社，2019年．また，次の論文も参照のこと．峯明秀「社会科授業改善研究の方法論の研究―メタ・レッスンスタディのアプローチ―」『大阪教育大学紀要巻V部門』60(1)，2011年，pp. 1-16．石川照子「社会科教師教育におけるメンタリングの可能性」社会系教科教育学会編『社会系教科教育学研究のブレイクスルー』風間書房，2019年．

後回しになりやすい．だからこそ教師は，命題間のギャップを浮き彫りにし，そこに「なぜ・どうして」と問いかけることで，事象と事象の関係を説明する概念を探究させたいと思う．事象の因果に関心を寄せ，社会のしくみを究明する知性を育てようとするなら，社会は因果の連鎖として理解させる必要がある．

③ 表象的排除を補い，内容を言説化・相対化して教える

本文記述全体を対象として，記述の底に貫かれた立場や思想性を読み解かせる授業．教科書で過度に強調されたり排除されたりしているテーマに注目して，その妥当性を批評させる手法をとる．例えば先の見開きの場合，オセアニアを「アジアと移民と観光で結びついた」所として描いていた．この空間的結合ばかりを焦点化して，あえて論争色を配する見立ては教科書ならではの表象であり，媒体が異なれば別の見立てが示されるはずである．

一般に教科書は，政治的に穏当な見解を国民の集合記憶に値するものとして選りすぐって展示している．例えば日豪の結びつきには，ウラン鉱山の開発や自衛隊との合同軍事演習などの面もあるし，友好的な関係に限らず，日本の調査捕鯨をめぐる応酬のように対立的な関係も存在する．だからこそ教師はそうした教科書が検定制度の下で政治的に権威づけて発信される言説であることを理解させ，教科書が私たちに伝えようとする真のメッセージを吟味させ，別の表象の可能性を探る力をつけたいと思う．この場合，社会は何者かがどこからの視点から解釈して表象した一つの言語表現として理解させる必要がある．

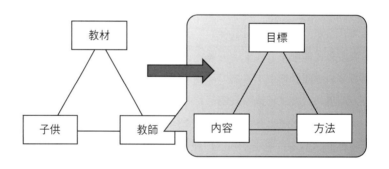

図 3-1 教材―子供―教師　からのパラダイム転換（池野（2016）を参考）

さらに筆者は，彼がこれまで授業づくりに臨んでいた姿勢を上の図 3-1 左として示し，変革するべき方向として図 3-1 右を示した．図 3-1 左は教育方法学関係の図書にしばしば掲載されているが，「授業実践＝教材研究＋（その児童に合った）授業技術」のことを示す図と解釈されがちであることを指摘した．そして図 3-1 右は，授業とは「目標（教師の伝えたい「社会のわかり方」）」があり，それによって内容や方法が変化することを示す図であることを説明し，図 3-1 左には，「目標」が欠落していること，しかし授業にはこの目標をしっかり考えていくことが重要であることを説明した[5]．その上で，先の代替案①～③は，それぞれに目標が異なることによって生じる違いであることを伝えた．

*5　この辺りの議論については，次の研究も併せて読んでおくことをお勧めしたい．池野範男「教育として，また，学問としての教科の必要性―社会科を事例として」『日本教科教育学会誌』38(4)，2016年，pp. 97-102.

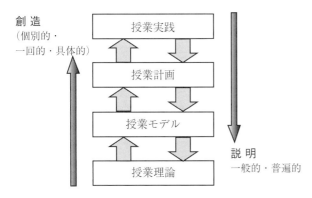

創造
（個別的・
一回的・具体的）

授業実践

授業計画

授業モデル

授業理論

説明
一般的・普遍的

図3-2　仮説（授業）の重層性と研究方法（草原，2006）

そして筆者は，左の図3-2を示し，すべての授業実践は，「授業理論」すなわち「社会科の理念・目的をめぐる多様な考え方と，その目的を実現する最も合理的な認識形成の方法論と授業展開の具体例，またそれぞれの方法論で指導したときに子供に及ぼすであろう効果について説明した知識体系」[*6]が影響すること，そして授業理論を実際に授業実践に転換するには，授業理論に具体的な内容を加えて授業モデルや授業計画に描き出す力，それらを教材や授業技術を用いて実践に還元する力が必要となることを説明した．

　レッスン・スタディは授業過程の細部，つまり何らかの授業モデルやより具体的な授業計画を授業実践の形に転換するために必要となる手順などの授業技術や教材，教師の子供理解について省察するには適している．しかし，その授業全体を俯瞰して構造的に捉えることは難しく，背後にある授業理論までも問い直すことが困難である．少なくとも議論をする構成員の中に多様な授業理論の存在を知る者がいなければ，皆が自明としている授業理論の存在に気付かない．それでは，せっかく今回の生徒のように教師の授業理論に不満を表明しても，その生徒たちの期待に教師は応えることができない可能性が高い．

　後日筆者はこの教師に社会科教育学の学会誌や明治図書出版『社会科教育』の原稿に掲載されている授業提案を勉強するように言った．その際，「あなたの知らない『社会のわかり方』」を求める授業をまずは見つけようと声をかけた．

*6　草原和博「教科教育実践学の構築に向けて—社会科教育実践研究の方法論とその展開」兵庫教育大学大学院連合学校教育学研究科『教育実践学の構築—モデル論文の分析と理念型の提示を通して』東京書籍，2006年，p. 39.

第2節　ケース2　「子供を主体的な学び手にしたい」教師

　次に紹介する事例は，アクティブ・ラーニングを強く意識した教師である．彼は教師が教科書を教え込むタイプの授業は，子供の成長を阻害することになると考え，教師が教える授業から子供たちが情報を持ち合って解釈を築き上げる協同学習に転換すべきであると考えていた．そのためこの教師は，ジグソー法[*7]，つまり4人程度の集団が同じ課題について各自で調べてきたことを持ち寄って教え合い，今度は全く別の課題に取り組んできた構成員たちからなるグループに再編して，それぞれの生徒が自分の情報を教え合っていく教育方法に高い関心があった．彼は地理「オセアニア州」の単元においても，生徒を八つの班にわけて，イギリスの植民地，中国系移民，アジア系移民の増加，アボリジニ，多文化主義，

*7　https://coref.u-tokyo.ac.jp/archives/5515

観光地の開発，ゴールドコースト，ニューカレドニアとそれぞれにテーマを与えて調べさせ，ジグソー法で授業を展開した．この時生徒たちは教師の予想以上に興味深いことを調べてきており，例えばイギリス植民地をテーマにしたある生徒は1966年までイギリスのポンドを用いていたことだとか，今でもコインの裏には国家元首のエリザベス2世である肖像があることを紹介していた．多文化主義をテーマにした別の生徒は50ドル札がアボリジニの作家であることなどを紹介していた．

　彼の授業に対する生徒の評判は最初上々だった．しかし旗色が変わったのは，生徒たちの受験が近づいてきた頃からだった．「この授業のやり方では，受験に対応できない」といった声が上がってきた．生徒の中には露骨に活動に参加しない人が増えてきて，協同学習は形骸化していった．

診断：授業の社会的意味を問えていない

　この教師は受験がなければもっと自分の授業は上手くいっていたのにと考えていた．こうした教師の多くに欠けているのは，なぜ大学入試はジグソー法による学びがあまり生かされない問題を出題しているのか，という問いである．実際に大学入試ではどのような問題が出題されているのか．「オーストラリアで羊毛が盛んな理由を論じなさい」「近年のオーストラリアの森林面積の減少の理由は何か」「日本国内で取引されるかぼちゃは，北海道産のものとオーストラリア産のものが多い．オーストラリアからかぼちゃが輸入されている理由を答えよ」「鉄鉱石・石炭・ボーキサイト以外で日本がオーストラリアから多くを輸入している鉱物資源に何があるか」「（主な貿易相手国の順位の推移の）資料を踏まえ，この変化がオーストラリア社会に与えた変化を論じ，理由を説明せよ」などがある．因果関係を問う問題が非常に多いことがわかる．ではどうしてこうした問いが大学入試で多いのか．それは研究者になるにせよ，国際社会に生きる平和で民主的な主権者になるにせよ，社会を構造的に分析する力が不可欠だからである．社会問題を考察するには，まず原因追求をせねばならない．また大学入試は結果的に日本や世界の現状をえぐることになる問題も多く出題される．ちなみに先に挙げた入試問題は，オーストラリアの天然資源・貿易や乾燥した土地，国際関係（特に日本との）についての特質，北半球と逆転する気候の特質を理解していれば解ける問題である．

　ジグソー法で生徒たちは多くの情報を断片的・羅列的に集積してくる傾向がある．そのため情報を量的に増大させるには適していても，その集めた情報同士の結びつき（特に因果関係）をじっくりと考えるにはやや不向きである．この手の学習は，「社会についての包括的かつ網羅的に知ることが，社会がわかることだ」とした日本社会に浸透している人々の「社会のわかり方」を基本的に揺さぶることがない．

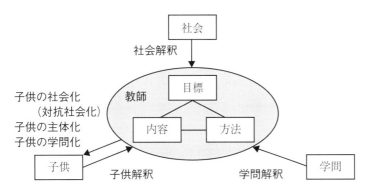

図3-3 授業作りに向けた教師の思考体型と社会との関係図

このように筆者は判断し，この教師には図3-3を示して考えてもらうことにした．これは，スティーブン・J・ソーントン（Stephen J. Thornton）が示した授業をつくるにあたり考慮に入れるべき三つの根拠（source）「学問」「社会」「子供」[8]と教師との関係を図で示したものである（図は筆者のオリジナル）．教師は子供の学問化・社会化（対抗社会化）・主体化を要請され，そのため学問・社会・子供についての分析と解釈が必要となる[9]．その中で教師は目標を決め，内容・方法を選ぶことになる．

この教師は図3-3から，自らが頭に入れているのは「子供の主体化」が主で，「子供の社会化（対抗社会化）」を配慮していないことに気が付いた．また大学入試の分析を通して学問や社会が子供たちに何を身につけることを要求しているのか考えてもらうことで，彼は「子供の社会化（対抗社会化）」するにはどのような「社会のわかり方」が必要となるのかと考えるようになった．後日，先のケースでも取り上げた①～③の授業の代替案について紹介した．今彼はジグソー法をこうした授業に組み合わせることに拘っている．

第3節　ケース3　「探究型歴史授業をしたい」教師

今度紹介する事例は，「なぜ・どうして」と問いかけて探究学習を行いたいと考える教師である．そうした学習を行うことの社会的意味についても彼は理解していた．彼は地理においてなら自分は上手く探究学習ができていると感じていた．実際に生徒の評判も上々であった．しかし歴史になると上手くいかない．「鎌倉幕府滅亡の主な原因は本当に元寇なのか」「どうして17世紀に江戸ではなく上方の商人を中心に文化が花開いたのか」などと問いかけているのだが，地理のように生徒は食いついてはくれない．生徒からは「資料が多すぎる」「なぜ，なぜと次々問われるとしんどい」といった声が聞かれる．どうして地理で上手くいくことが歴史で上手くいかないのか，この教師は悩んでいる．

*8　スティーブン・ソーントン著／渡部竜也，山田秀和，田中伸・堀田諭訳『教師のゲートキーピング―主体的な学習者を生む社会科カリキュラムに向けて』春風社，2012年，第3章．この3要素は元々ラルフ・タイラー（Ralph Tyler）が主張したもの．

*9　「学問化」「社会化」「主体化」については，特にガート・ビースタの研究を参照されたい．ガート・ビースタ著／上野正道，藤井佳世，中村清二訳『民主主義を学習する―教育・生涯学習・シティズンシップ』勁草書房，2014年．ガート・ビースタ著／藤井啓之，玉木博章訳『よい教育とは何か―倫理・政治・民主主義』白澤社，2016年など．

診断：地理と歴史の学問的性質の違いを踏まえて総合的な検討ができていない

　この教師は，歴史学と地理学の性質の違いの罠にはまってしまったタイプと言えるだろう．現代の社会事象を取り扱い，現代社会への直接的な知的貢献を目的とする学問である地理学は，学問化＝社会化（対抗社会化）の図式を構成しやすい．しかし歴史学は過去の社会事象を取り扱い，かつ必ずしも現代社会への直接的な貢献を目的としない学問である．そのため，学問化＝社会化（対抗社会化）の図式が成り立たないことが多い．このことは，生徒が歴史を学ぶことに意味を見いだしにくいという問題を生じさせることになる．

　この問題の解決は大変に困難であるが，筆者から提案したのは，「本質的な問い（Essential Question: EQ）」を設定し，歴史の学びをその問いについて考えるためのケーススタディに転換するやり方であった．なおここでの EQ は，現代社会に生きる主権者になるために議論するだけの価値のあるものを選りすぐらなければならない．例えば元寇の授業の場合，筆者なら「外国との交渉は強気な方が良いのか」を EQ として定め，主発問（Main Question: MQ）を「元の使者への朝廷や幕府の対応は，これで良かったのか」と設定する．一般に聖徳太子の外交も元への対応も，成功事例として語られることが多く，今でも強硬外交を主張する人たちに，事例として引き合いに出されることがある．だが別の選択可能性を問い直すことで，本当に成功事例なのか考え直す試みをするのである．

　また，筆者は彼に「なぜ，どうして」を探究する型の授業に固執せず，メタ・ヒストリーを取り入れた授業だとか，歴史上の判断場面における別の選択可能性を問い直す授業だとか，他社の教科書を持ち出して歴史の描き方の違いを確認させ，その違いがなぜ出てきたのかを考える授業など様々なことに挑戦しても良いとアドバイスした．そして社会科教育学の学会誌などを紹介した．

　なお，この教師の場合，彼の生徒たちの発言内容を踏まえると，資料を出す手順や探究の流れなどにも問題がありそうに思えたので，レッスン・スタディをするなどして，自らの授業技術を省察するべきであることもアドバイスした．

第4節　ケース4　「年間カリキュラムを作りたい」教師

　最後に紹介する事例は，自分のオリジナルのカリキュラムを作りたいという希望を持つ教師であった．もちろん，学習指導要領の枠組みを前提にした範囲内でということであるが，決して教科書に依存したくないという強い願望を持っていた．彼はほぼ日常での授業はそつなくこなせており，また複数の授業理論を持ち合わせており，多様なスタイルの授業を現場で試みていた．ただ「最初はいろいろ生徒が興味を持ってくれるような授業を学会誌や教育系雑誌など，あちこちから拝借してランダムに並べていたんですが，それだと生徒は面白がっている割に定着していないようで，何か一本筋を通したものにしなければならないかと思い

ます」といった悩みを抱えていた.

　この教師は地理や歴史を教えることのねらいが, 公民的資質の育成, 主権者を
育成することにあると考えており, 常々生徒にそれを伝えていた. 彼は授業理論
に関しても, 何でもかんでも実行するのではなく, 主権者の育成にとって課題が
あるとされるようなものは極力排除していた. 彼の授業への生徒の評判はすこぶ
る高かった.

診断：自らの育てるべき主権者像の具体化が不十分である

　主権者を育てるためには, 先のケース1にあった①〜③のいずれかだけを実
施するだけでは不十分で, 三つすべてを行う必要があるし, この三つだけでは十
分ではない. だが, 様々な授業理論に基づいた様々な授業をランダムに実践して
いくことは, 統一性を失わせ, その教師が育成しようとしている主権者像を曖昧
なものにしてしまう危険性もある.

　まずこの教師に筆者は図3-3を見せて, 学級の生徒の様子(「子供」)や生徒を
取り巻く環境(「社会」)について考えてもらった. その上で, 今この生徒にとっ
て一番身につける必要がある能力や, 一番考えていかねばならない問題が何であ
るのかを考察した. 彼の結論は, メディアを疑う力・活用する力・発信する力を
生徒につけさせるべきだ, となった. そこで, これまでの彼の年間計画を見直す
ことにした. 地理においては, 1学期ではまず資料をじっくり読み解く時間を増
やし, 生徒側から資料を主体的に持参させる場を多く設定できるように, 授業計
画を組み替えた. 例えば, 複数の地理教科書のオーストラリアに関する記述を比
較させ, それぞれの教科書の立ち位置を検討させることにした. また, オースト
ラリアについての地理学の専門書との記述の違いも検討させ, 地理教科書は論争
を避ける記述を好む傾向があることを学ぶことができるような工夫をした. 2学
期では, 国内外の諸問題を, 資源, 貿易, 産業, 軍事, 立地といった観点から考
察・議論できるように計画を見直した. 例えば地理「日本のエネルギー問題」で
は, 近年の日本の自衛隊とアメリカ・オーストラリアなど海外の軍隊との共同統
合演習やPKO活動についての報道をまとめ, そこから日本の自衛隊の行動が日
本の資源運搬ルートの保持と密接に関係があることを解き明かし, 日本のエネル
ギー政策(特に原発政策)を吟味・検討する試みを行うような形とした. 3学期で
は, 政府に政策提言を重視する活動を重視するように計画を修正した. 例えばオー
ストラリアと日本との今後の関係の在り方を軍事・経済・政治などの分野で検討
し, 政府に提言することをねらいとする形とした.

第5節　教師の段階的成長と教師教育

　教師は段階的に成長する. その成長の姿は様々だと思うが, 今回紹介した教師

*10 近年，学生や教師の成長についての数多くの研究が日本国内でも発表されている．ただし，日本の社会科教師（教師志望者）の成長に特化し，さらにその実証的な研究となると，まだ数は多くない．今回ここで示したものも，あくまで仮定的なものであり，明確に研究で裏打ちされたものではないことについては断っておきたい．なお，日本の社会科教師（教師志望者）の成長についての実証的・体系的研究をしている2人の若手研究者をここでは紹介しておきたい．1人は大坂遊，もう1人は村井大介である．

について段階的に並べるならば，ケース1からケース4に向かって高次なものとなっているように感じる[*10]．そしてそれぞれの段階で，その教師に必要となる知識や身につけねばならない技能は変わる．

おそらくどんな教師も，最初の数年は教科書をどう自分の授業の形に翻案するかで手一杯であり，自分のカリキュラムを作ろうなどと思うことはないだろう．日々教科書をにらみながら，見開き1頁をどのように伝えるべきか考えるのが関の山で，「子供」や「社会」に配慮することはできず，ひたすら学問専門書を読むか，先輩教師のやり方を真似る日々ではないかと思う．

しかし，数年も経つと教師の多くに余裕が出てくるはずである．その時，大学で学んだ社会科教育学が役に立つ．教科書をわかりやすく伝える授業から脱却し，ケース1で紹介した①〜③の授業理論を自己流にアレンジしながら授業計画の形に落とし込んで実行しようとするだろう．新しい授業理論を探しに研究会に参加するかもしれない．同僚からの批判的な意見も素直に聞けるようになり，レッスン・スタディを通して自らの授業技術を一層磨いていくだろう．

やがて身につけた様々な授業理論を組み合わせて，生徒を主体的な学び手や主権者に転換しようと試みるだろう．そうなれば，自然とカリキュラムを単位に考察するようになる．もしかしたら大学で再度学びたいと思うかもしれない．

ただ，こうした成長が生じるのは，あくまで大学時代にその教師がしっかりと社会科教育学を学んでいたら，という前提である．レッスン・スタディによる自己研鑽の方法や教育方法学しか教えられることのないまま大学を卒業することになった教師，それすら知らず大学時代は退職校長の武勇伝を聞いて教育法の単位をもらっただとか，内容を深く知れば授業ができると言われてひたすら歴史や地理の専門書ばかりを読んできた教師もいるだろう．彼らの多くは，教職の経験年数がかなりあったとしても，ケース1や2に見られる問題意識から脱却できないのではないか[*11]．社会科教育学を大学時代，もしくは学校教師になって触れることのできた運の良い本書の読者は，そこから得た知識や考え方を独り占めせず，社会科教育学を知らない同僚にぜひ分け与えて欲しいし，彼らの悩みに対して積極的に相談に乗り，そして粘り強く彼らの世界観の根源的な問い直しに臨んで欲しい．そのことが，教師の社会科観を変え，学校の社会科授業を変え，そして地域社会の民主化に貢献していくはずである．そう信じて教師の仕事を楽しんで欲しい．

*11 この主張を裏付けると思われる研究に次のものがある．渡部竜也・川崎誠司「教師の年齢・経験年数が社会科授業の実態や意識に与える影響について—東京都小学校教員対象アンケート調査（2009年度）の結果を中心に—」『学藝社会』29，2013年，pp. 45-63．

第4章

中学校社会科・高等学校地理歴史科教育の目標・学力
―生徒が何を獲得し，何をできるようになることが求められるのか―

第1節　なぜ地理・歴史を学ぶのか―地理・歴史教育の目標・学力の変遷から考える―

　現代社会に生きる私たちが過去について学ぶのはなぜか．また，一度も訪れたことがない（その予定もない）他地域や他国について学ぶのはなぜか．生徒として地理や歴史を学習する中で，こうした疑問を抱いた経験はないだろうか．このような問いに対して，中学校社会科の，高等学校地理歴史科の教員，つまり，地理・歴史教育の「プロ」として，自信を持って見解を示すことができるようにしたい．

　これまでの地理・歴史教育では，受験対策などの現実的要請の中で，教科書等に示された内容を効率よく伝達することを目的とした授業が中心になりがちであった．しかし，2017（平成29）年に告示された中学校学習指導要領，2018（平成30）年に告示された高等学校学習指導要領においては，新しい時代に必要とされる資質・能力（コンピテンシー）の育成が重視されており，学習の成果として，「生徒が何を獲得し，何をできるようになることが求められるのか」を意識した授業づくりが求められている．今，なぜ地理・歴史を学ぶのかが，改めて問い直されているといえよう．

　本章では，これらの問いに対して，これまでのわが国における地理・歴史教育の歩みを振り返ることでアプローチしたい．近代的な学校教育制度が確立して約150年，現在に至るまで，国家・社会の在り方は大きく変動しており，それに合わせて，地理・歴史教育の目標・学力の在り方も変化してきている．下表はわが国におけるそれぞれの時期の地理・歴史教育が何をめざすものになっていたのかについて，その概略をまとめたものである．

表4-1　わが国における地理・歴史教育の変遷

明治期～昭和戦中期	国民意識形成と国民教化のための地理・歴史教育
昭和20年代	市民性育成のための地理・歴史教育
昭和30年代～平成	系統的知識の獲得のための地理・歴史教育
令和～	新しい資質・能力の育成のための地理・歴史教育

（筆者作成）

以下，この表に即して，それぞれの時期において，地理・歴史の教育力をどのように捉え，それらをどのように教授しようとしていたのか，そこに見られる地理・歴史教育の目標・学力の在り方の変遷を省みることで，今後志向すべき方向性を探りたい．なお，本書は中等教育段階を対象としていることから，本章においても，主として中等教育段階を対象として考察を行いたい．（以下，一部旧字体を改めた．）

第2節　戦前の地理・歴史教育における目標・学力

1. 国民意識形成のための地理・歴史教育－国家の領域・歴史に関する事実的知識の獲得－

内容も教え方も一律ではないが，世界各国で地理・歴史は必修科目として位置付けられている．わが国においても，明治期以降，一貫して地理・歴史が教育課程上に位置付けられてきた[*1]．そもそもなぜ，学校教育において，地理・歴史が教えられているのだろうか．それは，わが国をはじめとして，大半の国家において，地理・歴史教育が，国家の構成員としての「国民意識形成」の場として期待されているためである．そこで，まずは近代学校教育の始発期にあたる明治初期の在り方を振り返ることで，国民意識形成に対して，地理・歴史教育がどのような役割を果たすものになっていたのかについて確認しよう．

わが国においては，欧米列強による外圧と封建制度が抱えていた内部矛盾とが相まって，約260年間維持された幕藩体制が，天皇を中心とした近代国家へと変革された．近代国家に相応しい諸制度が整えられていく中で，税や徴兵などの様々な国家的な義務に対する納得を得るため，人々に国家への帰属意識や国民としての意識を持たせることが大きな課題となった．一般的に，江戸時代以前の人々は，日本という国家に対する帰属意識や日本人としての意識が希薄であり[*2]，日本というまとまりの意識はあったにせよ，あくまでそれは諸地域の集合体として認識されていた．新政府に出仕した旧藩士階級の人々ですら，新政府よりも各藩への帰属意識の方が強かったと言われている．

ベネディクト・アンダーソン（Benedict, Anderson）は「国民とはイメージとして心の中に想像されたものである」と述べている[*3]．また，エルネスト・ルナン（Ernest, Renan）は「国民の本質とはすべての個人が多くの事柄を共有し記憶し，また全員が多くのことを忘れていることである」と述べている[*4]．これらの指摘は，現代の私たちが感じているような国家への帰属意識や国民意識といったものは，決して自然な感情ではなく，意図的に「創出」されるものであるということを意味している．

明治初期において，人々に国民意識を創出するために必要となる記憶（例えば，国家の領域や歴史についての知識）と能力（例えば，共通言語＝国語の運用力）を

[*1] 1872（明治5）年に制定された，わが国における最初の近代学校教育制度に関する基本法令である「学制」において，下等中学の教科として「地学（地理）」や「史学」が設置されている．なお，下等小学では「地学大意」，上等小学では「史学大意」といった教科も設置されている．

[*2] このことについては，牧原憲夫『客分と国民のあいだ』吉川弘文館，1998年，などを参照されたい．

[*3] このことについては，B. アンダーソン（白石 隆，白石さやか訳）『増補 想像の共同体』NTT出版，1997年，を参照されたい．

[*4] このことについては，E. ルナン他（鵜飼 哲他訳）『国民とは何か』インスクリプト，1997年，を参照されたい．

形成する装置として機能したのが，学校教育を通じた地理・歴史や国語の教育であった．もちろん，現代でもそうであるように当時においても，社会生活を送る中で地理・歴史の知識を獲得する機会は多様に存在していた．しかし，国民形成を効果的に進めようと思えば，記憶の「均質化と標準化」が不可欠であり，学校教育を通じた地理・歴史の意図的計画的な教育が求められた．多様で分散的であった人々のアイデンティティを統合し，国民意識を創出するため，まずは子供たちに，学校教育を通じて，一通りの日本の国土像と歴史像を獲得させ，「日本」という国を具体的にイメージできるようにすることがめざされていたと考えられる．

1875（明治8）年に発行された日本史の教科書である『日本畧史』（師範学校編）は，特定の観点から人物や出来事を選別したり，それらに対する解釈や評価などを交えて記述したりするということはなく，歴代の天皇を取り上げ，その呼称，在位年数や在位中の出来事についての知識が箇条書きに近い形で記述されていた．そのことを通して，歴代の天皇を節とした日本の歴史についての一通りの事実的な知識が獲得できるものになっていた．例えば，現代の教科書においても取り上げられている「聖武天皇」の項の記述内容は，次のようになっている．

> 第四十六代，聖武天皇ハ文武天皇ノ子ナリ○蝦夷反ス藤原宇合等ヲシテ討チテコレヲ平ケシム，○始メテ畿内，總管，諸道，鎮撫使ヲ置キ尋テ節度使ヲ置ク，○新羅來朝ノ期三年ニ一タヒスルコトヲ許ス○藤原ノ廣嗣反ス，大野東人ヲシテ討チテコレヲ平ケシム，○天皇佛法ヲ尊崇シ，篤ク僧侶ヲ敬ス，金銅廬舎那佛ノ大像ヲ造ル，出家シテ自ラ勝滿ト稱ス，在位二十五年ニシテ，位ヲ阿倍ノ皇女^{孝謙天皇}ニ禪リ，天平勝寶八歳五月崩ス，年五十六，

また，地理教育については，政府が認可した民間の地誌書や洋書などが用いられていた．「万国地誌」「日本地誌」として，新たに編纂された教科書もあったが，いずれも基本的には，その国（地域）の位置や山脈，海，川，湖，都市，港などの名称，人口，特産物などが羅列するものになっており，そこでは，歴史と同様に，事実的知識の伝達が主眼になっていたと考えられる．

このように，地理・歴史教育を通じて国家像（国民像）をイメージさせようとしているものの，当時は，どのような国家像（国民像）が相応しいのか，すなわち，地理・歴史教育の目標・学力の在り方については必ずしも明確になっておらず，まずは，国家の領域や歴史についての事実的な知識を獲得させるという段階にあったと考えられる．

2. 国民教化のための地理・歴史教育—物語に付与された意味（解釈）の理解—

地理・歴史教育では一般的に，地理や歴史についての事実を教授していると思われている．しかしそこで教授されているのは，選択された，あるいは解釈された事実である場合がほとんどである．わが国の地理・歴史教育も，明治期以降，

事実的な知識に留まらず，地理的事象や歴史的事象に付与された意味を理解させ，子供たちの思想や生き方を，国家が求める方向へと統制するものになっていく．このような地理・歴史教育を通じた「国民教化」は，大規模な対外戦争が遂行された昭和戦前・戦中期に一頂点を迎えることになった．ここでは，国民教化のための手段としての地理・歴史教育の在り方を振り返ってみよう．

　1886（明治 19）年に制定された中学校令は，1899（明治 32）年に改正され，その後定められた中学校令施行規則及び教授要目以降，地理・歴史教育には明確な教育目標が設定され，国民としての教養の形成や道徳性の涵養が志向されるようになっていった．1931（昭和 6）年の中学校令施行規則の改訂においては，地理科の目標として「国民の自覚」が掲げられ，日本地理に重点を置くことが定められた．また，歴史科においては「日本歴史」という科目名が「国史」へと変更され，名実ともに国民精神を涵養するための歴史教育を志向するものとなっていった．続く 1937（昭和 12）年の改訂でこの傾向はさらに強化され，1943（昭和 18）年の中等学校令の公布により，地理科と歴史科はともに「国民科」の一科目として位置付けられることになった．国民科においては，検定教科書ではなく，文部省編纂の国定教科書が用いられ，対外戦争を正当化するための国土観や歴史観を提示するための手段として，地理・歴史教育が位置付けられることになった．

　このような過程においては，教授すべき地理的事象や歴史的事象の選択が常に行われていた．例えば，日本史の教科書においては，明治初期のように，歴代の天皇を網羅的に取り上げるのではなく，善政を布いたとされる天皇や，天皇や朝廷に対して忠節を尽くしたとされる人物が選択的に取り上げられるようになった．それぞれの記述は，出来事の箇条書きではなく，具体的なエピソードを盛り込んだ「歴史物語」になっていった．例えば，当時の教科書において盛んに取り上げられた，大仙陵古墳の被葬者とも言われている，「仁徳天皇」については，民家の竈（かまど）から炊煙が立ち上っていないことに気づいて，3 年間租税を免除し，その間は倹約のために宮殿の修繕をしなかったという，いわゆる「竈の煙」の逸話が示されており，仁徳天皇の慈悲深さや聡明さが感得できるような物語になっていた．このような歴史物語による構成は，明治期以降，昭和戦中期の国民科において使用された国定教科書『中等歴史』に至るまで引き継がれた．

　このような教科書が提示する物語は，物語であっても用語も難解であり，教師の指導がないと理解が困難である．指導のねらいは，この物語を共感的に理解させるところにあった．しかし本来，歴史や事実に意味はない．物語には語り手が存在しており，その意味は語り手が付与したものである．付与される意味が異なれば，別の物語として描かれることになる．仁徳天皇の物語についても，教科書において示されているのは，国や教科書の執筆者が天皇の慈悲深さや聡明さを主題に，記紀などにおいて伝承されてきた仁徳天皇の一連の行動を解釈し物語ったものであり，別の仁徳天皇物語を描くことも可能である．物語は，語り手が与え

た意味を事実そのものが持つ意味であるかのように受け取らせることによって，そしてそこに感情移入させることによって，語り手が意図する生き方へと子供たちを教化していく機能を持っていた．仁徳天皇の恵民物語を学ぶことで，「慈悲深い天皇が統治する日本＝世界に比類のない誇らしい国」として自分たちの国を捉え，そのために尽くそうとする心情を身に付けることが期待されていた．

　一方，地理についても，歴史ほど物語調ではないものの，日本が海外進出や対外戦争を遂行しようとするのは，日本を取り巻く地理的環境による必然であるように感じられる地理的データや地域的特色を提示し，教授するものになっていた．そのような地理的事象が示す意味を理解し，それを基盤として，国策の正当性を受容させていくことが指導の主眼となっていた．

　以上のことから，明治期以降から昭和戦中期へと至る展開は，地理・歴史教育の目標・学力の視点から見れば，事実的な知識の獲得させる段階から，地理・歴史教育を通じて国民としての望ましい資質や能力を育成する段階へと洗練されていった過程として捉えることができる．それは同時に，地理・歴史教育が悲惨な対外戦争へと国民の精神を動員するための思想統制の手段として機能していったことを意味している．そして，それは，学習者である子供たちではなく，国家のねらいが最優先された地理・歴史教育の在り方であり，望ましい国民像に向けて子供たちを教化していくためのものであった．このような事実を省みる時，地理・歴史が持つ高い教育力とそれに伴う危険性，その目標・学力の在り方が，学習者である子どもたちではなく，教える側，とりわけ国家に傾斜し過ぎることの問題性を実証的に理解することができるだろう．

第3節　戦後の地理・歴史教育における目標・学力

1. 市民性育成のための地理・歴史教育－問題解決に資する地理・歴史的知識の獲得－

　1945（昭和20）年の敗戦を期に，アメリカの強い影響の下で，新しい教育の在り方が模索された．そして，国家に対して無批判に迎合していくのではなく，民主的で平和的な国家・社会の形成者として，求められる資質・能力（＝「市民性」）の育成を主眼とする，新教科「社会科[*5]」の誕生によって，国民教化のための地理・歴史教育は姿を消すことになった．そこではどのような地理・歴史教育が志向されていたのだろうか．ここでは，戦後初期に試みられた学習者中心の地理・歴史教育の在り方について振り返ってみよう．

　社会科は，1947（昭和22）年に示された学習指導要領において，はじめて教育課程上に位置付けられた．この学習指導要領は，1951（昭和26）年に改訂されたが，それらは強制力を伴わない「試案」という形で示され，各教師たちが地域や子供たちの実態に応じて，自由に教育実践を創造していくことが求められていた．つ

*5　1916年にアメリカにおいて誕生した教科である．詳しくは，渡部竜也他訳『世界初　市民性教育の国家規模カリキュラム　20世紀初期アメリカNEA社会科委員会報告書の事例から』春秋社，2016年，を参照されたい．

まり，戦前のように，国家の求める国民像に向けて子供たちを教化していくのではなく，彼らの自主的自律的な思想形成を支援していくための教育が志向された．

「試案」としての学習指導要領における社会科は，1920年代から盛んになったアメリカの進歩主義教育の影響を受け，学習者である子供たちが直面している現代的な問題の解決を軸にした，広領域で総合的な教科として構想され，その在り方は，経験主義社会科や初期社会科と呼ばれている．Social Studies（社会研究）という原語に端的に表れているように，社会科は子供たちが自分たちの生活している社会について深く学び，よりよい社会の在り方を探っていくために必要となる資質や能力を獲得するための教科であった．そして，地理・歴史教育もそのような社会科の一領域として位置付けられることとなった．

このように市民性育成を志向する社会科の一領域としての地理・歴史教育は，子供たち自身による総合的な問題解決の手段として位置付けられ，地理的知識や歴史的知識はその追究の過程の中で獲得されるべきものとされた．戦前においては，地理や歴史それ自体が意味を持ち，それらが国家像や望ましい国民としての生き方を示唆していると考え，それらの知識を独立した形で教授していたのに対して，経験主義社会科における地理・歴史教育は，地理や歴史はそれ自体として意味を持つのではなく，追究者（研究者）である子供たちが，「現代」の「此処」の社会をよりよく理解するために，「過去（＝歴史）」の「他所（＝地理）」の社会と比較対照し，共通性や相違性を見出そうとする際に，はじめて意味を持つものと考えられた．そのため，学習指導要領において示されているのは，「参考目標」や「学習活動の例」であり，実際の授業は，現場の教師が子供たちの実態に即して自律的に組織していくべきものとされていた．

例えば，1951（昭和26）年版の学習指導要領における中学校の「日本史」においては，日本史を「原始社会」「古代社会」「封建社会」「近代社会」に区分し，「現代にも残っているものは何か」，「（現代と）比較してみる」などの学習活動の例を示すことによって，過去と現代とを比較対照し，それぞれの時代の社会と現代社会の共通性や相違性を抽出し，研究を深めていくような学習の在り方が示されていた[6]．そのような学習は，「それぞれの社会における人々の生活，生活上の問題解決のしかたを理解することを通じて今日のわれわれの問題解決に資する」ことをめざしており，現代社会を生きる子供たちが，学ぶ意義を実感することができる歴史の学習が構想されていたといえる．また，同じく1951（昭和26）年版の学習指導要領における高等学校の「人文地理」では，「人文地理にはどんな任務があるか．研究の中心問題は何か．他の学問と異なる点はどこか討議せよ」といった学習課題が例示されており，教師から一方的に与えられるものではなく，それぞれの学習を学習者自らが意義付けていくものになっていた．

以上のような，市民性育成を志向する社会科の一領域としての地理・歴史教育の在り方は，「社会科地理」「社会科歴史」と呼ばれており，ともすれば学習の意

*6　詳しくは，角田将士「中学校学習指導要領に見る二つの歴史教育論－1951年版と1958年版の比較分析－」全国社会科教育学会編『社会科教育論叢』49，2015年，pp. 55-64，を参照されたい．

義を見出しにくい地理や歴史の学習を，子供たちの社会研究のための手段として位置付けることで，意義あるものにしようとするものであり，その理念は今日においても高く評価されている．しかし，このような学習が実現するためには，子供たちが十分に追究し，認識を広げていくことができるだけの環境整備が必要であった．二つの学習指導要領が世に出された戦後初期の混乱と貧困の世の中においては，それは困難であったと思われる．また，当時の一般的な教員たちは，戦前の師範学校において，国家の方針に沿った実践を行うための教師教育を経て教壇に立っており，そのような新実践を可能にする力量を期待するのも酷なことであったと思われる．実際に，学校現場においても，戦前からの地理・歴史教育と比較してその変化があまりに著しいものであったために，経験主義社会科に戸惑い，実際の授業では，伝統的な地理・歴史教育を行う学校も少なくなかったといわれている．

2. 系統的知識の獲得のための地理・歴史教育—学問的基礎の理解—

サンフランシスコ平和条約の締結による独立の達成などを背景に，アメリカを範とした戦後の教育改革に対して，保守層を中心に，日本の国情に反するものとして見直しの機運が高まった．「調べて討論する」といった諸活動に重きを置いた経験主義的教育は，基礎学力を低下させるものであり，とりわけ社会科については「はいまわる社会科」といった厳しい批判がなされた[*7]．経験主義社会科では，問題解決に必要な範囲でしか知識が獲得されず，学問を基盤とした系統的な知識の獲得が保証されないとして，1955（昭和30）年の改訂以降の学習指導要領においては，地理や歴史が持つ専門性や内容の系統性が重視されるようになった．学習指導要領自体もそれまでの「試案」ではなく，法的な拘束力を有するものへと位置付けが強化されることになった．その結果として，戦後初期に試みられた市民性育成のための地理・歴史教育はどのように変質し，今日に至っているのか．ここでは昭和30年代以降の地理・歴史教育の在り方を振り返ってみよう．

1956（昭和31）年に改訂された高等学校学習指導要領において，「人文地理」については，「人文地理学を主とする関係諸科学の業績を背景に，より深く，系統立てて理解させる」との目標の下で，1951年版のような学習活動の例は示されずに，人間と環境，人間生活に大きくはたらく自然条件，農牧業，林業・水産業，鉱工業，総合開発，人口，集落，交通，貿易，国家と国際関係，地図，野外調査，といった各項目を内容の素材とし，それぞれについての系統的学習を求めるものになっていた．また「世界史」についても，「世界史をより深く，科学的に，系統的に理解させ…」とされており，「日本史」についても「高等学校の日本史においては，中学校よりも程度の高い歴史的知識を与え，日本史をより深く，科学的，系統的に理解させる」とされていた．

その後，高校社会科においては，世界史や地理がA/Bに分割されたり，また

*7 代表的なものに，宮原誠一「社会科の功罪」勝田守一，宮原誠一，宗像誠也編『日本の社会科』国土社，1953年，などがある．

再び統合されたりと，科目の編成は少しずつ変化していったものの，基本的にそこでの地理・歴史教育は，地理や歴史を教授する根拠を，学問（科学）としての地理学・歴史学の独自性に求めるものになっており，地理学や歴史学が明らかにした成果をその系統に従って順序立てて学習し，それぞれの学問的基礎を理解することが求められた．つまり，そこでは，地理や歴史についての知識は，まずもってそれ自体として知らなければならない対象としてとらえられたわけである．また，中学校の場合も，1955（昭和30）年の学習指導要領の改訂以降，今日に至るまで，社会科の一領域として，「地理的分野」「歴史的分野」の名称は維持されているものの，地理や歴史の系統的な内容が重視された．

　昭和30年代以降，おおよそ10年おきに学習指導要領は改訂されていったが，そこでの地理・歴史教育の在り方は，戦後初期とは大きく異なるものであり，社会科の一領域でありながら，事実上，地理は地理として，歴史は歴史として，独立した形で教授するものであった．系統主義社会科ともいうべき，この時期の社会科における地理・歴史教育は，学問の成果を背景とした地理学・歴史学教育ともいうべきものへと変質していった．

　1989（平成元）年の学習指導要領改訂では，生活科の新設に伴って小学校低学年において社会科と理科が廃止されるとともに，高等学校では社会科が解体されて「地理歴史科」と「公民科」に再編された[*8]．グローバル化の進展に対応すべく必修科目とされた「世界史」を除けば，地理や歴史は地理歴史科を構成する選択科目となった．地理教育では方法知の獲得が重視されたり，歴史教育では，世界史における文化圏学習が強調され，従来の国家や王朝，戦争を軸とした学習から，民族や社会生活，文化を軸とする文化人類学の成果を取り入れた学習内容が重視され，欧米を中心とする単一的な発展の考え方が改められたり，文化や価値観の多様性が重視されるようになった．また，日本史においては，日本の世界史上の位置付けや地方史が重視されるようになっていった．しかし，このような変化も，基本的には，地理学，歴史学の成果を背景とした内容改革であって，地理・歴史的知識そのものの捉え方が変化してきたわけではない．むしろ「地理歴史科」という教科の名称に表れているように，学問の成果としての地理的知識や歴史的知識を教授するための教科としての位置付けが法的根拠付けを得た点で，地理学・歴史学教育の強化ともいえる．その後，2008（平成20）年の中学校学習指導要領と2009（平成21）年の高等学校学習指導要領の改訂では，総則において「生きる力を育む」という表現で，新たな時代に対応した資質・能力の育成という方向性が示されたものの，教科レベルでは具体化されることなく，系統主義社会科の傾向は引き継がれていった．

　系統的知識の獲得を重視する地理・歴史教育の在り方に対しては，学問的な成果に基づくものであったとしても，学習者である子供たちがそれを学ぶ意義が見えにくいとの批判がなされてきた[*9]．しかし，あらかじめ定められた知識の効率

*8　このことについては，茨木智志「社会科解体はどう準備され進行したのか－強引な政治ショーの背景は何か」片上宗二，木村博一，永田忠道編著『混迷の時代！“社会科”はどこへ向かえばよいのか－激動の歴史から未来を模索する－』明治図書出版，2012年，に詳しい．

*9　例えば，代表的なものとしては，森分孝治「歴史教育の革新－社会認識教育としての歴史教育－」全国社会科教育学会編『社会科研究』20，1972年，pp. 60-77，などが挙げられる．

的な伝達を主眼とする地理・歴史教育は，教科書さえあれば直ちに実践可能であるし，受験対策という現実的な要請もあって，今日においても学校現場においては支配的であるといえよう．

第4節　これからの地理・歴史教育に求められる目標・学力—地理や歴史を通して未来に生きる子供たちの社会の見方・考え方を鍛える—

　2009年（2014年改正）に示された「教科用図書検定基準」の中には，「閣議決定その他の方法により示された政府の統一的な見解又は最高裁判所の判例が存在する場合には，それらに基づいた記述がされていること」といった，社会科教科書における基準が示され，領土問題などの記述については，日本政府の立場を示すものであることが求められることとなった．2006（平成18）年の教育基本法の改正などに代表される教育の保守化の動きが，地理・歴史教育の在り方にも影響を与えており，再び「国民としての意識や自覚」の形成が強調されてきている．しかし，これまで省みてきたように，国家のための地理・歴史教育は，必ずしも学習者である子供たちにとって意義あるものにはならない．これからの地理・歴史教育は，戦後初期に試みられたように，今を，そして未来に生きる子供たちにとって必要な資質・能力の育成を目標とすることが求められるのではないだろうか．子供たちが現代社会を深く理解するための手立てや，これからの在り方を考えていくための方途を得ることができるような地理・歴史教育を志向する必要がある．

　一方で，先述してきたように，これまでの学習指導要領が学ぶべき内容（コンテンツ）を重視するものだったのに対して，2017（平成29）年に改訂された中学校学習指導要領，2018（平成30）年に改訂された高等学校学習指導要領においては，新しい時代に必要とされる資質・能力（コンピテンシー）の育成が重視され，そのために「主体的・対話的で深い学び」を視点にした授業改善が求められるようになった．あらかじめ定められた知識を効率的に伝達することを主眼とした学習から，学習の結果として身に付けられる資質・能力の重視という，学習観の大きな転換を伴ったこの改訂は，経験主義から系統主義への転換以来の画期的な改訂ということができよう．

　しかし，社会系教科の場合は，いざカリキュラムや授業の改善に取り組もうとしても，それほど大胆に改革しにくいという現状がある．例えば，歴史の分野で扱われる知識（太閤検地，地租改正…等々）は，そもそもコンピテンシー育成の観点から選択されているわけではなく，歴史を物語るために必要とされている知識群から構成されている．また，前述したように，政治的な要請が強い分野については教えるべき内容が固定化されがちとなっている．そういう意味で，社会系教科の場合は，他の教科等に比べると，コンテンツを重視する性格が強く，授業の在り方を大きく変えることが難しいという課題がある．

*10　このことについて詳しくは，森分孝治『現代社会科授業理論』明治図書出版，1984年，を参照されたい．

*11　このことについては，キース・C・バートン，リンダ・S・レヴスティク著／渡部竜也，草原和博，田口紘子，田中伸訳『コモン・グッドのための歴史教育　社会文化的アプローチ』春風社，2015年，に詳しい．

*12　これから求められる社会系教科授業の在り方について詳しくは，角田将士，平田浩一「学ぶ意義を意識した『深い学び』を促す授業の創造－見方・考え方の成長を視点としたアクティブ・ラーニング型授業の批判的検討－」『立命館教職教育研究』4，2017年，pp. 1-10，を参照されたい．

　このように，21世紀型学力として注目される資質・能力論へのストレートな対応が難しい社会系教科においては，知識伝達に終始する現状の授業を一歩でも二歩でも前進させ，子供たちが社会的事象の本質を捉え，事象どうしの関連を読み解いていけるよう，彼らの社会に対する見方・考え方（「社会的事象を捉える枠組み」や「社会を解釈し説明するための概念的枠組み」などとされている[10]）を鍛えていくところに，めざすべき学力のイメージを定めるのが望ましいと考える．とりわけ地理・歴史教育の場合は，子供たちにとって直接関係のない他地域や他国，過去の社会が主な学習対象となるため，知識伝達が中心になりがちであるが，地理の場合であれば，まずは他地域や他国の社会の在り様を読み解くことを，また歴史の場合であれば，まずはその時代の社会の在り様や時代の移り変わりに表出された社会の変化やその要因を捉えることを日々の授業構成の基軸に据えておき，その上で「民主的で平和的な国家・社会の形成者」という社会科本来の目標を意識し，その育成に向けて必要となる社会の見方・考え方とは何か[11]ということを常に問いながら授業を構想したい．そのためには，地理や歴史の学びを通して，子供たちの社会の見方・考え方を鍛えることができる機会を常に探ることができるように，カリキュラム全体に目を配ることが極めて重要である．そうすることによって，地理や歴史を学ぶ意義を実感できるような質の高い授業を，可能な限り数多く展開していきたい[12]．

参考文献
石田雄『記憶と忘却の政治学』明石書店，2005年．
上田薫他編『社会科教育史資料1－4』東京法令，1974-1977年．
片上宗二『日本社会科成立史研究』風間書房，1993年．
財団法人教科書研究センター編『旧制中等学校　教科内容の変遷』ぎょうせい，1984年．
森分孝治「二〇世紀社会科の脱構築」社会認識教育学会編『社会科教育のニュー・パースペクティブ　変革と提案』明治図書出版，2003年，pp. 14-23．

第5章

中学校社会科・高等学校地理歴史科教育のカリキュラムデザイン
―教科の目標を達成するためには，何をどのような順で学ぶのが良いのかを，どのように考えるか―

　教科の目標を達成するためには，何をどのような順で学ぶのが良いのかを，どのように考えるか．本章の副題でもあるこの命題に，ひとまず筆者の答えを示そう．何をどのような順で学べば教科の目標を達成できるかは，生徒の実態などに応じて異なる．よって，学習指導要領などの公的なカリキュラムに基づき，教師それぞれが眼前の学習者の実態などに即して構想していくことが必要である．では各教師は，それをどのように考えていけばいいのか．

　以上の問題意識から本章は，以下のような手順で組織した．① 公的なカリキュラムは何をどのように教えることでいかなる目標の実現を目指しているか（デザインするベースの確認），② それを各教師はどのようなことに留意しながら吟味・検討し，それぞれの生徒向けにデザインするか，である．順に検討しよう．

第1節　新学習指導要領は，何のために，何をどのように配しているか

　社会科及び地理歴史科は，平和で民主的な国家及び社会の形成者として必要な公民としての資質・能力の育成を目指す教科である．カリキュラムはそもそも，教科の目標を実現するために編成されなければならない．そのため常にこの目標を念頭に置き，その実現のために，この教科，この科目，この分野（長期的），この単元（中期的），この授業（短期的）は，いかなる役割を果たすことが求められているのかを意識しながら，それぞれを見ていく必要があろう．では具体的に何がどういう順番で配されているのだろうか．

1．中学校社会科の場合

（1）地理的分野

　地理的分野は「A　世界と日本の地域構成」，「B　世界の様々な地域」，「C　日本の様々な地域」の三つの大項目からなる．これら三つはこの順番に学ぶことが指定されている．

　最初に学ぶ「A」は，世界や日本の地域構成を大まかに把握することが求めら

れていることから，地理的分野の導入として，これから学習する範囲について，全体を大まかに知る部分といえる．次に学ぶ「B」は「(1) 世界各地の人々の生活と環境」において場所や人間と自然環境との相互依存関係と，その結果として生じた生活や環境における多様性を把握するのであるから，次項以降で各地域の特色を考えるための視点を獲得する部分といえる．そして「(2) 世界の諸地域」では，相互関係や多様性といった先ほどの視点を踏まえつつ，世界を ① アジア ② ヨーロッパ ③ アフリカ ④ 北アメリカ ⑤ 南アメリカ ⑥ オセアニアに分け，動態的地誌として各州の状況や特色，そこで生じている地球的課題を分析的にわかることを目的としているとまとめられよう．

　最後に「C」では，「(1) 地域調査の手法」において，調査技法や能力，まとめ方の獲得を主眼とした学習を行った後，「(2) 日本の地域的特色と地域区分」において，① 自然環境 ② 人口 ③ 資源・エネルギーと産業 ④ 交通・通信の各テーマに基づき，日本の国土の特色を，日本の固有性などを考慮しながら，他国との違いを踏まえつつ概観している．(3) で日本の各地域の特色を考える際と類似したテーマであることから，日本全体の概略について大まかに把握することが目的と考えられる．その上で「(3) 日本の諸地域」では，日本をいくつかに区分し，(2)の四つにその他を加えた五つのテーマに基づき，動態的地誌として，それぞれの地域的特色や地域の課題を理解する構成となっている．そして「(4) 地域の在り方」では，地域の課題の解決について現行の取り組みを理解し，その課題の解決策について地域の結び付きや地域の変容，持続可能性などに着目しながら考察することになっている．地域の課題の解決を模索できる，主体的な市民となりうることを目指した学習項目と考えられよう．

　このように地理的分野の各項目を横断的に考察してみると，全体の概観を行うA，世界の多様性と世界的課題の地理的分析を行うB，日本国内の多様性と地域的課題の解決を目指すCとなり，課題分析，課題解決という連続性と，外的多様性と内的多様性の把握という役割分担の論理に基づく地理的相対化のためにカリキュラムが構成されているとまとめられよう．

(2) 歴史的分野

　歴史的分野は「A　歴史との対話」，「B　近世までの日本とアジア」，「C　近現代の日本と世界」の三つの大項目からなる．

　「A」は「(1) 私たちと歴史」と「(2) 身近な地域の歴史」の二つの小項目からなる．(1) では年代の表し方や時代区分の意味や意義，資料の読み取り，年表などへのまとめ方を習得することを目指すとともに，時期や年代，推移，などに着目して考察している．他方 (2) では，地域史を事例に比較や関連，時代的な背景や地域的な環境などに着目して考察している．

　どちらも歴史を思考・判断・表現するうえで必要な技能の獲得を目指している

点では共通するが，実際の歴史的事象の考察の視点を見ると（1）では変化を，（2）では因果を中心にしており異なる部分も見受けられる．いずれにしても，全体を通して，技能や考察の視点を身に付けることを目的とした，歴史的分野の導入としての部分とまとめられよう．

　これに対して，各時代の特色を多面的・多角的に考察しながら，日本の歴史の大まかな流れを具体的に把握（大観）することを目指しているのが，「B」と「C」である．日本の歴史を古代，中世，近世，近代，現代の五つに区分し，それぞれの時代の特質とそのつながりや変化について学習している．なぜその時代はそうなっているのか，それは現在となぜどのように異なるのか，そしてそれらがつながって，なぜ今のような社会になっているのか，を考えさせる構成といえる．また「C」の最後に，「これまでの学習を踏まえ，歴史と私たちとのつながり，現在と未来の日本や世界の在り方について，課題意識をもって多面的・多角的に考察，構想し，表現すること」とあり，日本の歴史の大きな流れを大観するとともに，来歴を踏まえ，このままでいいのか，これからどうしていくべきかを考えさせることで，現在の日本社会の相対化を志向しているともまとめられよう．

　つまり歴史的分野は，日本社会の今後を見据えた歴史的相対化を志向したカリキュラムといえる．

(3) 公民的分野

　公民的分野は「A　私たちと現代社会」，「B　私たちと経済」，「C　私たちと政治」，「D　私たちと国際社会の諸課題」の四つの大項目からなる．

　「A」は二つの小項目からなり，現代日本の特色である少子高齢化やグローバル化を知ったり，対立と合意や効率と公正といった現代社会を捉える枠組みを理解したりすることを目的としている．つまり，現代社会というものに対する見方や現代社会がなぜそうなっているかを考えるために必要な考え方を把握することが目的といえる．この「A」での学習を踏まえて，経済的分野や政治的分野で詳細に現代社会の様相を把握することを目指すのが，続く「B」と「C」である．ここでは市場や政府，憲法や民主主義といった現代社会を構成する各要素を把握するとともに，民主主義社会において民主主義的に社会に参加することの重要性も意識させる構成となっている．

　これらの学習を踏まえて「D」では，現代社会が抱える課題を考察，構想，探究，解決する学習を組織している．具体的には小項目（1）で環境や格差といった現に国際社会が抱えている現代的課題を，小項目（2）ではこれからの将来の在り方を構想した際に解決が必要になると思われる課題を自ら発見し，それぞれ取り組ませようとしている．特に後者の場合，これからの社会の在り方を模索する必要があり，地理的・歴史的分野で行った地理的・歴史的相対化を踏まえた現状の批判的検討が重要となってくる．そのためこの学習をより効果の高いものとして成立

させるためには，公民的分野のみならず，これまでのすべての学習の成果が有機的に結合しなければならない．

　義務教育は中学校までであるから，この大項目の学習が終了した時点で一定程度の市民的資質・能力が身についていなければならず，この大項目が小学校を含む学習の総決算といえる．つまり，平和で民主的な国家及び社会の形成者として必要な公民としての資質・能力とは，現代民主主義社会が抱える課題を民主的に解決へと導き，社会をより良いもの導いていける市民として必要な資質・能力ということになろう．地理的分野や歴史的分野の学習も，その分野としての特性のみならず，この総決算のためにいかなる役割を果たすべきかを意識して組織する必要があろう．

2. 高等学校地理歴史科の場合

　他方，高等学校地理歴史科の場合はどうか．中学校までで身についた市民的資質・能力を応用・発展させること，それが高等学校の目標と考えるべきである．この応用・発展には，原理的に二つの方法があろう．資質・能力を要素還元的に考え一部分を取り出して強化するか，複雑系として捉え全体的に強化するか，である．ここでは，必修科目についてのみ概説しよう．

(1) 地理総合

　地理総合は「A　地図や地理情報システムで捉える現代世界」，「B　国際理解と国際協力」，「C　持続可能な地域づくりと私たち」の3つの大項目からなる．

　「A」は地図や地理情報システム（GIS）の重要性や基礎的・基本的技能の習得を目的としているのであるから，地理的情報を適切かつ効果的に調べまとめる技能の習得を主目的とした部分といえる．

　ここで習得した技能を使って地理的に考察するのが「B」と「C」である．「B」では世界の人々の生活文化の多様性と地球的課題が取り扱われているため，自国と海外との相違に基づく外的多様性の学習が中心となる．他方「C」では世界各地や生徒の暮らす地域の自然災害および地域の展望を踏まえた生活圏の課題がそれぞれ取り上げられており，自地域の固有性を含む日本国内の内的多様性の学習が中心となろう．また「B」，「C」どちらにおいても地理的事象と課題が対で取り上げられているため，内的多様性と外的多様性に基づく現代的課題の地理的分析も同時に可能となる．

　以上のことから，課題解決のために，さまざまな諸課題や地理的事象を改めて地理学的に分析（なぜそこにそれがあるのか）し，解決の方向性を模索し，そのために地理的情報システム（GIS）なども使いこなすことを目的とした地理教育と定義できよう．つまり，現代的課題の地理的分析を行うことに重点化した，現代世界分析・理解のための地理教育と定義できよう．

(2) 歴史総合

　歴史総合は「A　歴史の扉」,「B　近代化と私たち」,「C　国際秩序の変化や大衆化と私たち」,「D　グローバル化と私たち」の四つの大項目からなる. このうち「A」は, 歴史が現在とつながっているといった本質的理解や歴史的な資料の特質など, 歴史的事象を考察するうえで必要な留意点や技能の習得を主目的とした導入としての部分といえる.

　ここで把握した留意点や技能に基づき考察するのが「B」,「C」,「D」である.「B」,「C」,「D」では, 近代化, 大衆化, グローバル化と視点を定め, 社会がいかにして近代化や大衆化したかに加え, その結果としていかなる現代的課題が形成されたかを学習する. つまり現代社会の形成過程とともに, 現代社会の課題が歴史的にどのように形成されてきたのかを学ぶということである.「A」において歴史が現在とつながっていることを意識させているため, 歴史の結果として解決の必要な課題が出てきたこと, つまり課題を歴史的に分析することを学習する構成といえる.

　以上のことから, 課題解決のために, さまざまな諸課題や歴史の大きな流れを改めて歴史学的に分析 (なぜそのような課題が歴史的に成立したのか) し, 解決の方向性を模索し, そのために資料活用能力や歴史というものについての本質的理解を目指す歴史教育と定義できよう. つまり, 歴史学の知見 (特に近現代史) を手段的に用いて, 現代的課題の経緯や原因を分析・理解すること (歴史的分析を行うこと) に重点化した, 現代世界分析・理解のための歴史教育と定義できよう.

　このように考えると, 中学校の公民的分野で一応の完成を見た現代民主主義社会が抱える課題を民主的に解決へと導き, 社会をより良いものへ導いていける市民として必要な資質・能力の育成を引き継ぎつつ, それぞれ地理学, 歴史学的に課題を分析することに特化させた学習内容と言え, 資質・能力のうち, 地理的, 歴史的分析方法や技能, 地理的, 歴史的分析の結果としての現代社会に関する認識形成 (部分的強化) が目指されているとまとめられるのではないだろうか.

3. 日本の社会科 (地理歴史科) の現状と課題

　以上が, デザインするベースとなる新学習指導要領の具体的内容である. 社会科 (地理歴史科) は, 歴史学や地理学といった学問の内容そのものを学ぶ教科・科目と思われているが, 学習指導要領を見る限り, 決してそれだけを目的にしているのではない.

　教員を目指す学生の多くが, 学問の内容を教える社会科 (地理歴史科) の授業を主として受け, それ以外の実践に接した機会が乏しい. そのため, 教師になった後に自分が受けてきた実践を模倣すること以外の対策を取りづらい. その結果として, 学問の内容を教える社会科 (地理歴史科) の再生産が行われている. そ

れが社会科の現状と課題である．こうした再生産を防ぐには，学習指導要領が真に何を意図しているか把握したうえで，教材の論理ばかりでなく，目標や学習者の論理に基づきカリキュラムをデザインするよう心得なければならない．

第2節　どのようにカリキュラムをデザインすればいいか

1. カリキュラム・マネジメントとは何か

新学習指導要領のキーワードの一つにカリキュラム・マネジメントというものがある．では，カリキュラム・マネジメントとは一体いかなる営みなのだろうか．学習指導要領には，次のように記載されている．

> 各学校においては，生徒や学校，地域の実態を適切に把握し，教育の目的や目標の実現に必要な教育の内容等を教科等横断的な視点で組み立てていくこと，教育課程の実施状況を評価してその改善を図っていくこと，教育課程の実施に必要な人的又は物的な体制を確保するとともにその改善を図っていくことなどを通して，教育課程に基づき組織的かつ計画的に各学校の教育活動の質の向上を図っていくこと（以下「カリキュラム・マネジメント」という．）に努めるものとする．
>
> （「中学校学習指導要領（平成29年告示）」p.20）

これはいかなる意味だろうか．語句を補いながら解釈すると，教育課程（学習指導要領等）に基づき，各学校が目指す教育の目的や目標の実現をより高度なものにしていくために，生徒や学校の実態に応じて，必要な教育の内容や方法を再構成していくこと，それを不断に見直し改善を図っていくこと（PDCA）と，そのために必要な体制を整えていくこと，となろう．

このように考えると，カリキュラム・マネジメントとは各教師がこれまでそれぞれに行ってきたことを組織的かつ長期的に行っていくということに他ならない．学習指導要領の記述を意識しつつ，各学校や各教師が設定した目的や目標に応じて，学習者がより高度にその目的や目標を実現できるように内容や方法を再構成し，カリキュラムや単元といった長期的なものも含めて実践を計画・実施・改善していくこと，それこそがカリキュラム・マネジメントであり，新学習指導要領において求められていることである．

2. Aim-talk

では，教育の目的や目標をいかなるものと設定するか，そのために必要となるのが Aim-talk（ねらいに関する議論）である [*1]．

先の学習指導要領の解説の際にも述べた通り，社会科は平和で民主的な国家及び社会の形成者として必要な公民としての資質・能力の育成を目指す教科である．しかしながら，この命題は非常に抽象的でどのようにも定義できてしまう．極端に言えば，地理や歴史に関する多くの知識を教養として暗記する実践も，その成

*1　詳細は，スティーブン・J・ソーントン著／渡部竜也，山田秀和，田中伸，堀田諭訳『教師のゲートキーピング―主体的な学習者を生む社会科カリキュラムに向けて―』春風社，2012年，を参照されたい．

果としての教養が社会の形成者として全く不要というわけではないから，そのような実践が続くことも許容しうる．しかし，こうした実践に問題性があることは，これまでも指摘されている[*2]．

　そのため各教師は，この抽象的な目標を具体的に再定義する必要がある．その際に必要となるのが，社会科において，社会科でしか育成できない，社会科で最も優先すべき，民主主義社会の有意な担い手としての資質・能力とは具体的に何でなければならないか，についての議論であろう．それが Aim-talk である．同議論を行うにあたっては，自らの教育経験の安易な模倣やこれまでの教育実践の無批判的継承・維持に陥らないように，自身のこれまでの教育経験を留保し，多様な型の実践を比較考慮する過程で相対化し，それを根源的に考えるという営みを行わなければならない．

　その上で，その再定義した目標を実現するために，各教科，各分野，各単元，各授業では，それぞれどのような役割を果たすことが求められているのかを検討し，その結果に基づき各教科，各分野，各単元，各授業を構想していく必要がある．よって Aim-talk で考えるべきは，以下のような各観点となろう．

> ・社会科の教科としての目標はいかなるものであるべきか
> ・中学校社会科，および高等学校地理歴史科（あるいは本単元や本時）は，その目標に対し，どのように寄与すべきか
> ・学習指導要領はそれぞれどのように考えているか
> ・生徒の実態や地域の特性といった社会的文脈を考慮したとき，果たしてそれでいいのか

3. 教科書をどのようなものとして捉えるべきか

　教科書は，教科の主たる教材として学習指導要領などに準拠しているかどうか検定を受けたものである．検定に際しては教科用図書検定基準というものが存在し，客観的で公正か，学習指導要領などから逸脱していないか，過不足がないか，といった観点から審査される．そのため，学習指導要領などをより具体化したのが教科書といえる．しかしながら学習指導要領は最低基準であり，そこで提示されている事項にかかわらず加えて指導することが許容されている[*3]．とすれば，社会科の目標の実現に必要ならば，教科書に書かれている内容に加え，書かれていない内容でも教えることは可能である．また，児童や生徒のこれまでの学習経験などによっては，重複した内容がそこに書かれている可能性もある．また，同じく児童・生徒の実態によっては，並び替えて提示した場合の方が，目標実現のための教育効果が得やすいという可能性もある．

　本章の副題にもあるとおり，目標を実現するために内容の配列がある．目標と内容とを関連させてとらえ，その目標のために内容の配列の在り方を考えることが必要であるにもかかわらず，我が国において教科書は，少なくとも現時点では

*2　例えば，高等学校において導入された「歴史総合」のその基本的性格が，「…（前略）…現代的な諸課題の形成に関わる近現代の歴史を考察する」とされたことも，暗記中心の教育の問題性に起因するとも指摘できよう．

*3　「中学校学習指導要領（平成29年告示）」p. 21

誤りのない，学習すべき内容が網羅された無批判に受け入れられるべき教具として扱われるきらいがある．

　確かに教科書は，非常に使いやすい優れた教具である．しかし目の前の子供たちにとって常に最適な教具とは限らない．なぜ教科書に書かれている内容だけを，教科書に書かれている順番に教える必要があるのか．目の前の子供たちがより高度に社会科としての目標を達成するためには，教科書の中から何と何をどう組み合わせ，何を足し引きし，どこを重視・簡略化し，どう順番を組み替えて，カリキュラムとして構成し直すべきか．こうした目標からの授業内容づくりのための主要な教具として教科書を絶対視することなく使いこなすことが肝要である[*4]．

4. 異校種間の連携をどのように行うか

　原稿執筆時（2019年3月）では，学習指導要領の記述の比較によるしかないので確かなことは言えないが，例えば新学習指導要領の中学校の歴史的分野と高等学校の歴史総合を比較すると，どちらにおいても日清・日露戦争の学習が行われることが予想される．

　この時，学習者の教育経験としての中学校の成果を踏まえ，高等学校では内容を一部簡略化し，中学校では学ばなかった異なる視点や要素について取りあげるといった内容の論理による異校種間連携はこれまでも行われてきている．新学習指導要領においても同じことが行われると仮定するならば，その結果として，歴史総合における日清・日露戦争の学習は，中学校に比してより詳細なものとなって学習者に対置することになる．

　しかし，再三述べたように，カリキュラムをマネジメントするにあたっては内容の論理のみならず，目標や学習者の論理に基づく必要がある．それでは新学習指導要領の文言からは，異校種間連携に対して，どのような段階的な目標の論理が見受けられようか．

　そこで日清・日露戦争に関する項目で身に付けるべき目標に関する文言を抜き出すと，知識に関しては歴史的分野が「我が国の国際的な地位が向上したことを理解すること」とあるのに対し，歴史総合が「列強の帝国主義政策とアジア諸国の変容を理解すること」となっている．また思考力，判断力，表現力等については，歴史的分野が「議会政治や外交の展開などに着目して，事象を相互に関連付けるなどして，近代の社会の変化の様子を多面的・多角的に考察し，表現すること，および近代の日本と世界を大観して，時代の特色を多面的・多角的に考察し，表現すること」とあるのに対し，歴史総合は「日清・日露戦争などを基に，帝国主義政策の特徴，列強間の関係の変容などを多面的・多角的に考察し，表現すること」となっている[*5]．

　ここから両者の差としては，主として知識の質と量しか確認できないということがわかる．このように，我が国の公的カリキュラムの課題として，カリキュラ

*4　竹中伸夫「社会科における教科書活用」，社会認識教育学会編『新社会科教育学ハンドブック』明治図書出版，2012年，pp. 229-237，参照．

*5　「中学校学習指導要領（平成29年告示）」p. 52および「高等学校学習指導要領（平成30年告示）」pp. 60-61．

ムをデザインする際の基盤としなければならないシークエンス原理や構造の未熟さが挙げられる．そうである以上，各教師がマネジメントを行う際には，そういった視点を補わなければ，目標や学習者の論理に基づく異校種間連携は行いにくい．

その際必要となってくるのが，12年間の学習を長期的に見据えた目標の層構造である．具体的にはイングランドのナショナル・カリキュラムの到達目標[*6]のように，目標を段階的に設定したルーブリックの基盤となりうるものを想定している．

目標の層構造をあらかじめ設定し，実践前に現にどの段階にあるかを看取り，それを今回の実践でどの段階まで引き上げるかを想定し，その成果としてどの段階まで至ったかを検討しながら次の学習へとつなげていくことができれば，連続する二つの単元（例えば中世と近世）の学習に際しても，内容の差以外の系統性を実現できるようになり，結果として学習者のより高度な目標達成を可能ならしめよう．また，そのルーブリックの基盤となる目標の層構造を異校種間で共有することができれば，目標や子供の実態に応じた異校種間連携も可能となると考えられる．こうした目標の層構造を作れるだけのAim-talkこそが，最も重要となる．

*6　詳細は，拙著『現代イギリス歴史教育内容編成論研究－歴史実用主義の展開－』風間書房，2012年，の第4章を参照いただきたい．

5.　まとめに代えて

例えば通史的構成と倒序的構成というカリキュラム編成の方法がある．前者は歴史教育において，古いものから順に教えるという伝統的な内容の編成の仕方であり，後者は逆に新しいものから順に教えるという内容の編成の仕方である．

何をどういう順番で教えるかには必ず理由がある．古いものから順番に教えるという編成は，個的発達は類的発達を踏襲するという原理に基づくもので，変化を把握させるのに適している．ただしその結果として，一番自分から遠いものから教えることになり，学習に対し興味，関心を抱きにくくさせる要因ともなりえる．逆に新しいものから教えるという編成は，現在からスタートし，なぜそうなったのかを順にさかのぼっていくのであるから，前後関係や因果関係を考えやすくなる．また，現在から始めるので興味の喚起に向いていると考えられる．ただし，結果から原因に遡及するので変化は逆に分かりにくいという弊害が生じる．

目標を実現するために内容の配列がある．何らかの構成方法を採択すれば，ある目標が実現しやすくなると同時に，他の目標が実現しにくくなる可能性がある．自分の目標と学習者の実態に応じてその編成方法を意識的に選ぶこと，それが教師によるカリキュラム・マネジメントである．教師各自が自分の教育の目標を明確に持ち，それを実現しうるにはどの配列とすべきか，目標と整合性が取れたカリキュラムを構成すること．そのために必要とあらば，現時点で当たり前と言われているものでも一度疑ってみること，それがカリキュラムをマネジメントするための第一歩と言えよう．

参考文献

三藤あさみ他『パフォーマンス評価にどう取り組むか―中学校社会科のカリキュラム
　　と授業づくり―』日本標準，2010 年.

デニス・ロートン著，勝野正章訳『教育課程改革と教師の専門職性』学文社，1998 年.

スティーブン・J・ソーントン著／渡部竜也，山田秀和，田中伸，堀田諭訳『教師のゲー
　　トキーピング―主体的な学習者を生む社会科カリキュラムに向けて―』春風社，
　　2012 年.

グラント・ウィギンズ，ジェイ・マクタイ著／西岡加名恵訳『理解をもたらすカリキュ
　　ラム設計―「逆向き設計」の理論と方法―』日本標準，2012 年.

第6章

中学校社会科・高等学校地理歴史科教育の授業分析・開発・評価・改善
―授業はどのように見て，そこから何を学び，どのように授業づくりに活かすのか―

第1節　授業分析とは何か

　私たちは，なぜ授業を分析するのか．授業を分析するために，分析するのではない．授業分析は，授業者の日々の授業を改善するために行うことが一番の目的である．

　授業分析とは何か．授業分析とは，授業がどのように作られ，どのように行われ，どのような課題を抱えているかを明らかにし，今後の授業に活かしていくことである．学問的に言えば，授業の事実をもとに，なぜ授業がそうなったのかを追究することが，授業分析の主眼となる．

　今流行のPDCAサイクルで授業分析を考えてみよう（図6-1参照）．授業分析は，Check，Action の部分に該当する（狭義の授業分析）．Plan や Do は関係ないのかと言えば，そうではない．今後の授業に活かすとなれば，Plan，Do も関係している（広義の授業分析）．授業分析は，授業作りの一部である．

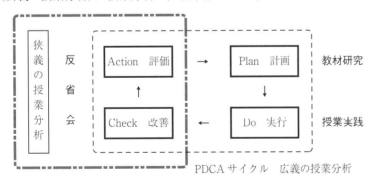

図 **6-1**　授業の PDCA サイクル

第2節　授業の事実をどう捉えるのか

1.　授業の事実とは何か

　授業の事実とは何か．授業の事実とは，授業で行われたこと"すべて"である．

まずは，授業者が行うもので考えてみよう．授業者は，発問したり，指示したり，説明したり，資料（プリント，教科書，資料集など）を提示したり，黒板に板書したりする．指導者に起因するすべてのものが授業の事実と言える．

　授業には，授業者だけでなく，学習者もいる．学習者は，授業者がおこなうものに反応しながら，授業に関わる．授業者の発問に答えたり，授業者や他の学習者の説明に相槌を打ったり，時にはそれらに違和感を持ち，質問や意見を述べたり，提示された資料に注目したり，板書をノートに書き写したりする．授業の事実とは，授業者が示すものだけでなく，それに応じて学習者が反応するものも含まれる．

　ここで忘れてはいけないのは，学習者が反応していないものも，授業の事実に含まれる．授業者が学習者に考えて欲しいと思ったことでも，その教材に対する準備が学習者にない場合，見落とされる．例えば，世界史の「アヘン戦争」で考えてみよう．授業者が繰り出すさまざまな歴史的事象に関する用語は，大英帝国の植民地政策（パックス・ブリタニカ）がわからないと，学習者にとっては言葉の羅列になる．授業者は，アヘン戦争前夜の大英帝国の様子，南京条約，天津・北京条約におけるアヘンの取扱いに触れ，言葉の羅列にならないようにしようとする．学習者が反応しないという事実も，実は重要なことである．反応しないという事実が今後の授業改善の礎になる．

　授業の事実をもとに授業分析しないと，どうなるのか．“無い物ねだり”の分析になってしまう．なぜ授業がそうなったのか，今後の授業をどうすべきかを追究するために，授業の事実をもとに授業分析することを忘れてはいけない．

2．授業の事実をどう捉えるか

　授業の事実は，さまざまである．その授業の事実を捉える方法も，さまざまである．このことは，学問の世界と似ている．同じ事象を見ていても，分析する視点が異なれば，見える景色が異なってくる．

　授業者の発問に注目すると，以下のような問いが考えられる．授業者はどのような発問をしたのか．授業者の発問は，どのような順番であったのか．授業者の発問には，強弱（メインクエスチョン，クエスチョン，サブクエスチョンなどの違い）があったのか．発問に対し，学習者はどのように答えたのか．そして，授業者はどのように説明したのか，など．

　前述したように，授業者だけでなく，学習者もいるわけだから，学習者の思考の変容に注目すると，以下のような問いが考えられる．授業前の学習者の知識はどのようなものであったのか．授業を通じてどのような知識が伝えられたのか．授業後の学習者の知識はどのようなものであったのか．授業を通じて学習者の思考はどのように変容したのか，など．

　これらの問いに答えることが，事実を捉える方法となる．

授業の事実は，さまざまであり，無限である．事実も，事実の捉え方も多様である．時として，授業分析は，這い回ることがある．授業の事実を分析する視点を持たないと，授業の事実を整理することは不可能である．授業分析を這い回らせないようにするためには，授業の事実をどう捉えるかが重要となってくる．つまり，授業の何を見るのかが，授業分析には重要となってくる．

第3節　授業記録をどう取るのか

　私たちは，授業（あるいは授業ビデオ）を見る際に，授業記録を取る．この授業記録を取る際に，見学者（あるいは視聴者）なりに，授業の事実を捉えている．

1．授業分析の変遷

　私の30余年のこれまでの経験を元に，どのような授業記録が望ましいのかを考えていこう．

(1) 大学時代（1980年代半ば）【授業見学】

> 教育学部附属学校の授業を見学する科目があった．カセットデッキを持参し，教卓の前に置いた．授業前に，簡単な流れを示した学習指導案が配布された．私たち学生は，教室の後ろで，授業を見学した．△終了後，録音されたカセットテープをもとに，授業記録を文字化した．△翌週，文字化された授業記録をもとにグループで議論し，内容をまとめた．△翌々週に行われた授業者との反省会では，授業者から授業に関する説明が冒頭に行われた．学生は，グループでの議論の結果を報告した．

　当時の私は，授業者の視点が弱かった．学習者の視点で授業を見ていた．「楽しい授業だ．⇒この先生の授業は，上手である」．見学する授業によっては，逆もあった．「つまらない授業だ．⇒この先生の授業は，下手である」と．まずは，授業の雰囲気が重要であった．

　授業の雰囲気が良いに越したことはない．しかし，こういう授業分析をすると，中身が悪くても，授業の雰囲気が良ければ，良い授業となってしまう．

　学習者の視点が重要なのは言うまでもない．同時に，授業者の視点も取り込まないと，授業の改善には向かわない．当時，教授から，「何を見ていたのか？」と，厳しく言われたことを鮮明に覚えている．授業の中身（社会科として何が教えられているのか）と，その展開（考えさせる＜探求させる＞ような流れになっているのか）に注目することを教えられた．

　今でも，教職課程を履修し始めた大学生に同じように授業見学（授業ビデオの視聴）をさせることがある．彼ら大学生の発言内容は，私が経験し，失敗した時と同じような結果になることが多い．授業分析をさせる場合，授業者の行った事実をもとに論じさせる必要がある．

(2) 大学時代（1980年代半ば）【録音記録】

> 録音された授業を聞き取る科目があった．学習指導案が配布され，録音を聞いた．録音された授業の感想を，授業の終わりに提出した．

　録音された授業の聞き取りから授業分析をした．録音記録から授業をイメージすることは容易ではなかった．「この発言はだれ？」と常に追いかけ，時間だけが過ぎ，中途半端な授業分析となった．授業分析が上手くできなかった原因の一つに，私自身が授業の何を記録するかを決めていなかったことがある．

　翌週，教授が学生の感想をいくつか紹介した．「子どもがしゃべっているから良い授業．教師がしゃべっているから悪い授業」と書かれた感想には，辛辣な批判がなされた．その後，教授が，授業の事実を確定した．社会科として何が教えられているのか．考えさせる＜探求させる＞ような流れになっているのか．つまり，授業者がどういう発問をし，どういう説明をしたのかを明らかにした上で，なぜこの授業が悪いのか，なぜこの授業が良いのかを教授は論じた．

　当時の私を振り返ると，困惑している自分を思い出す．先の授業見学においても，この録音された授業の聞き取りにおいても，闇雲に記録していた．今になってみれば，教授の意図がよくわかる．授業者の行った事実からしか分析できないということがわかる．

(3) 大学院時代（1980年代後半）　【授業見学＋録画記録】

> 社会科授業を見学する機会があった．ビデオカメラを持参し，教室の後ろに置いた．授業前に，簡単な流れを示した学習指導案が配布された．私たち院生は，教室の後ろで，授業を見学した．△終了後，反省会があり，授業者と参加者で授業について議論した．

　授業終了後すぐの反省会の主役は，録画記録ではなかった．反省会は，時間的制約がある．限られた時間の中で議論しなければならない．主役は，ビデオを回しながら取った手書きの記録であった．やはり，ここでも，授業の何を見るのかが鍵となった．

　手書きの記録を元に，授業者の声を直に聞くことができた．「なぜこのような授業を行ったのか（授業の背景）」，「これまでどのような授業をしてきたのか（年間計画，単元計画など）」といった学習指導案には書かれていない部分を聞くことができた．

　1980年半ば，新たな映像機器が登場し，授業分析に大きな変化が到来した．従来のカセットデッキ，カセットテープに代わり，安価なビデオデッキ，ビデオカメラ，ビデオテープが登場し，録画された映像を通して授業分析することができるようになった．授業者，学習者の振る舞いなど，授業後，何度でも見て，検

討することができるようになった.

　反省会のあと，録画記録からさまざまな情報を取り出した．授業者の行った事実（発問，指示，説明，回答・質問・意見への対応など），学習者の行った事実（回答，意見など）を取り出し，できる限り文字化した．この授業分析は，時間的制約がなかった．じっくり時間をかけて授業分析を行った．授業の事実（授業者，学習者の行った事実，学習指導案など）をもとに，授業がどのように作られ，どのように行われ，どのような課題を抱えているかを明らかにし，今後の授業に活かしていく方途を考えた.

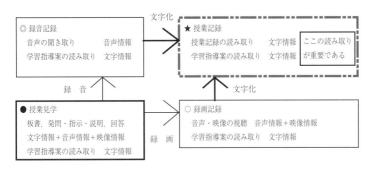

図 **6-2**　さまざまな授業分析

2. 授業分析の課題

　1980年代以降の映像機器の進歩により，授業分析に思わぬ課題も出てきた.

(1) 映像情報は万能か

　録画した映像を通して過去をみることは可能である．しかし，過去の全てが，映像から見られるわけではない．写された部分のみが見られるにすぎない．写されていない部分を見ることはできない.

　別の言葉で言えば，授業の何を写すかは，録画している人の興味・関心に依存している．録画している人が，授業者の動きにしか興味・関心がなければ，学習者の動きは捨象される．音声は，その場の声を拾おうと思えば拾える（教室すべての声が拾えるわけではない）．が，映像は，その場の全ての振る舞いを拾えない．映像は，録画している人の関心に縛られていることを頭の片隅に入れておく必要がある.

　授業を録画する場合，教室の後ろから教室全体を写すことが多い．しかし，この写し方だと，学習者の表情は見えず，後ろ姿しか見えない．一方，教室の前方から写すと，学習者の表情がよく見える．教室の前から写したいのはやまやまであるが，個人情報の関係があるので，基本は教室の後ろから授業者のみを写すことになる．授業見学に行く際に，録画係でなければ，教室の前方から学習者を見る方が授業の善し悪しがよくわかる.

（2）映像情報から全てを読みとれるか

　録画した映像は，画像・動画だけでなく，同時に音声も記録する．学習者がどう発言したかは，映像を見ればわかる．しかし，個々の学習者がどのような思考をしているかまでは，精確にわからない．学習者 A さんが「○○がわかった」，B さんが「○○がわからなかった」というのは映像だけではわからない．

　授業者が授業で何を伝えたかということは，授業者の発問，指示，説明などを通してある程度確定することができる．しかし，それは，学習者の総体である "クラス全体" がどのような知識を習得したかがわかるに過ぎない．

　ある授業研究会で，見学者の C 教授が学習者の D さんの机の側に行き，D さんの動きを記録していた．その後に行われた反省会で，C 教授が D さんの動きを報告した．「D さんは，授業の最初と最後で，○○の知識を獲得したと言える」と．

　C 教授のように，特定の学習者に集中して観察するカルテ方式であれば，学習者の思考の変容がわかる．通常の授業研究会では，学習者の個人情報が皆無なので，個々の学習者の成長を追うことは容易ではない．その際は，座席表（机の位置）で学習者を把握することが肝心である．一番右の学習者，右から 3 番目の前から 2 番目の学習者…といった感じである．

　授業者の立場からすると，学習者一人ひとりの思考の変容を見極める努力をおこなっている．例えば，テストや，授業後に学習者が記したノート，プリント等から，学習者が授業内容をどのくらい理解しているかを確認している．

　個々の学習者を追いかけるようなカメラと調整器があれば，個々の学習者の思考の変容が瞬時にわかる．今，先進的な学校では，学習者一人ひとりがタブレットを持ち，授業者の手元にそれぞれの学習者の様子が見える環境が徐々に整ってきている．とはいえ，数名程度であれば，瞬時に把握することが可能であるが，多人数となると，把握は容易ではない．やはり事前にどの学習者に注目するか，つまり，目星を付けておくかが重要である．

（3）大事な情報を見過ごしていないか

　文字情報や音声情報しかないときに比べれば，映像情報は宝の山である．授業を分析しようとする者は，あれもこれもと，読みとろうとしてしまう．時に，さまざまな情報を読みとろうとして，大事な情報を見過ごすこともある．

　前述したように，録音記録による授業分析は，授業のイメージが容易ではなかった．他方，授業見学や録画記録による授業分析は，授業のイメージが容易であった．録画記録による授業分析は，学習者が生き生きとしている姿を目に焼き付けることができたし，学習者がつまらなくしている姿も入ってきた．しかし，生き生きとしている背景や，つまらなくしている背景を見極めないと，授業分析には

ならない.

　結局, 授業分析で最低限押さえなければならないのは何か. 授業者と学習者の発言をきちんと押さえることが重要である. つまり, 録音記録の読み取りも, 録画記録の読み取りも, 実は, 同じ作業をしているということがわかる (図6-2参照).

　授業を分析しようとする者に授業を見る視点がなければ, すべての情報は右から左に流れて行く. 授業の何を読みとるかが常に問われている.

第4節　授業分析

　授業を作る際に, 授業者は何を考えるのか. 授業でつかませたいこと, 授業の大まかな流れ, 発問, 指示, 資料の提示の仕方, 学習者への対応などを考える. 逆に, 授業分析では, それらを読み取り, 見学者, 授業者で共有し, なぜうまくいかないのかの原因を見つけ, 今後の授業の改善のための解決策を模索する.

　授業分析は, 日々の授業の改善のため, よりよい授業を作り続けていくためには, 必要不可欠である. 授業分析をすることで, 新たな知見を得ることもある. 本格的な授業分析は, 多くの時間がかかる. 日々の授業で使えるようにするには, 授業分析に時間がかかってはいけない.

1. 授業記録の取り方

　今一度, 授業 (あるいは授業ビデオ) を見る際に, 何をするか, を「アヘン戦争」の授業で考えてみよう.

① 授業者や学習者の発言	② 概要	③ 手書きの記録
Teacher：インドから綿花がイギリスに運ばれるようになり, その綿花を原料として, 機械で綿織物を作って, 安くて品質の良い綿織物をインドでも売る. 利益が入ってくる.	インドの綿花がイギリスに運ばれ, 機械でそれを材料に綿織物を作り, インドに運ぶ.	W インド→イギリス 　　綿　花 インド←イギリス 　　綿織物
昔は, 綿織物がインドからイギリスへ行っていた. それが綿花へ変わる. 原料供給地に代わるっていうのが植民地だよね.	昔は綿織物がインドからイギリスへ運ばれた. 原料供給地に代わることはどういうことか？	Q 原料供給地にはどんな意味があるのか
さあ, 問題は次だ. このインドで, イギリスの船は何かを積み込んで清へ行くわけね. それはお茶を買うためだよ. お茶を買うための代金として, 銀で払うのはもったいなから, これで交換しよう. 直接交換するのではないんだけど. ○○くん. はい, 何, 運ばれるものは？ インドで栽培するもの.	植民地は原料供給地である. イギリスの船は, インドで何を積み込み, 清に行くのか？ お茶を買うための代金として銀は払えない.	E 原料供給地＝植民地 　　インド　　→清 　　（大英帝国）×銀 Q インドから清に運ばれるものは何か

Student：アヘン. Teacher：正解！ アヘンをどんどん作らせて中国へ持って行くっていうことだよね．まあ，インドで作ったものが全部中国に入るんだけど，大部分がこれを運んでいく．こちらの代金としてね．	アヘン 清に入るものの大部分がアヘンであった．お茶の代金としてアヘンが使われた．	Aアヘン Eお茶の代金としてアヘンが使われた．

　①は授業者や学習者の発言である．授業（あるいは授業ビデオ）を見る際には，このように文字化されていない．文字に起こすことで，これらの発言が明示化される．

　本格的に授業分析する際には，②のように，授業者や学習者の発言を整理する．そうすると，授業者や学習者の発言が曖昧な場合や，当を得ていない場合が明らかになる．これらが見つかれば，今後の授業の改善に大いに資することになる．必要な発問，指示，説明は何だったのかということがわかる．

　③は手書きの記録である．素早く行う授業分析の場合に活躍する．授業と同時並行で記録をとる以上，手短に整理しなければならない．あらかじめ発問（Q：Question），説明（E：Explanation），板書（W：Writing），回答（A：Answer）などの項目を意識し，記録をとれば，要領良くおこなうことができる．講義形式の授業であれば，＜発問−回答・説明＞という枠組みで整理すると効果的である．

　手書きの記録ができれば，授業分析が可能となる．例えば，発問・指示を取り出したり，回答・説明（資料提示，板書を含む）を取り出したりすることで，発問・指示の良し悪し，説明の良し悪し，資料提示の良し悪し，板書の良し悪しなどが明らかになる．

　さらに，授業者の発問，指示，説明，資料提示，板書それぞれが，どういう時機に行っているのか，好奇心を生み出すものとなっているのか，的確なものとなっているのか，などの観点で検討すると，授業の善し悪しが見えてくる．授業者の発問や資料提示が好奇心を生み出すものとなっていないと，学習者は授業に入り込んでこない．例えば，「アヘン戦争後の南京条約で，アヘンの取扱いはどうなったのか」という問いは，好奇心をくすぐる問いである．なぜなら南京条約でアヘンの取扱いが記されていないからである．また，授業者の指示，説明，資料提示が的確になされていないと，学習者は困惑してしまう．例えば，「●●は，なぜなのか」と問われているのに，「●●は〜だから」という理由が説明されていなければ，授業にならない．発問と説明・回答の対応関係は，特に重要である．

　しかし，これらの観点は，社会科，地理歴史科に特有のものではない．国語科であろうが，数学科であろうが，どの授業でも必要なことである．

2. 目標・内容・方法との関連－社会科（地理歴史科）の授業分析－

分析している授業が，社会科（地理歴史科）の授業であることを忘れてはならない．「目が輝いているから，良い授業」ではなく，「私たちの住んでいる社会のことがよくわかった」というものでなければならない．

授業がその教科の目標に適っているかは，特に重要な視点である．教科の目標を達成するために，どのような内容を，どのような方法で授業を行っているのかが授業分析の重要な視点である．社会科（地理歴史科）であれば，授業を通して，社会事象（地理事象，歴史事象）の理解になっているか，ということは押さえなければいけない．

授業分析では，どのようにして社会事象の理解が進められているかを明らかにすることになる．例えば，「アヘン戦争」の授業の一部で考えてみよう．教科書では，一般的に，アヘン戦争の背景，原因，展開，終結，影響が時系列で記される．つまり，当時の清がどのような社会であったのか，当時の大英帝国がどのような社会であったのかが記される．社会（当時の社会）がどうなっているかは，社会科（地理歴史科）が得意とする範疇である．

授業は，1時間で完結するものではない．カリキュラム，年間計画，単元などを通じて，社会事象（地理事象，歴史事象）の理解になっているかも重要な視点である．「アヘン戦争」だけを視野に入れていると，「アヘン戦争」という個別の戦争を覚えることになってしまうことがある．その後の「アロー戦争」を併置して考えることで，「なぜ大英帝国は中国を半植民地化しなければならなかったのか」に関する問い（考え）も出てくる．こういう点から言えば，社会科（地理歴史科）であれば，社会諸科学（地理学，歴史学）の成果を活かしたものとなっているかも重要な視点となる．

歴史学では，大英帝国の植民地政策を「パックス・ブリタニカ」と呼んでいる．歴史の事実を淡々と教えるのが授業ではない．授業は，歴史事象の単なる暗記ではなく，歴史事象の分析を通して，当時の社会，さらには私たちの社会を読み解くものになっているかも重要な視点である．例えば，「アヘン戦争」の授業であれば，「なぜ大英帝国は，害となるアヘンを清に輸出しようとしたのか」が検討され，「宗主国は植民地を維持するためには手段を選ばない」という知識が学習者のモノになっているかが重要である．個別の事例にしか通用しない一般的知識ではなく，さまざまな事例に適用できる説明力のある概念的知識を教えているかも重要な視点である．

そして，最後に単なる知識だけでなく，私たちの社会をより良い方向に進めるようなものとなっているかも重要な視点である．「アヘン戦争」を通して，「なぜ戦争が起こるのか」を考えさせるということである．ただし，この問いは，「アヘン戦争」だけで検討されるものではない．それ以前の戦争，それ以降の戦争を通して，学習者に検討させなければならない．

第5節　今後の課題

　本章では，一般的な講義形式である授業者と学習者による授業を中心に論じてきた．しかし，今，中学生，高校生を取りまく環境は大きく変わりつつある．

　2017年に中学校，2018年に高等学校の『学習指導要領』が改訂された．『学習指導要領』の告示前に，アクティブ・ラーニングという言葉が世間を賑わした．『学習指導要領』では，「主体的，対話的で深い学び」に置き換えられた．この言葉は，授業者による講義一辺倒の授業形態ではなく，学習者が自主的に学んで，概念的知識を習得し，思考力，判断力，表現力などをつけていく授業形態を意味している．当然，授業形態も大きく異なってくる．事実の暗記に終始するのではなく，社会事象の意味，意義，特色，相互の関連などを理解し，考察し，生徒自身が活用できるような授業を想定している．

　さらに，授業者や学習者が使用する教育機器も，情報デバイスの進歩により，この30年で大きく変化した．学習者一人一人がタブレットパソコンを持ち，授業に臨む時代がやってきている．授業者の手元には，学習者の学習状況が一目でわかるようになってきている．紙の教科書やチョークによる世界から，電子教科書や電子黒板の世界へ転換しようとしてきている．

　授業分析も変化するかもしれない．しかし，筆者は「授業分析の基本は変わらない」と考える．授業を通して，授業者が何をしたのか，学習者が何を得たのか．とりわけ，社会科，地理歴史科の授業で，社会事象（地理事象，歴史事象）の理解になっていたかは，これからも重要な視点である．

参考文献
原田智仁編『社会科教育へのアプローチ』現代教育社，2002年.
岡明秀忠「より良い社会認識の育成をめざす授業をどのようにして作るのか(5)―授業作りのブラックボックスをどう見せるか―」『明治学院大学教職課程論叢　人間の発達と教育』明治学院大学文学会，2009年，pp. 83-103.
日本教育方法学会編『日本の授業研究　上・下巻』学文社，2009年.
岡明秀忠「どのようにして歴史の授業を作るのか(4)―教科書を活用した「アヘン戦争」の授業化―」『明治学院大学教職課程論叢　人間の発達と教育』明治学院大学文学会，2018年，pp. 49-77.
原田智仁編『社会科教育のルネサンス』教育情報出版，2018年.

第7章

中学校社会科地理的分野の学習指導・評価
―実際に授業を単元で構想してみよう―

第1節　単元の設定

　本章は，中学校社会科地理的分野の単元の学習計画を具体的に提示する．ここでは，平成29年版中学校学習指導要領社会の地理的分野の「内容」に示された項目から単元を設定する．平成29年版の地理的分野の「内容」は，「A 世界と日本の地域構成」，「B 世界の様々な地域」，「C 日本の様々な地域」という三つの大項目から成る．そして，各大項目には次の中項目がある．

　大項目 A---「(1) 地域構成」
　大項目 B---「(1) 世界各地の人々の生活と環境」，「(2) 世界の諸地域」
　大項目 C---「(1) 地域調査の手法」，「(2) 日本の地域的特色と地域区分」，
　　　　　　「(3) 日本の諸地域」，「(4) 地域の在り方」

　これらの中で，本章では大項目 B の中項目 (2) に注目して単元を設定する．単元名は，中項目名と同じで「世界の諸地域」とし，その単元計画，学習指導案そして評価法の在り方を例示し，さらに単元の学習を計画していくプロセスも述べたい．なお，この中項目に注目したのは，後でも述べるが，学習内容の設定に関する教師の裁量が大きく，また単元全体の数多くの授業を見通した計画も必要で，教師にとってやり甲斐と困難さがともに大きいためである．

第2節　単元「世界の諸地域」の学習指導要領にもとづく検討

1. 単元「世界の諸地域」の位置付け

　単元の学習計画を考える際，まずは学習指導要領の確認からはじめるが，中項目「世界の諸地域」の「内容」および「内容の取扱い」については，それぞれ次のように記されている．

　地理的分野の学習の流れからみれば，大項目Aで「位置や分布」などを視点に，大項目Bの中項目(1)で「場所」や「人間と自然との相互依存関係」などを視点に，それぞれ事象を捉え課題を考察した後の学習となる. 本単元では「空間的相互作用」や「地域」などが視点として示され，地理学習で重視すべきとされる五つの視点から学習が展開できる. なお，五つの視点のうち「人間と自然との相互依存関係」は，人間の生活等の自然的条件や自然環境への影響についてだが，本単元では社会的条件や社会への影響も重視したい[*1].

*1 「位置や分布，場所，人間と自然環境との相互依存関係，空間的相互作用，地域など」の五つは，「地理ならではの視点として明示」（『解説』)された. ただし，この五つは例示であり指導要領でも「など」が付され，「実際の授業では，多様な視点が存在することに留意」（『解説』)する必要がある.

2．単元「世界の諸地域」の特色

　学習指導要領とその『解説』にもとづき，本単元の特色となることを，育成を目指す資質・能力，単元の内容構成，教師による単元計画の三点より述べる.

(1) 育成を目指す資質・能力の特色

　本単元で育成する資質・能力に関する特色は，世界の諸地域についての教養重視，地球的課題の理解，高度な地理的思考力育成の三つが挙げられる.

　地理的教養の重視は，「世界の諸地域の基礎的・基本的な知識を定着させるという観点」（『解説』)から世界を網羅する六つの州を取り上げ，指導要領のアの(イ)で「各州の地域的特色を大観」とあることからわかる. 最終的には「概略的な世

界像」（『解説』）の形成が目指される．大観については，細部にわたる学習は回避すべきとされるが，教師によりその加減は様々だろう．

　地球的課題への理解は指導要領のアの(ア)に示され，平成29年版では世界の諸地域の学習の中で地球的課題が重視されている．課題の例として『解説』では「持続可能な開発目標(SDGs)などに示された課題」を挙げるが，その後の記述では「産業立地に関わる」課題なども挙げている．SDGsに関する課題を重視しつつも，多様な課題設定が考えられる．ただし，どのような課題でも「一般的課題」と「地域特有の課題」の両者を捉えることとされている．

　地理的思考力育成については，指導要領のイにある，「多面的・多角的に考察し，表現すること」とあり，選択・判断，構想まで求めてはいないが，地球的課題に関する要因や影響の考察を，それも多面的・多角的に行うことを求めている．本単元が第1学年で実践されることを考えれば，生徒にとって高度な思考力育成を目指すことになり，単元計画等で教師の工夫が必要となる．

(2) 単元の内容構成の特色

　地理教育の在り方は，系統地理学習[*2]，地誌学習[*3]，主題的な地理学習など多様で，それぞれ内容構成は，地理的事象ごとの構成（例：地形，気候，人口，集落…），地域ごとの構成，主題ごとの構成など，異なるものとなる．

　こうした中，中学校の地理的分野はこれまで，地域ごとの地誌学習的な内容構成が多くみられた．平成29年版でも，全体では大小様々な地域に基づく構成で，これまでと同じく地誌学習的な構成である．

　そして，中項目「世界の諸地域」の構成は，アジア，ヨーロッパ，アフリカなどの州・地域から成り，地誌学習での構成の典型的なものとなっている．ただし，この中項目は州ごとに「主題を設けて」学習するようになっており，主題に関わる地球的課題の追究が大きな部分を占め，主題的な地理学習という性格を併せもつ．すなわち，単元の構成は，地域と主題の二つに基づくものとなり，幅広い教養習得と特定の課題への理解，思考力育成を図っていく．

　また，ここでの主題は，州・地域を「的確に把握できる事象を取り上げること」になっており，その重要な事象との関わりで他の事象は扱うことになろう．こうした意味では，動態地誌的な学習になるとも言えよう．

(3) 単元計画を考える際の特色

　教師が単元を計画する際，この単元で言えることは，一つは各教師が大きな裁量をもって比較的自由に学習内容を設定できること，もう一つは授業時数を多く要する単元だが単元全体を十分に見通した計画が必要なことである．

　まずは教師の裁量に関して，六つの州を取り上げることは決まっているが，州ごとに設ける主題，その州で主題に関わり特徴的に見られる地球的課題について

[*2] 系統地理学習は，系統地理学の成果より組織される．すなわち，地理的事象の分析科学として，地理的事象の法則性・一般性についての説明を目指していく．

[*3] 地誌学習は，地誌学の成果より組織される．すなわち，地域の総合科学として，地域の個性・特殊性の理解を目指していく．なお，地誌学習には，静態地誌学習と動態地誌学習がある．前者は，地域を構成する様々な事象を取り上げ，総合的に地域的特色を理解する．後者は総合性に関しては一定の譲歩をし，地域で重要な特定の事象を学習の中心に据えることで，より明確な地域的特色の理解を目指す．

は，各教師が設定できる．『解説』では，各州の主題例と学習の概略を述べた展開例を示すが，これらはあくまで例示である．

　次に見通しをもった単元計画に関して，本単元は六つの州それぞれについて大観の時間と主題を設けた追究の時間が必要になろう．一つの州につき最低でも4時間は必要だと考えられ，単元全体では多くの授業時数を要する．こうした中で，設定する主題や地球的課題は「州ごとに異なるもの」とされ，さらに既習内容や難易度なども勘案して取り上げる州の順序を考える必要もあり，単元全体の明確な見通しが必要となる．

第3節　単元「世界の諸地域」の単元計画作成

1．単元「世界の諸地域」の単元計画案
(1) 単元目標
・世界の各州の地域的特色に関する基礎的・基本的な知識を身に付け，地球的課題に関して一般性と地域性・特殊性を捉えながら理解する．そして各州等の諸資料から情報を読み取りまとめる技能を身に付ける．（知識及び技能）
・世界の各州で見られる地球的課題に関する要因や影響について，多面的・多角的に考察し，表現できる．（思考力，判断力，表現力等）

(2) 単元の指導計画
　単元の指導計画は，次頁の表7-1に示す．

2．単元計画作成の手順
　単元計画の作成は，次の①〜⑤の順で検討を進め，1．に示す案を作成した．

---

① 単元全体の目標をどうするのか．
② 州ごとの主題，主題に関わり特徴的に見られる地球的課題をどうするのか．
③ 各州について，多面的・多角的な考察をどうするのか．
④ 「③」の各州での考察の難易度より，取り上げる州の順序をどうするのか．
⑤ 単元全体および各州について，実際の授業時数はどうなるか．

---

　①の単元全体の目標は，第2節での検討に技能目標を加えて設定した．②の主題や地球的課題は，アジア以外の州を先に考え，州の把握がしやすく特徴的なものを一つずつ決定した．多様性に富み様々な主題設定が可能なアジアは，他の州では取り上げなかった二つを設定し，単元全体では自然・環境，人口，集落，経済，政治，社会，結び付きなど多様なものとなるようにした．
　③の多面的・多角的な考察は，最終的に「要因や影響」を主体的に考察できるようになることを目指し，州によりレベルの異なる考察とした．取り上げる事象が多くなりがちなアジアとヨーロッパは，相関・因果関係の考察も部分的には

交えるが，基本的には「どのような」という問いで学習を進め，あまり高度にはしない．アフリカや北アメリカは，因果関係の考察を中心とし，「なぜ」に基づき学習を進める．取り上げる事象が比較的少なくなる南アメリカとオセアニアは，「なぜ」とともに「どうなったか（どのようような課題が生じたか）」も授業の中の独立した展開とし，考察を連続的に組織する．

表 7-1　単元の指導計画（計 31 時間）

次	主題	地球的課題	中心となる発問	多面的・多角的な考察の内容	時
1 アジア州	▼格差や都市問題	▶格差に関わる課題 ▶都市に関わる課題	アジアでは格差や都市問題について，どのようなことがみられるか．	状況 アジア諸国間の格差，国内の地域格差（中国を例に），都市人口増大，スラムの拡大，ホームレスやストリートチルドレンの増加，社会資本の不足，住宅問題，スプロール現象，公害…	1 — 8 …8 時間
	▼多様な人口政策	▶人口に関わる課題	アジアでは人口問題について，どのようなことがみられるか．	状況 インドの人口爆発と人口抑制政策，中国の人口の推移と一人っ子政策の実施および廃止，シンガポールの少子高齢化と人口政策・移民政策…	
2 ヨーロッパ州	▼州の国家間の協力	▶国家間の協力に関わる課題	EU 諸国では国家間の結び付きについて，どのようなことがみられるか．	状況 加盟国拡大，人・物・サービス・資本が自由に移動できる市場統合，共通通貨導入が進む経済統合，一部で政治統合，交通網の整備，格差と労働力の移動，加盟国拡大の検討と課題，統合への積極性の差異，離脱問題…	9 — 14 …6 時間
3 アフリカ州	▼食料問題	▶食料にか関わる課題	なぜアフリカは，食料問題が生じるのか．	背景 貧困，格差，異常気象・天候不順や砂漠化，人口爆発や都市人口急増，政情不安や独裁下の諸問題，紛争，商品作物栽培の優先，援助で食習慣の変化，先進国の飽食，農産物の国際価格の問題…	15 — 18 …4 時間
4 北アメリカ州	▼経済活動の発展と変化	▶産業構造の変化や情報化に関わる課題	なぜアメリカは，大規模な生産が発達して経済が発展し，その後も変化しながら発展を維持できているのか．	背景 広大な国土や豊富な資源，進んだ生産技術や科学技術，大企業の合理的経営，国内での大量消費，移民やアフリカ系の労働力，ヒスパニック系やアジア系の労働力，優秀な人材の育成，世界への輸出，NAFTA の結び付き…	19 — 23 …5 時間
5 南アメリカ州	▼熱帯林の減少	▶環境に関わる課題	なぜ南アメリカは，熱帯林が減少したのか．そして，どのような課題が生じたか．	背景 農牧業開発，林業開発，鉱工業開発，産業基盤開発，世界的な農畜産物の需要増大，バイオ燃料の普及… 課題 災害多発，先住民の伝統的生活困難，CO_2 増加で世界的な気候変動，生物種減少…	24 — 27 …4 時間
6 オセアニア州	▼他州との結び付きの強まり	▶多文化社会に関わる課題	なぜオーストラリアは，アジアとの結び付きを強めたのか．そして，どのような課題が生じたか．	背景 アジアの経済成長，EC の拡大，外資の資源開発，ばら積み船の大量輸送，白豪主義の転換，労働力不足… 課題 多文化主義への反発，移民排斥の動き，民族問題…	28 — 31 …4 時間

こうした考察の難易度より, ④ の取り上げる州の順序は,「どのような」→「なぜ」→「なぜ, どうなったか」の問いの順となるようにした. ⑤ の授業時数は, 地理的分野全体の 115 単位時間のうち 30 単位時間程度[*4] が妥当だと考え, 各州の授業時数は, 大観の時間, 主題を設けた追究の時間, そしてまとめの学習なども考慮して決定した.

以下, 第 1 次から第 6 次の各州の主題を設けた追究について述べる.

第 1 次「アジア州」は, 経済発展の進行や遅れに伴う「格差や都市問題」を主題の一つとする[*5]. ここでの学習は, アジアにおける国家間の格差や国内の地域格差について, そして都市人口増大による都市での諸問題について, 相関・因果の考察もしながら捉えられるようにする. もう一つの主題「多様な人口政策」は, アジア各国の人口に関する状況, そしてインド, 中国, シンガポールの人口政策を, 先と同じく事象間の関連の説明も交えながら捉えていく. なお, 二つの主題を設けたため, 他の州よりも授業時数を多くした.

第 2 次「ヨーロッパ州」は,「州の国家間の協力」を主題とする[*6]. ここでも思考力育成を大切にしつつ, ヨーロッパにおける国家間の協力の進展と成果, 課題などの事実・状況を捉えられるようにする. なお, ヨーロッパの学習の 6 時間のうち 1 時間は, ソ連時代を含むロシアを扱い, 国家の崩壊・分裂や EU 諸国との結び付きなどを学習する.

第 3 次の「アフリカ州」は「食料問題」が主題で[*7], サブサハラ・アフリカ地域における食料問題の要因を考察する. ここでの学習は次節で詳述する.

第 4 次の「北アメリカ州」は「経済活動の発展と変化」が主題で[*8], アメリカ合衆国について 20 世紀前半までと後半からを分け, 発展や変化の要因を考察する. まずは 20 世紀前半までで, 国の経済発展, そして生産活動が特に発達した地域を捉え, 要因を多面的・多角的に考察する. その後, 20 世紀後半からの国や各地の変化・発展を捉え, 要因を考察する. 20 世紀後半からでは, 産業構造の変化, ハイテク産業の成長や情報化の進展に伴う課題も追究する.

第 5 次の「南アメリカ州」の主題は「熱帯林の減少」で[*9],「なぜ南アメリカは, 熱帯林が減少したのか. 熱帯林減少でどのような課題が生じたか」を問い, 環境問題に関する要因と影響(課題)を連続的に追究する. 要因や影響は多面的・多角的に考察するが, 要因ではブラジル等で主要な要因となった企業的な牧畜や飼料作物栽培を大きく扱う. 影響については気候変動など地球規模の課題を大きく扱うが, 各地での具体的な災害など地域レベルの課題も扱う.

第 6 次の「オセアニア州」の主題は「他州との結び付きの強まり」で[*10],「なぜオーストラリアは, アジアとの結び付きを強めたのか. 各地との結び付きが強まり, どのような課題が生じたか」を問い, 他地域との結び付きに関する要因と影響(課題)を連続的に追究する. 要因や影響は多面的・多角的に考察するが, 要因では他地域の変容, 輸送の進歩, 地域内(国内)の人口, 経済, 政治の状況

*4　平成 20 年版では地理的分野全体は 120 単位時間で, 平成 20 年版にもとづく地理的分野の 4 社の教科書をみると,「世界の諸地域」に相当する章はいずれも 70 頁前後である.

*5　『解説』ではアジア州の主題例として「人口の増加, 居住環境の変化に関わる課題など」を示している.

*6　『解説』ではヨーロッパ州の主題例として「国家統合, 文化の多様性に関わる課題など」を示している.

*7　『解説』ではアフリカ州の主題例として「耕作地の砂漠化, 経済支援に関わる課題など」を示している.

*8　『解説』では北アメリカ州の主題例として「農業地域の分布, 産業構造の変化に関わる課題など」を示している.

*9　『解説』では南アメリカ州の主題例として「森林の伐採と開発, 商品作物の栽培に関わる課題など」を示している.

*10　『解説』ではオセアニア州の主題例として「多文化社会, 貿易に関わる課題など」を示している.

や変化などを扱い，特に主要な要因は何であったか，生徒自身に判断させたい．影響は移民・民族や多文化に関わる課題を扱い，最後はフィジーやニュージーランド，世界各地の課題を各自が選んで調べるようにする．

　なお，各次のはじめ1〜2時間を各州の特色の大観の時間とし，終わりの1時間はまとめ，そして発展的な学習としての構想等の時間とする．

第4節　授業モデル「アフリカの食料問題」の開発

1．第3次「アフリカ州」の授業計画

　本節は，単元「世界の諸地域」の第3次「アフリカ州」の授業について示す．アフリカの授業を示す理由は，食料問題を主題としており，これはSDGsの「飢餓をゼロに」[*11]に関わる内容で，そして地域・国家間の違いにより地理的事象として捉えやすく，様々な要因が絡み多面的・多角的な考察ができるためである．地球的課題の理解と高度な地理的思考力育成という，本単元の特色である資質・能力の育成を具体的にわかりやすく示すことができると考える．

　「アフリカ州」は全4時間で，このうち地域的特色の大観が1時間，食料問題の追究が2時間，まとめと食料問題の解決について1時間とした．大観の時間は，人々の生活を中心に据え，アフリカの位置，地形，気候，歴史的背景，文化，人口，経済，政治，社会に関して概観し，基礎的・基本的な知識を身に付けるようにする．そして，食料問題の追究についての学習指導案は2．に示し，食料問題の解決に関しては第5節で評価法とともに示す．

2．授業モデル「アフリカの食料問題」の学習指導案[*12]

（1）授業目標

・食料問題に関してアフリカの地域性・特殊性と各地での一般性とを捉えながら理解する．そしてアフリカや世界についての諸資料から情報を読み取りまとめる技能を身に付ける．（知識及び技能）
・アフリカの食料問題の要因について，アフリカの自然，人口，経済，政治，社会の問題，グローバルにみた生産，消費，流通の構造的な問題などから多面的・多角的に考察し，表現できる．（思考力，判断力，表現力等）

（2）授業展開過程

　次頁の表7-2に授業展開過程の概略を示す．以下は，その説明である．

　授業の構成は，導入で関心を高め基礎的な事実確認と学習課題設定を行い，展開1を地域の環境条件に着目した多面的・多角的な考察，展開2をグローバルな関連や結び付きも重視した多面的・多角的な考察とし，終結でまとめる．

　展開1ではまず，アフリカ諸国の経済発展の遅れという食料問題を考えるうえ

*11　SDGsは「1 貧困をなくそう」，「2 飢餓をゼロに」，「3 すべての人に健康と福祉を」など持続可能な世界を実現するための17の国際目標，その下の169のターゲットなどから構成されている．

*12　以前開発した授業を，学習指導案の形で再構成した．土肥大次郎「ESDの考え方を踏まえ「多面的多角的分析」と「改善策提案」の充実をめざす授業」『教育科学　社会科教育』53（12），pp.64-67.

で基本となる経済の問題から考察する．次に，それだけでは説明できないアフリカ諸国でみられる格差という社会の問題から考察する．さらに，異常気象・天候不順や砂漠化，人口爆発や都市人口の急増，紛争や政情不安・独裁下での諸問題など，自然・環境の問題，人口の問題，政治の問題から考察する．

展開2ではまず，世界人口を養える食料が世界で生産されている事実を知り，グローバルな視野からの考察の必要性を確認する．そして，世界でみられる飽食と食料不足という消費の構造的問題から考察する．さらに，新興国の食生活の変化やバイオ燃料の需要増など新たな消費の問題，プランテーション農業優先や援助等による生産困難な食料の定着など生産の構造的問題，商品作物の貿易の問題点や穀物価格の高騰・不安定さなど流通の構造的問題から考察する．

展開1の後半，自然・環境，人口，政治の各問題からの考察，あるいは展開2の後半，新たな消費，生産，流通の各問題からの考察では，多面的・多角的で深く考察していくうえで，ジグソー法[*13]を取り入れるのも有効だろう．

このように学習方法では幾つか工夫が考えられるが，いずれの場合も，地域等の具体的な事実・データどうしを関連付けたり，地域等の具体的な事実・データと社会に関する抽象的な概念や一般化，法則等を往還させたりする展開とすることが重要である．これらの様々な情報や知識をつないでいく考察重視の展開とすることで，思考力育成や深い学びの実現を目指したい．

*13 知識構成型ジグソー法は，協調学習を目指した実践に適するとされる学習方法で，専門家になるためのエキスパート活動，その後で交換・統合するジグソー活動などから成る．

表7-2 授業展開過程の概略（計2時間 —1時間目：導入〜展開1，2時間目：展開2〜終結）

	教師の発問・指示	※	学習内容
導入	・（上腕周囲測定テープ <MUAC テープ> を示し）これは何か．	① ② ③	・栄養不足で危険とされる子どもの上腕周囲は，極めて細い．食料問題は深刻な状況である．
	・世界の栄養不足人口の状況はどうか．		・サブサハラアフリカ等は栄養不足人口が多い．
	◎なぜアフリカは食料問題が生じるのか．		△アフリカの食料問題については，様々な予想（仮説）が出たようにいろんな原因がありそう．
展開1	○なぜアフリカは食料問題が生じるのか．アフリカの状況から考えよう．		△アフリカの食料問題については，先の予想の中でも貧困が大きく関係しているだろう．
	・アフリカはどのくらい貧困で，それは本当に食料問題と関係しているのか．アフリカ諸国の統計表より確認しよう．	④	・1人あたり GNI が 1,000 ドル未満の国があり，その多くは栄養不足人口率が高い．アフリカは経済発展の遅れや不安定さから，食料供給が不十分で，「経済の問題」が原因となっている．
	・アフリカ諸国の統計表によると，1人あたり GNI は低くないが，栄養不足人口率が高い国がある．なぜそうなっているのか．	④	・ジニ係数が非常に高い国は，1人あたり GNI は低くないが，栄養不足人口率が高いことがある．アフリカ南部等では，格差の問題から栄養不足が多く，「社会の問題」が原因となっている．
	・アフリカの食料問題に関する先の予想は，他にどのようなものがあったか．		△アフリカの食料問題の原因として，自然環境や人口，政治の問題がありそう．
	・自然や人口，政治の問題は本当に食料問題の原因となっているのか．アフリカに関する諸資料の具体的事実より確認しよう．	⑤ ⑥ ⑦ ⑧	・干ばつ・洪水や砂漠化，人口爆発や都市人口の急増，戦乱や政情不安，独裁下での諸問題等から，食料問題が生じており，「自然の問題」，「人口の問題」，「政治の問題」が原因となっている．

展開2	・世界全体では，現在の食料生産量は全人口に対して不足しているのか． ○世界全体で食料はあるのに，なぜアフリカは食料問題が生じるのか．グローバルな広い視野から考えてみよう． ・先進国はどのくらい飽食で，それは本当にアフリカの食料問題と関係しているのか．世界各国の食生活に関するデータをみて考えよう．	⑨	・現在の穀物生産量で世界総人口以上を養うことができるはずで，他にイモ類等の生産もある． △世界全体で食料はあるのに，アフリカで食料不足となるのは，先進国の飽食が関係しているだろう． ・先進国は1人1日のカロリー摂取が3,000kcalを上回る国が多く，動物性食品の消費が多い．穀物は飼料用も多く，肥育等に多く使用される．先進国は食品ロスも多い．以上，グローバルな「消費の構造的問題」が原因となっている．
	・近年，世界の穀物生産量は大きく増えたのに，なぜそれがアフリカの食料問題解決につながらないのか．	⑨	・近年の穀物生産増大の背景は人口爆発以外に，新興国の動物性食品の需要増，バイオ燃料の需要増等があり，食料問題解決につながらない．「消費の構造の問題」では新たな問題もある．
	・アフリカ諸国は農産物を輸出しているのに，なぜ自給用食料の生産が十分できないのか．	④ ⑩	・農産物貿易でプランテーション作物を輸出し，穀物を輸入する国が多い．次の理由による． (a) 外貨獲得のため商品作物優先で自給用作物不振（条件悪い土地で低技術で粗放的に生産）． (b) 援助等で多様な食品が流入し，地元になかった食品が定着し，地元での生産は困難（海外からの安価な食料輸入に依存）．以上，「生産の構造の問題」が原因となっている．
	・アフリカ諸国は農産物などを輸出して外貨を獲得しているのに，なぜ食料輸入が十分できないのか．	⑪ ⑫	・外貨獲得のための商品作物等の収益は生産者・生産国に多く入らず，価格も不安定である．一方，穀物は需要が増大し，投機の対象にもなり，国際価格は高騰し変動も大きい．以上，「流通の構造的問題」が原因となっている．
終結	◎なぜアフリカは食料問題が生じるのか．		◎アフリカの食料問題は，アフリでの経済，社会，自然，人口，政治の問題，グローバルな消費，生産，流通の構造的問題より生じている．

※主な資料：①上腕周囲測定テープ（MUACテープ）の実物．②ケビン・カーター「ハゲワシと少女」（写真），1993年．③FAO『世界の食料不安の現状』（2015年報告）国際農林業協働協会，p. 8．④FAO, 前掲書／矢野恒太記念会編・発行『世界国勢図会』（2018/19年版）／二宮書店編・発行『データブックオブ・ザ・ワールド』（2019年版）／世界銀行HP，https://data.worldbank.org/Indicator/SI.POV.GINI?end=2017&start=1979&year_low_desc=true（2019年4月現在）より作成．⑤第一学習社編・発行『最新地理図表GEO』2016年，p. 35．⑥二宮書店，前掲書，p. 40, p. 46．⑦第一学習社，前掲書，p. 170．⑧ジャン・ジグレール『世界の半分が飢えるのはなぜ？』合同出版，2003年，pp. 13-16．⑨矢野恒太記念会，前掲書，pp. 437-439，および矢野恒太記念会編『世界国勢図会』（1985年版），国勢社，pp. 483-486より作成．⑩帝国書院編・発行『新詳資料 地理の研究』2016年，p. 56．⑪第一学習社，前掲書，p. 195．⑫農林水産省HP，www.maff.go.jp/j/zyukyu/jki/j_zyukyu_kakaku/attach/pdf/index-129.pdf（2019年4月現在）．

　なお，こうした考察・思考で客観的な説明を目指す場合，多様な事象を説明できる高度で包括的な理論を追究する理論中心の学習，あるいは特定の事象を説明するための多様な因果的連関を追究する事実中心の学習などがみられる．アフリカの現在の食料問題の説明を目指す本時は，後者の事実中心の学習で，多様な因果の追究に重点を置いている．

第5節　授業モデル「アフリカの食料問題」の評価法の開発

1.「アフリカの食料問題」の学習の発展と評価のための活動

　第3次「アフリカ州」の授業の最後の1時間は，まとめと食料問題解決についてとする．まとめは，白地図等も用いて基礎的・基本的な知識の確認，そしてアフリカの食料問題の要因の確認を簡潔に行う．さらに，近年のアフリカの経済成長について，ナイジェリアやケニアなどの1人あたり国民総所得の伸び[*14]を確認し，ラゴスやナイロビなど大都市の発展を示す写真を提示する．

　最後は，構想まで行い学習を発展させるため，そして授業や生徒の評価を可能にするため，次の問いよりアフリカの食料問題への改善策提案を行う．

> アフリカの食料問題の改善にむけ，自分ができること，日本の政府やNGOなどが行うべき支援，世界で協力して行うべき支援はそれぞれ何か．食料問題の要因となっているアフリカや世界の諸問題を踏まえ，SDGsのターゲットも参考にして，それぞれ一つずつ提案し，その理由を述べよう．

　こうした問いとした理由の一つ目は，展開で多面的・多角的に考察したことを同時に扱い，総合的把握をしながら改善策を構想させるためである．二つ目は，幾つもの立ち位置に立たせ，授業で扱った様々な要因に関わる判断・提案を迫るためである．三つ目は，生徒が自分の関係する立ち位置を明確に意識して判断できるようにし，「もし自分が〜国の大統領なら…」など無理のある判断を回避するためである．判断したことは，次の表7-3（実際には回答する欄を大きくする）に記入させる．

表7-3　課題の解決に向けた構想

	自分の考え			他者の考え（納得できたこと）
	提　案	理由1	理由2	
自分ができること		の問題改善へ		1つ目
日本が行うべき支援		の問題改善へ	なぜ日本が？	2つ目
世界で行うべき支援		の問題改善へ	なぜ世界で？	

　生徒はまず，問いに対し表7-3の「自分の考え」に記入し提案，説明をする．「提案」，「理由1」，「理由2」と記入欄を分けたのは，第1学年の生徒にとって表現をしやすくするため，そして教師が評価をしやすくするためである．

*14　1人あたり国民総所得は2000年から2016年にかけて，ナイジェリアでは260ドルから2,450ドル，ケニアでは350ドルから1,380ドルと大きく増えた（データは二宮書店編・発行『データブック オブ・ザ・ワールド』2003年版および2019年版より）．

こうして各自で説明できるようにした後，議論を行い，自分の考えを吟味し，他者の提案も受け入れて考えを拡大させ，「他者の考え」に二つ記入する．

2.「アフリカの食料問題」での評価法

評価は，先の問いへの回答より行う．表7-3の「自分の考え」にある八つの記入欄は各2点で，「他者の考え」の二つは各4点，合計で24点満点とする．「自分の考え」の各欄での評価は，真理性，正当性[*15]，論理性において妥当なものは2点，難があるものは1点，妥当でないまたは無記入は0点とする．「他者の考え」も同様の基準だが，総合的な記述となるため4点，2点，0点とする．

ここでは緻密に構成されたルーブリックを用いた評価法ではなく，各学校で実践しやすいものを目指した．問い方や記入欄の示し方を工夫することで，評価規準に関して細分し，それぞれの評価基準については極めてシンプルなものにした．細分された記入欄ごとに評価することで，一人ひとりの学びや課題が把握しやすく，授業改善のポイントも捉えやすくなろう．

*15 真理性とは経験や科学と矛盾しない内容となっているか．正当性とは公共の場で理解される内容となっているかについてである．

参考文献

上野和彦，椿真智子，中村康子編『地理学基礎シリーズ1 地理学概論』朝倉書店，2007年．

草原和博『地理教育内容編成論研究—社会科地理の成立根拠—』風間書房，2004年．

小原友行，永田忠道編『「思考力・判断力・表現力」をつける中学校地理授業モデル』明治図書出版，2011年．

棚橋健治編『教師教育講座 第13巻 中等社会系教育』協同出版，2014年．

森分孝治「社会科における思考力育成の基本原則—形式主義・活動主義的傾向の克服のために—」『社会科研究』47，1997年，pp.1-10．

山口幸男編『動態地誌的方法によるニュー中学地理授業の展開』明治図書出版，2011年．

第8章

中学校社会科歴史的分野の学習指導・評価
—実際に授業を単元で構想してみよう—

第1節 『中学校学習指導要領』（平成29年告示）社会科歴史的分野

1. 目標

目標は「柱書」と「資質・能力の3つの柱」で構成されており，他分野や他教科の目標と同様の構造がとられている．(1)の「知識及び技能」，(2)の「思考力，判断力，表現力等」，(3)の「学びに向かう力，人間性等」の各目標を関連付けることで，「柱書」の目標の達成をめざす．社会科および他分野の目標記述と共通する部分も多いが，歴史的分野の目標のポイントを順に見ていこう．

> (a)社会的事象の歴史的な見方・考え方を働かせ，(b)課題を追究したり解決したりする活動を通して，広い視野に立ち，グローバル化する国際社会に主体的に生きる平和で民主的な国家及び社会の形成者に必要な公民としての資質・能力の基礎を次のとおり育成することを目指す．
> (1) (c)我が国の歴史の大きな流れを，世界の歴史を背景に，(d)各時代の特色を踏まえて理解するとともに，諸資料から歴史に関する様々な情報を効果的に調べまとめる技能を身に付けるようにする．
> (2) (e)歴史に関わる事象の意味や意義，伝統と文化の特色などを，時期や年代，推移，比較，相互の関連や現在とのつながりなどに着目して(e)多面的・多角的に考察したり，歴史に見られる課題を把握し複数の立場や意見を踏まえて公正に選択・判断したりする力，(f)思考・判断したことを説明したり，それらを基に議論したりする力を養う．
> (3) 歴史に関わる諸事象について，(g)よりよい社会の実現を視野にそこで見られる課題を主体的に追究，解決しようとする態度を養うとともに，多面的・多角的な考察や深い理解を通して涵養される我が国の歴史に対する愛情，国民としての自覚，国家及び社会並びに文化の発展や人々の生活の向上に尽くした歴史上の人物と現在に伝わる文化遺産を尊重しようとすることの大切さについての自覚などを深め，国際協調の精神を養う．
>
> （下線及びアルファベット表記は筆者による）

「柱書」では，歴史的分野固有の見方・考え方である(a)「社会的事象の歴史的な見方・考え方」（以下，「歴史的な見方・考え方」）を働かせ，(b)「課題を追究したり解決したりする活動」を通して資質・能力の育成を行うことがポイントと

なる．資質・能力の育成では「主体的・対話的で深い学び」の実現に向けた授業改善（アクティブ・ラーニングの視点に立った授業改善）が必要とされており，「見方・考え方」を働かせることは「深い学びの鍵」としても重視されている[*1]．今回の改訂のキーワードの一つと言っても過言ではない「見方・考え方」については，第3項で詳しく検討することとしたい．

「知識及び技能」が整理されている目標(1)では，(d)「各時代の特色」を明らかにした上で[*2]，(c)「我が国の歴史の大きな流れ」を理解することが学習の中心とされている．従前どおりの記述であるが，既存の通史的内容の学習では「見方・考え方」の活用は形骸化せざるを得ないとする指摘もあり[*3]，留意したい．

「思考力，判断力，表現力等」に関する目標(2)では，(e)「歴史に関わる事象の意味や意義，伝統と文化の特色などを」，「多面的・多角的に考察したり，歴史に見られる課題を把握し複数の立場や意見を踏まえて公正に選択・判断したりする力」のような思考力，判断力や，(f)「思考・判断したことを説明したり，それらを基に議論したりする力」のような表現力の育成が重視されている．「時期や年代，推移，比較，相互の関連や現在とのつながりなどに着目して」と「歴史的な見方・考え方」に沿った視点の例も挙げられているが，これについても第3項で取り上げたい．

「学びに向かう力，人間性等」に関する目標(3)では，社会科の教科目標にある「よりよい社会の実現を視野に課題を主体的に追究，解決しようとする態度を養う」を歴史的分野で受けた(g)「よりよい社会の実現を視野にそこで見られる課題を主体的に追究，解決しようとする態度を養う」が注目される．為政者だけでなく当時の人々が直面した課題を見つけ，「よりよい社会」の在り方やつくり方を考えられる歴史授業の実現をめざしたい．

2．内容

目標と同様，内容も「資質・能力の育成」に向けた示し方がなされている．

大項目「A　歴史との対話」「B　近世までの日本とアジア」「C　近現代の日本と世界」のそれぞれにある中項目「(1)私たちと歴史」「(2)身近な地域の歴史」…では，アの事項に「知識及び技能を身に付ける」学習，イの事項に「思考力，判断力，表現力等を身に付ける」学習が示されている[*4]．それらは「アの事項の○を基に，イの事項の□に着目して■を考察し表現することを行い，アの事項の●を理解する」という構造で述べられており[*5]，「知識及び技能」と「思考力，判断力，表現力等」を身に付ける学習を関連させて進めていくことが明示されている．そして大項目B・Cのイの事項の(イ)では，「各時代を大観して，時代の特色を多面的・多角的に考察し，表現」する学習が示されており，各時代の「まとめ」を行うよう指示されている．アの事項の「●理解すること」とイの事項を抽出したものが表8-1である．イの事項の(ア)については，「□着目するもの」

*1　文部科学省『中学校学習指導要領（平成29年告示）解説　社会編』東洋館出版社，2018年，pp. 3-5，およびpp. 14-15．

*2　「我が国の歴史と関連する世界の歴史を背景に，政治の展開，産業の発達，社会の様子，文化の特色など他の時代との共通点や相違点に着目して「各時代の特色」を明らかにすることが示されている．（註＊1，p. 84．）

*3　原田智仁『中学校　新学習指導要領　社会の授業づくり』明治図書出版，2018年，p. 95．「歴史的な見方・考え方を生かして，資質・能力の育成につなげようとするなら，誰が考えても何らかの内容の重点化，焦点化は避けられない」と述べている．

*4　註＊1，p. 19．

*5　註＊1，p. 83．

と「■考察・表現するもの」を中心に抽出している.

「A　歴史との対話」の「(1) 私たちと歴史」では小学校で学習した人物や文化財，歴史上の出来事などと時代区分との関わりや地域に受け継がれてきた伝統や文化などをテーマに学習させるなどして歴史学習に必要な基本的な「知識及び技能」を学ばせる.

「B　近世までの日本とアジア」「C　近現代の日本と世界」では古代・中世・近世・近代・現代という時代区分で歴史の大きな流れと各時代の特色をとらえる学習となる. このような一般史(通史)的構成を主に，大項目Aのような主題史的構成が付加された構成をとるのはこれまでの学習指導要領と同様となっている[*6]. 大項目B・Cのイの事項に書かれているが，その時代の(ア) 社会の変化の様子を多面的・多角的に考察・表現することと，その時代の(イ) 日本を大観して，時代の特色を多面的・多角的に考察・表現することは各時代で共通して繰り返されることとなる.

一方，大項目Cの中項目「現代の日本と世界」のイの事項だけ，(ウ)「歴史と私たちとのつながり，現在と未来の日本や世界の在り方について，課題意識をもって多面的・多角的に考察，構想し，表現すること」というように「構想」が指示されている. これについては「内容の取扱い」において「民族や宗教をめぐる対立や地球環境問題への対応など」が挙げられており，「歴史の大きな流れの中で現代の課題を考え続ける姿勢をもつことの大切さに気付くことができるようにして，公民的分野の学習へ向けた課題意識をもつこと」がねらいとして記されている[*7]. このことは歴史的分野では現代の未解決の課題についてしか「構想」の学習はできないことを意味しているのか，終結した過去の課題についても選択できなかった解決策やその結果・影響も含めて「構想」させる学習は想定されていないのかなど，疑問が残される.

内容では他にも，改訂の要点に学習を充実させた例として①日本の歴史の背景となる世界の歴史の扱い，②民主政治の来歴や人権思想の広がりなどについての学習，③様々な伝統や文化の学習内容が挙げられている[*8].

*6　歴史カリキュラム構成の方法には，大きく二つあるという(梅津正美「歴史的分野の内容と学習指導」社会認識教育学会編『中学校社会科教育』学術図書出版社, pp. 78-109.)
・一般史(通史)的構成：時代の社会を構成する政治・経済・文化・社会生活の各領域を，過去から現在に至る時間の流れにそって順次的・総合的に学習していくように内容を構成するもの
・主題史的構成：テーマや社会的問題に基づいて内容を構成するもの

*7　註 *1, p. 121.

*8　註 *1, pp. 19-20.

表8-1

大項目	中項目	ア「知識及び技能を身に付ける」学習	イ「思考力，判断力，表現力等を身に付ける」学習
A 歴史との対話	(1) 私たちと歴史	(ア) 年代の表し方や時代区分の意味や意義についての基本的な内容 (イ) 資料から歴史に関わる情報を読み取ったり，年表などにまとめたりするなどの技能	(ア) 時期や年代，推移，現在の私たちとのつながりなどに着目して…歴史上の人物や文化財，出来事などから適切なものを取り上げ，時代区分との関わりなどについて考察し表現する

	(2) 身近な地域の歴史	(ア) 地域の歴史について調べたり, 収集した情報を年表などにまとめたりするなどの技能	(ア) 比較や関連, 時代的な背景や地域的な環境, 歴史と私たちとのつながりなどに着目して, 地域に残る文化財や諸資料を活用して, 身近な地域の歴史的な特徴を多面的・多角的に考察し, 表現する
B 近世までの日本とアジア	(1) 古代までの日本	(ア) 世界の各地で文明が築かれたこと (イ) 東アジアの文明の影響を受けながら我が国で国家が形成されていったこと (ウ) 東アジアの文物や制度を積極的に取り入れながら国家の仕組みが整えられ, その後, 天皇や貴族による政治が展開したこと (エ) 国際的な要素をもった文化が栄え, それらを基礎としながら文化の国風化が進んだこと	(ア) <u>古代文明や宗教が起こった場所や環境, 農耕の広まりや生産技術の発展, 東アジアとの接触や交流と政治や文化の変化</u>などに着目して…古代の社会の変化の様子を多面的・多角的に考察し, 表現する (イ) 古代までの日本を大観して, 時代の特色を多面的・多角的に考察し, 表現する
	(2) 中世の日本	(ア) 武士が台頭して主従の結び付きや武力を背景とした武家政権が成立し, その支配が広まったこと, 元寇がユーラシアの変化の中で起こったこと (イ) 武家政治の展開とともに, 東アジア世界との密接な関わりが見られたこと (ウ) 民衆の成長を背景とした社会や文化が生まれたこと	(ア) <u>武士の政治への進出と展開, 東アジアにおける交流, 農業や商工業の発達</u>などに着目して…中世の社会の変化の様子を多面的・多角的に考察し, 表現する (イ) 中世の日本を大観して, 時代の特色を多面的・多角的に考察し, 表現する
	(3) 近世の日本	(ア) 近世社会の基礎がつくられたこと (イ) 幕府と藩による支配が確立したこと (ウ) 町人文化が都市を中心に形成されたことや, 各地方の生活文化が生まれたこと (エ) 幕府の政治が次第に行き詰まりをみせたこと	(ア) <u>交易の広がりとその影響, 統一政権の諸政策の目的, 産業の発達と文化の担い手の変化, 社会の変化と幕府の政策の変化</u>などに着目して…近世の社会の変化の様子を多面的・多角的に考察し, 表現すること (イ) 近世の日本を大観して, 時代の特色を多面的・多角的に考察し, 表現すること
C 近現代の日本と世界	(1) 近代の日本と世界	(ア) 欧米諸国が近代社会を成立させてアジアへ進出したこと (イ) 明治維新によって近代国家の基礎が整えられて, 人々の生活が大きく変化したこと (ウ) 立憲制の国家が成立して議会政治が始まるとともに, 我が国の国際的な地位が向上したこと	(ア) <u>工業化の進展と政治や社会の変化, 明治政府の諸改革の目的, 議会政治や外交の展開, 近代化がもたらした文化への影響, 経済の変化の政治への影響, 戦争に向かう時期の社会や生活の変化, 世界の動きと我が国との関連</u>などに着目して…近代の社会の変化の様子を多面的・多角的に考察し, 表現すること

C 近現代の日本と世界	(1)近代の日本と世界	(エ)我が国で近代産業が発展し，近代文化が形成されたこと (オ)第一次世界大戦前後の国際情勢及び我が国の動きと，大戦後に国際平和への努力がなされたこと (カ)軍部の台頭から戦争までの経過と，大戦が人類全体に惨禍を及ぼしたこと	(イ)近代の日本と世界を大観して，時代の特色を多面的・多角的に考察し，表現すること
	(2)現代の日本と世界	(ア)第二次世界大戦後の諸改革の特色や世界の動きの中で新しい日本の建設が進められたこと (イ)我が国の経済や科学技術の発展によって国民の生活が向上し，国際社会において我が国の役割が大きくなってきたこと	(ア)諸改革の展開と国際社会の変化，政治の展開と国民生活の変化などに着目して…現代の社会の変化の様子を多面的・多角的に考察し，表現する (イ)現代の日本と世界を大観して，時代の特色を多面的・多角的に考察し，表現する (ウ)これまでの学習を踏まえ，歴史と私たちとのつながり，現在と未来の日本や世界の在り方について，課題意識をもって多面的・多角的に考察，構想し，表現すること

（下線は筆者による）

3. 「歴史的な見方・考え方」

　「見方・考え方」は今回の改訂において小学校から高等学校までの全ての教科，科目，分野等で位置付けられたものであり，『「どのような視点で物事を捉え，どのような考え方で思考していくのか」というその教科等ならではの物事を捉える視点や考え方』とされている．『各教科等を学ぶ本質的な意義の中核をなすものであり，教科等の学習と社会をつなぐものであることから，児童生徒が学習や人生において「見方・考え方」を自在に働かせることができるようにすることにこそ，教師の専門性が発揮される』[*9]とその重要性が強調されている．

　「歴史的な見方・考え方」は今回の改訂で初めて登場し[*10]，『中学校学習指導要領（平成29年告示）解説』には下のように示されている．

社会的事象の歴史的な見方・考え方[*11]
- 「社会的事象を，時期，推移などに着目して捉え，類似や差異などを明確にし，事象同士を因果関係などで関連付けること」とし，考察，構想する際の「視点や方法（考え方）」として整理
- 時期，年代など時系列に関わる視点，展開，変化，継続など諸事象の推移に関わる視点，類似，差異，特色など諸事象の比較に関わる視点，背景，原因，結果，影響など事象相互のつながりに関わる視点などに着目して，比較したり，関連させたりして社会的事象を捉えることとして整理

社会的事象の歴史的な見方・考え方を働かせ[*12]
- 時代の転換の様子や各時代の特色を考察[*13]したり，歴史に見られる諸課題について複数の立場や意見を踏まえて選択・判断[*14]したりするということ

*9　註＊1，p. 2.

*10　過去の学習指導要領においては，地理的分野や公民的分野で「見方や考え方」に類似した表記が見られる．たとえば「地理的な考え方」は昭和30年版から，「政治や経済などについての見方や考え方」は昭和52年版から登場している．しかしそれらの定義は不明確で，あらためて定義し直されたのが今回の改訂における「見方・考え方」とされる．（澤井陽介「過去の学習指導要領における『見方や考え方』」澤井陽介・加藤寿朗『見方・考え方［社会科編］―「見方・考え方」を働かせる真の授業の姿とは？―』東洋館出版社，2017年）

*11　註＊1，p. 83.

*12　註＊1，pp. 83-84.

- それを用いることによって生徒が獲得する知識の概念化を促し，理解を一層深めたり，課題を主体的に解決しようとする態度などにも作用したりするということ

（下線は筆者による）

抜粋した部分だけでも，様々な視点及び生徒の学習あるいは活動の方法が挙げられており，「歴史的な見方・考え方」を養う具体策を示そうとする姿勢や歴史学習の変革への期待が伺える．

しかしながら，上のような説明だけではわかりにくいことが二点ある．

まず「視点」と「方法（考え方）」が明確には区別されていないことである．一重下線をした「視点」と読み取れるものと二重下線をした「方法（考え方）」と読み取れるものを比べると，「類似」や「差異」は，それらを明確にする方法（考え方）として示されたり，着目する視点として示されたりしている．

また二点目に「見方・考え方」を働かせることが「深い学びの鍵」であるとされていたが，「いつ（どこで，誰によって）おこったか」や「どのように変わったか」といった問いを単発で投げかけて生徒に回答させても，多面的・多角的な考察や考察の深まりは保障できないことである．その学習を終えた生徒が，学習前より考察・表現を広げたり深めたりした結果として「何を」考察・表現できればいいのかを見据え，そのために必要な学習内容を要素分解し，ゴールに到達するための問いの連なりや学習（活動）方法を計画する必要がある．

第2節　歴史的分野の学習指導・評価計画

1. 歴史学習における問いと知識や思考・判断・表現等のレベル

教室では教師あるいは生徒によって問いが生まれ，その問いの答えを出すための思考・判断・表現等を行い，生徒に知識が形成される．「問い」によって，「思考力，判断力，表現力等」「知識・技能」「学びに向かう力，人間性等」といった資質・能力の育成が一連になされる．特に「問い」によって，為される「思考・判断・表現等」の質も，形成される「知識」の質も変わることを考えると，これらは連動するといえる．このことについてこれまでの知見を整理して作成したものが表8-2である[15]．

表8-2から，問いの質によって形成される知識の質や知識形成に必要な思考・判断・表現等の質も決定されることがわかるだろう．そして，たとえばⅡのレベルの知識は，Ⅰのレベルの複数の知識を関連付けたり組み合わせたりして内包しているように，ⅠからⅦへ向かうほど複数の知識が体系化されたり構造化されたりして形成される．つまりⅠからⅦへ向かうほど知識や思考・判断・表現等は深まると言ってもいい．もちろん実際の学習指導・評価でⅦまでのすべての問いや

*13　中央教育審議会「幼稚園，小学校，中学校，高等学校及び特別支援学校の学習指導要領等の改善及び必要な方策等について（答申）（中教審197号）」2016年（以下，「答申」）の別添3－5『「社会的な見方・考え方」を働かせたイメージの例』では，考察に向かう「問い」の例として下のような問いが挙げられており，これらは前述した目標の（2）の解説にも例示されている（註＊1, p.85）.
・いつ（どこで，誰によって）おこったか
・前の時代とどのように変わったか
・どのような時代だったか
・なぜおこった（何のために行われた）か
・どのような影響を及ぼしたか

*14　註＊13. 構想に向かう「問い」の例として下が挙げられている.
・なぜそのような判断をしたと考えられるか
・歴史を振り返り，よりよい未来の創造のために，どのようなことが必要とされるのか

*15　前掲書＊3, ＊6, 溝口和宏「概念的知識」森分孝治・片上宗二編『社会科重要用語300の基礎知識』明治図書出版，2000年，p.131など.

表 8-2

	問いの例	回答例	回答となる 知識のレベル		回答に必要な 思考・判断・表現等
I	チンギス・ハンとその子孫が築いた，ユーラシア大陸の東西にまたがる大帝国を何といいますか？	モンゴル帝国	事実的知識：いつ，どこ，誰，何などの事実を特定する知識		想起や事実判断
II	皇帝となったフビライ・ハンはどのような政治を行いましたか？	モンゴル人第一主義，高麗・ベトナム・日本などへの遠征…	記述的知識：個々の事実的知識を総合，統括する知識		
III	鎌倉幕府はなぜおとろえたのですか？	戦ったのに恩賞を十分与えられなかった御家人は不満を持つようになった，分割相続によって生活が苦しくなっていた御家人を救うために出した徳政令が経済を混乱させた…	事象解釈	説明的知識：因果，目的，結果，意義などを説明した知識	推論
IV	中世の日本はどのような時代でしたか？	武家政治が発展した，対外関係においては元の襲来の後，日本・朝鮮・中国との間に新たな貿易関係が築かれ，琉球王国を介した東南アジア地域との結び付きもうまれた．経済では…	時代解釈		
V	権力とは何か？どのようにして高めたり，低下させたりするのか？	人々を従わせる力のことであり，従わせる者と従わせられる者との関係や経済的基盤の変化によって，権力が高まったり低下したりする．例えば鎌倉幕府では…	概念的な知識：複数の事象にみられる共通の要素，あるいは関係，傾向性について説明する知識		
VI	あなたが御家人だったら鎌倉幕府と倒幕派のどちらを支持しましたか？それはなぜですか？	恩賞が不十分だったので鎌倉幕府は支持できない．経済や社会の混乱をおさめるために新しい権力を支持する	価値的知識：価値的・評価的に判断した知識		価値判断や意思決定
VII	なぜ鎌倉幕府の成立時期には 1183 年，1185 年，1192 年と複数の説があるのか？	幕府の本質のとらえ方をめぐって見解が分かれている	メタ知識：知識構成の背後にある立場や価値観を吟味し解釈した知識		批判的思考力

（筆者作成）

知識等を扱ったりする必要はない．生徒の既有知識や思考・判断・表現等のレベル，単元内容などから教師がめざすレベルを定め，生徒の学習が深まっていくように学習過程を組織して組み込んでいけばよい．

　また表8-2のⅤに例示した「権力」のような概念枠組みを用いて考察させることは，他の時代を考察する際にも用いることができる生徒の思考の枠組みとなっていく．つまり表8-2の問いや概念枠組みは，前節でみてきた「歴史的見方・考

え方」に該当すると考えることができよう．問いを立てたり，概念枠組みを用いたりして歴史的な見方・考え方を働かせることで，思考・判断・表現したり，知識・技能を獲得したり，課題を主体的に追究，解決しようとする態度が表出されたりする．このことからも「歴史的な見方・考え方」を働かせることが「資質・能力の3つの柱」を関連付ける鍵であり，相互に連動しあう関係[*16]であることがわかるだろう．

このような理解のうえで，学習指導要領解説や教科書，歴史学の概説書等を参考にした教材研究に進むことにしよう．

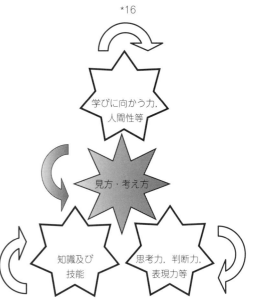

(筆者作成)

2. 単元の目標

大項目Bの中項目「(2)中世の日本」を例にしよう．教材研究から，平安後期から鎌倉中期は「日本史上とくに非集権的な時代」であり，朝廷には上皇と天皇，幕府には将軍，執権，荘園にも荘園領主(貴族・寺社)や在地領主(武士)がいるなど多元的な支配関係があったこと，鎌倉中・後期以降の政治面では，鎌倉幕府の得宗専制，後醍醐天皇の建武の新政，室町幕府による王朝の吸収というように一元化しようとする動きがみられたこと[*17]が学べる．

教材研究から，単元の目標は「資質・能力の3つの柱」に即して下のように設定した．

- 公家と武家が権力をめぐりせめぎあった中世において，権力の推移および高まりや低下の原因を主体的に解釈しようとする姿勢が見られる(学びに向かう力，人間性等)
- 権力に着目し，公家と武家が権力をめぐってせめぎあい，農業や商業の発展を背景に力をのばす民衆も現れるなど，武家が優勢となる近世との過渡期だったとして中世の日本の特色を多面的・多角的に考察し，表現することができる(思考力，判断力，表現力等)
- 公家から武家へ政治権力がうつっていく過程や，広大なユーラシアを支配した元の遠征のうちの1つであった元寇後も朝鮮・中国との貿易や琉球王国を介した東南アジア地域との密接な関わりがあったこと，農業や商業の発達を背景にした民衆の社会や文化が生まれたことを理解する(知識及び技能)

3. 単元計画

(1) 時代の特色

表8-3は，着色して示した学習指導要領解説で求められていることを具体化するべく，教材研究で明らかになった「中世の日本の特色」や学習内容を学ぶための学習課題を設定して作成した単元計画である[*18]．

まずは「時代の特色」である．政治，産業，社会，文化といった各視点から概

*16

*17 上横手雅敬「朝廷と幕府，権力分裂の時代」『日本の歴史 中世I—④ 鎌倉幕府と承久の乱』朝日新聞社，2002年，pp. 4-102 − 4-103.

*18 作成にあたっては，『中学社会歴史的分野』日本文教出版，2016年，浅田淳一「『中世の日本』の特色を考える〜時代の流れを視覚化する試み〜」井田仁康・中尾敏郎・橋本康弘編『授業が変わる！ 新しい中学社会のポイント』日本文教出版，2017年，pp. 156-161，前掲書＊3，pp. 113-120，などを参考にした．

表8-3

時代の特色	事項のねらい	単元計画	
（2）中世の日本の特色 公家と武家が権力をめぐってせめぎあい，農業や商業の発展を背景に力をのばす民衆も現れるなど，武家が優勢となる近世との過渡期だった	（ア）武士が台頭して主従の結び付きや武力を背景とした武家政権が成立し，その支配が広まったこと，元寇がユーラシアの変化の中で起こったこと	1	中世の日本の特色を探っていこう 　小学校の歴史年表および武家・公家・民衆が描かれた図版で，天皇や貴族が政治を行った古代から，武士の政治が安定した近世までを復習し，単元の学習課題の予想をする． 【単元の学習課題】権力とは人々を従わせる力のことであり，現代においても組織のなかの「権力争い」などが話題になる．権力が分裂した中世で，権力を維持したり高めたりするために鎌倉幕府，後醍醐天皇，室町幕府はどうすべきだったのかを構想し，共通する点を「中世の権力争いの極意」として解説してみよう．
		2	院政と平氏の政治 【学習課題】平氏はどのようにして権力を握ったのだろうか
		3	武家政治の始まり 【学習課題】源頼朝や北条氏はどのようにして権力を高めていったのだろうか
		4	鎌倉時代の人々のくらし 【学習課題】鎌倉時代の武士や農民はどのように生活し，力をつけようとしたのだろうか
		5	鎌倉時代の文化と仏教 【学習課題】鎌倉時代の文化と仏教は，これまでの時代とどこがどのようにちがうだろうか
		6 本時	元寇と鎌倉幕府の滅亡 【学習課題】鎌倉幕府はなぜ権力を低下させたのだろうか Q1：小学校で学んだ鎌倉幕府滅亡の原因は何だったか．元寇に対応した西日本の御家人への恩賞問題以外にどのような問題があったのだろうか． Q2：なぜ元は日本に襲来したのか．来襲をうけたアジア各国にどのような影響があったのか．幕府は3度目の来襲にどのようにそなえようとしたのか． Q3：幕府を支える御家人はどのような問題に直面していたのか． Q4：幕府の徳政令によって経済や社会にはどのような影響があったのだろうか．
	（イ）武家政治の展開とともに，東アジア世界との密接な関わりが見られたこと	7	南北朝と室町幕府 【学習課題】後醍醐天皇はなぜ権力を失ったのか．また足利氏はどのようにして権力を拡大したのだろうか
		8	東アジアとの交流 【学習課題】権力を高めた足利義満は貿易をどのように利用したのか．東アジア世界はどのようにかかわりあっていたのか
	（ウ）民衆の成長を背景とした社会や文化が生まれたこと	9	産業の発展と都市と村 【学習課題】室町時代の民衆はどのようにして力をつけていったのだろうか
		10	応仁の乱と戦国大名 【学習課題】戦国大名はどのようにして領国内での権力を守り，高めようとしたのか

		11	室町時代の文化 【学習課題】室町時代の文化は，これまでの時代とどこがどのようにちがうだろうか
		12	中世の日本の特色をまとめよう 単元冒頭に示した【単元の学習課題】の答えを発表しよう．

（筆者作成．着色部分は学習指導要領解説で求められていること）

括し「中世の政治面は〜，産業面では〜…」とまとめさせることも可能であるが，形骸化を招きやすく，生徒の学習への動機づけも促しにくいため，一定の視点から時代の特質（本質）をとらえさせるべきとの主張もある[19]．そこで本単元では，「権力」という視点から中世の特色を「公家と武家が権力をめぐってせめぎあい，農業や商業の発展を背景に力をのばす民衆も現れるなど，武家が優勢となる近世との過渡期だった」と設定し，先行実践[20]を参考に単元末で「公家」，「武家」，「民衆」がいつ頃，力を高めたり，低下させたりしたのかをターニングポイントとなるできごとと共に折れ線グラフに示しながらクラスで共有する活動を計画した．

*19　前掲書＊3，p.114.

*20　註＊18の浅田（2017）.

（2）学習課題

　このように「時代の特色」を踏まえさせたうえで，「権力」という概念的な知識を獲得させ，中世での社会形成を構想させることを計画し，【単元の学習課題】は「権力が分裂した中世で，権力を維持したり高めたりするために鎌倉幕府，後醍醐天皇，室町幕府はどうすべきだったのかを構想し，共通する点を『中世の権力争いの極意』として説明してみよう」を設定した．単元末に取り組む課題ではあるが，単元導入で提示することで【単元の学習課題】の解決を目的に各時間の学習に取り組めるよう計画している．

　次に全12時間の各【学習課題】については，教科書の学習内容構成を前提に，できるだけ【単元の学習課題】の答えの要素を導く問いとなるよう「権力」に引きつけて設定した．もちろん学習内容も教師が教科書とは別に独自の構成をすることは可能であり，その方が【単元の学習課題】の解決過程としてもすっきりする．しかし今回は，教科書の通史的な内容構成のままでも一定の視点から時代の特質をとらえさせることが可能であると示すことを優先した．たとえば文化の学習であっても，前の時代の文化とどこがどのように異なるのかに着目させることで，権力の推移の文化への影響を考察できるような【学習課題】を設定した．

4．評価計画

　評価は目標に準拠し，「知識・技能」「思考・判断・表現」「主体的に学習に取り組む態度」の3観点で評価することになっている[21]．まず，これらの観点をどの単元や時間で，どのような方法で評価するのか年間計画を立てておきたい．

　たとえば事例とした「中世の日本」において，ペーパーテストで「知識・技能」

*21　註＊13．「資質・能力」の3つの柱のうちの「学びに向かう力・人間性等」は「主体的に学習に取り組む態度」として評価される．その理由は「感性や思いやり等については観点別学習状況の評価の対象外とする必要がある」として説明されている．

表 8-4　パフォーマンス課題の評価基準表

観点	知識・技能	思考・判断・表現	主体的に学習に取り組む態度
評価基準	鎌倉幕府，後醍醐天皇，室町幕府の権力が衰退した原因への対応策として武士との関係や経済的基盤について着目することができる	鎌倉幕府，後醍醐天皇，室町幕府の権力が衰退した原因への対応策を構想し，共通点を複数導き出すことができる	自分の考えを述べ，他の班員の考えを受容しながら班の考えをよりよいものにしようとしている．
十分満足できると判断される状況	武士との関係や経済的基盤だけでなく，資料などの根拠を示して権力衰退の原因を特定することができている．	根拠のある対応策を多面的・多角的に構想し，共通点を複数導き出すことができている．	自分と他の班員の考えの違いを整理するなど，班の考えをよりよいものにするために積極的に意見を述べている．
おおむね満足できると判断される状況	武士との関係や経済的基盤を権力衰退の原因として特定することができている．	対応策を構想し，共通点を導き出すことができている．	他の班員の考えを受容しながら聞き，自分の考えを述べている．
努力を要すると判断される状況	権力が衰退した原因の特定ができない．	対応策の構想や共通点を導き出すことができていない．	他の班員の考えを受容しようとしていない．

（筆者作成）

*22　「さまざまな知識やスキルを総合して使いこなすことを求めるような複雑な課題」を指す．（西岡加名恵・石井英真編『教科の「深い学び」を実現するパフォーマンス評価』日本標準，2019 年）

と「思考・判断・表現」を評価し，12 時間目の【単元の学習課題】は班で取り組むパフォーマンス課題[*22]にして 3 つの観点すべてを評価すると計画したとしよう．ペーパーテストの記述問題やパフォーマンス課題では，生徒の表出する何が，どのような段階にあると評価するのかを判定する評価基準が必要となる．【単元の学習課題】であった「権力が分裂した中世で，権力を維持したり高めたりするために鎌倉幕府，後醍醐天皇，室町幕府はどうすべきだったのかを構想し，共通する点を「中世の権力争いの極意」として解説してみよう」を事例とすれば，表 8-4 のようになるだろう．「努力を要すると判断される状況」や「おおむね満足できると判断される状況」の班に，教師はどのような支援をし，パフォーマンスのレベルを引き上げるのかもあわせて考えておきたい．

5．本時の指導計画

　本時の目標，評価，展開，板書案などを計画する．本時の展開では，発問，学習活動，予想される生徒の回答や教師の説明，提示する資料などが生徒の思考の流れに沿うように，また生徒の歴史的な見方・考え方を広げたり，深めたりするように配置したい．そして，授業中に数多く登場するであろう事実的知識は，政治的側面・経済的側面…や幕府・御家人・非御家人…というような事実的知識を総合，統括する記述的知識でグルーピングし，社会的事象の多面性や多角性を意識させる発問や板書になるよう心がけたい．本稿では本時の指導計画の具体例を示さないが，表 8-3 の 6 時間目を本時として【学習課題】を解決するための主な下位の問いを示した．

第3節　歴史的分野の課題

　最後に『中学校学習指導要領』（平成29年告示）にもとづく社会科歴史的分野の課題について触れたい．

1.　小学校での歴史学習との差異

　小学校と中学校の歴史教科書の同じ学習範囲の学習課題がほとんど同じであることも少なくない．もちろん授業では中学校の方がより詳細な歴史的事象まで取り扱われるのだが，それが単純な暗記量の増加と受け止められ，歴史嫌いの生徒をうむ原因ともなっている．小学校での歴史学習を復習させたうえで，中学校の歴史学習では社会事象を多面的・多角的に，社会や時代を構造的に考察することが生徒にも明確に伝わるような発問や板書となるよう意識したい．

2.　「歴史的な見方・考え方」の充実

　「歴史的な見方・考え方」を働かせることが「深い学びの鍵」とされていたが，教師が問いを投げかけ，生徒に回答させることを単純に繰り返すだけでは多面的・多角的な考察や考察の深まりは保障できないことは上で指摘した．『学習指導要領解説』においては「見方・考え方」を用いることによって「生徒が獲得する知識の概念化」を促すことが述べられていたが，その事例は十分に示されていない．本稿では「権力」のような通史的な内容構成でも取り上げやすい概念枠組みを用いて単元を計画したが，時代やその社会の構造を分析する枠組みとなる「歴史的な見方・考え方」を明らかにし，生徒自らがそれを働かせる歴史学習が数多く開発される必要があるだろう．

参考文献

原田智仁『中学校　新学習指導要領　社会の授業づくり』明治図書出版，2018年．
梅津正美「歴史的分野の内容と学習指導」社会認識教育学会編『中学校社会科教育』学術図書出版社，2010年，pp. 78-109.
井田仁康・中尾敏郎・橋本康弘編『授業が変わる！　新しい中学社会のポイント』日本文教出版，2017年．
西岡加名恵・石井英真編『教科の「深い学び」を実現するパフォーマンス評価』日本標準，2019年．

第9章

中学校社会科公民的分野の学習指導・評価
―実際に授業を単元で構想してみよう―

第1節　単元に基づく授業構想の考え方

1.　一般的な授業づくりの考え方とその課題

　授業づくりを行うとき，多くの教師は，まず教科書を開くのではないだろうか．多くの教科書が見開きごとにタイトルがついた一つのまとまりとして構成され，いくつかの見開きをもって一つの節になり，いくつかの節によって章となっている．多くの教師は，見開きの内容を1単位時間とし，一つの節，もしくは章をもって一つの単元としているのではないか．

　このように教科書の内容の組み立てに基づいて単元を捉えるとき，時として次のような授業づくり・単元づくりが行われているのではないだろうか．見開きごとに授業内容を整理し，それらの内容を生徒にわかりやすく教えるための学習形態を考え，必要に応じて補助資料やワークシートを準備して授業の流れを構想する．教師の一方的な説明に終始しないようにするため，導入部分で本時のテーマを学習問題という問いの形で提示し，教科書やその他の資料を活用し，思考や話し合いなどの学習活動も盛り込みながらワークシート等にその結果を記述させ，それらの発表などを元にしながら，最後に本時の学習内容を教師がまとめとして板書し，生徒はそれを写して本時が終わるという問題解決的な流れを取り入れた過程として授業を編成する．このような流れとして1単位時間の授業を構成した上で，一つひとつの授業を教科書の節や章といったまとまりに合わせて，単元として設定する．教科書の内容をいかに読み解き，それらの内容をそれぞれの時間でいかに教えるかを考えることが教材研究であり，そのような教材研究を行うことが授業づくりの中心的課題であるという考え方が，その根底にあると思われる．

　しかし，このような授業づくりには，いくつかの課題があると考える．一つは，単元が複数の1単位時間の授業を単に集めただけといったものに近くなるため，単元全体の目的や内容的なまとまり，さらには毎時間の学習が単元全体の中でどのような位置付けになっているのかが意識されにくくなるということである．例えば，基本的人権の学習を取り扱う単元を上記のような考え方で構成したとする

と，自由権や平等権などを1単位時間ごとに個別に詳しく学習していくことはできたとしても，それらの人権保障が個人の尊重という原理を実現していくためにどのような意味を持っているのか，自由権の過度の主張が時として平等権等の他の権利の侵害につながることがないのかといった，基本的人権をめぐる様々な事柄のつながりを理解しにくい授業になってしまうことが考えられる．1単位時間ごとに学習が目的化し，単元全体でどのような知識や資質・能力を育もうとしているのかが曖昧になってしまう．単元全体の学習のつながりを意識し，毎時間の学習内容の意義を実感するかどうかは学習者に任された状態となり，場合によっては，毎時間の学習内容を個別的にひたすら記憶するといった状況に陥る可能性が高いといわざるを得ない．

　もう一つの課題は，単元の目標やその学習意義が明らかにされないため，公民的分野，さらには社会科全体でのその単元の位置付けやその重要性について意識されないということである．社会科で育もうとしている知識や資質・能力は，一回の授業や一単元で育てるものではなく，学年や学校種を越えた社会科（社会系教科）という教科カリキュラム全体を通じて育成することが求められる．例えば，公民的分野における基本的人権についての学習が，平和で民主的な国家・社会の形成者に必要な公民としての資質・能力の基礎の育成という教科の目標にどのように関わるのか，小学校の社会科や高等学校の公民科，地理歴史科における人権の学習とどのようなつながりを持っているのか等のことが意識されないままでは，単なる人権の学習を小中高といった学校段階で内容を詳しくしていきながら繰り返しているだけに終わってしまうのではないか．

2. 単元に基づく授業構想の意義とその構造

　公民的分野の授業づくりにおいては，公民的分野，さらには社会科という教科の目標を意識した指導計画づくりが求められる．言い換えれば，1単位時間ごとの授業づくりとしてのミクロな視点での教材研究と共に，公民的分野や社会科といったマクロな視点でのカリキュラム研究が求められるということである．カリキュラム研究に基づく社会科の本質を踏まえた単元指導計画を作り，その中での毎時間の授業という位置付けを意識することで，社会科本来の学力育成を目指す授業が可能になる．

　では，社会科の本質を踏まえた単元指導計画とは，どのようなものになるのであろうか．また，どのようなものとして構想されるべきなのであろうか．このことを考えるためには，社会科が育成を目指す学力がどのようなものであるのか，並びにそのような学力をどのような方法で育成しようとしているのかを踏まえることが必要不可欠である．単元指導計画には，目標としての育成を目指す学力とその育成のために必要な内容と方法が組み込まれている必要がある．

　2017年告示の中学校学習指導要領では，「平和で民主的な国家・社会の形成者

に必要な公民としての資質・能力の基礎」を育成することが中学校社会科ならびに公民的分野の目標とされている．公民としての資質・能力の内実は，「知識・技能」，「思考・判断・表現」，「学びに向かう力，人間性等」の資質・能力の三つの柱に沿う形で示されているが，思い切った形で集約すれば，社会的事象の合理的な分析・把握に基づき，社会問題に関する思考・判断について他者との議論を通して解決を目指すことを可能にする資質・能力であると言えよう．このような資質・能力を将来において発揮し，民主主義社会の主権者としてより良い社会を構想すると共に，他者との議論を通じてその構想をより良いものに練り上げ，実現に向けて社会に参画していくことが期待されている．

　公民的分野の目標には，育成を目指す資質・能力と共に，それら資質・能力を育成するための学習として，「現代社会の見方・考え方を働かせ，課題を追究したり解決したりする活動」が示されている．現代社会の見方・考え方とは，「社会的事象を，政治，法，経済などに関わる多様な視点（概念や理論など）に着目して捉え，よりよい社会の構築に向けて，課題解決のための選択・判断に資する概念や理論などと関連づけ」て考察する際の「視点や方法（考え方）」であるとされている．

　これらの見方・考え方を働かせることで，知識・技能の習得，思考力・判断力・表現力の向上，学びに向かう力・人間性を資質・能力として育むことが図られている．また，習得した知識・技能を活用する形で思考・判断・表現を行う学習活動を通じて，現代社会の見方・考え方もより鋭いものとして鍛えられていくことが望まれている．いわば，見方・考え方と資質・能力とは共に向上していくものと考えられているとも言え，それらの向上は，見方・考え方を働かせる課題解決的な授業実践を積み重ねることではかられるのである．

　以上のようなことから，公民としての資質・能力の育成を目指す公民的分野の単元指導計画は，現代社会の見方・考え方を働かせ，社会に関する課題を考えることを通じてより良い社会を構想するプロセスとして組み立てることが求められるといえる．

3. 単元指導計画の基本的要素－単元を貫く問い

　単元指導計画を社会に関する課題を考えるプロセスとして組み立てるにあたり，基本的要素として重要になるのは，「単元を貫く問い」とも言うべき，単元全体を通して一貫して考え続ける（問い続ける）ための課題である．単元を貫く問いがあることで，単元全体を一つの追求過程としてまとまりのあるものにすることができ，単元を構成している単位時間ごとの複数の授業を体系的に意味のある関連したものとして結びつけることが可能となるのである．また，単元を通じて一貫した問いを考え続けることで，学習者は単位時間ごとの複数の授業内容が個別的なものではなく，問いを考えるための意味のある体系的なつながりとして

認識できるようになるとともに，各授業で学習された知識・技能を活用したり，見方・考え方を働かせたりしながら，資質・能力の向上を目指すことが可能になるのである．

　このように，単元を貫く問いの設定は，単元指導計画にとって重要な基本的要素であるといえる．単元を貫く問いの設定にあたって考慮すべき点があると考える．それは，① そのような問いを考えることが，平和で民主的な国家社会の形成者としての資質・能力，並びに当該単元が育成を目指す資質・能力の育成につながるような問いとなっていること（目的・目標面），② 当該単元を学習することを通じて考えることができるようになるような問い（内容面），③ 当該単元を通じて生徒が無理なく追究できるような問い（学習者の面）の3点である．

　ここで少し考えておかなければならないのは，単元を貫く問いと ② の内容との関係である．基本的には，単元を貫く問いをどのようなものにするかは，① で示される目的・目標に基づいて考えることになる．したがって，② の要件で示される内容については，① で設定された単元を貫く問いを追究するために必要なものを設定すれば良いということになる．つまり，上記の ② は，単元を貫く問いを設定するときの考慮すべき点には当たらないという考え方である．しかし，この考え方は，単元を貫く問いが単元の目標に基づき適切に設定することができていて初めて成り立つものである．しかし，実際には，単元を貫く問いを適切に設定することは簡単ではない．もし，単元を貫く問いの設定があまり適切なものでなかった場合，そのような問いに基づいて設定した内容もまた適切性に欠けるものになることが考えられる．

　一方で，単元を貫く問いを介在させることなく，① の目標に基づいて ② の内容を構成するという考え方もあり得る．目標を達成するために必要な内容を論理的に導き出すという考え方である．この考え方によれば，単元を貫く問いを設定するにあたり，② の内容面についても考慮すべき要件になり得るということになる．ただ，この考え方も，単元の内容が単元の目標に基づき適切に設定することができていて初めて成り立つものである．

　実際の単元開発の場面では，教師が教材研究・単元開発を行うにあたり，① の目標を中心軸として設定し，② の内容面と ③ の学習者の面の両方を勘案しながら，最も妥当だと考えられる「単元を貫く問い」を教師が考えて設定することになるであろう．言い換えれば，目標を中心軸にし，目の前の生徒（学習者）の実態から考えてその目標を達成するために妥当な内容を設定し，その内容を思考過程として学習者が単元を通じて追究することが可能であると思われるような問いを教師が設定するということになるであろう．

　以上が，単元を貫く問いを設定する考え方の理論的説明である．理想としては，このような手順で問いを設定することが望ましいと考える．ただ，このような手順を踏むためには，① 社会科という教科の本質的理解，② 該当単元の内容に関

する専門的知識の理解，③学習者の実態把握（目に見える表面的な学習活動の側面だけでなく，見方・考え方を働かせる頭の中での思考活動の側面までを含む）の3点を教師が理解・把握していることが求められる．しかし，現実的に考えれば，この3点を充分なレベルで理解・把握することは簡単ではない．特に，②該当単元の内容に関する専門的知識の理解については，単元ごとに背景とする学問分野も異なり，全ての単元の内容の背景にある専門的知識を充分な形で理解することは，多大な努力が必要であろう．その点で，学習内容については教科書という主たる教材が存在している．教科書は，その分野の専門家等によって作成されているものであり，内容面での教材研究を行う時の大きな材料になるはずである．もちろん，教科書の記述内容は学習者である中学生に合わせて表現されているものであり，教科書だけをもって教師による専門的知識の理解が完結できるわけではないだろう．教科書の表面的な記述だけでなく，記述の行間や背景までを意識し，教科書記述がそのようになっている学問的背景を探究することが，教師による教材研究として求められる．

第2節　単元指導計画づくりの実際

　　単元構想は，単元指導計画（名称は様々であるが）といった形で示されることになる．単元指導計画にどのような内容を記述するかは様々な考え方があるが，一般的には「① 単元名」，「② 単元目標」，「③ 単元観（単元観，生徒観，指導観）」，「④ 単元の評価規準」，「⑤ 単元の指導と評価の計画」等によって記述されることが多いと思われる．本節では，③ 単元観については本文にその考え方を入れ込む形で記述することとし，①②④⑤ について，表の形で例示する．例示する単元指導計画は，「基本的人権の尊重」という単元として構想したものであり，以下，この単元指導計画をどのような手順でどのような考え方で構成していったかを具体的に説明する．

1．単元目標の設定

　　単元指導計画づくりにおいてまず重要なことは，単元目標の設定である．単元目標は，社会科という教科の目標並びに公民的分野の目標から基本的には導出されることになる．社会科並びに公民的分野の目標の中心は，「平和で民主的な国家・社会の形成者に必要な公民としての資質・能力の基礎」の育成である．一方，本単元の題材としては，基本的人権の尊重が示されている．

　　ここで単元目標の設定上の課題として検討が求められることは，基本的人権の尊重に関する学習が，教科・分野の目標である公民としての資質・能力の育成とどのようにつながるのかという点である．政治学や憲法学等の専門的知識の理解のもと，その課題を検討した結論を端的に述べると，次のようになる．民主主義

に基づく政治体制は，近代において基本的人権をいかに保障しうるかという課題を追究した結果としての現時点での一つの到達点である．基本的人権の意義及び内実とその保障の考え方について理解を深め，それらの知識を活用して実際の社会的問題を分析的に理解して何らかの選択・判断を行うことのできる力は，民主的な国家・社会の形成者としての資質・能力として必要不可欠である．このような考え方に基づいて，教科・分野の目標に基づく本単元の目標を表のように設定することになる．目標は，三つの評価の観点に基づいて設定している．

2. 単元の評価規準の設定

　評価規準の設定は，基本的には単元の目標から導き出されるものであると考える．単元の学習が終わった時点で，どのようなことがわかっているのか，できるようになっているのかなど，学習者の姿として表現することが求められる．その姿は，先に設定した単元の目標と整合性のあるものである必要がある．本単元においては，目標で設定した資質・能力を，本単元の学習を経た上で生徒に現れてくる具体的な姿として構想し，表現することが求められる．その際には，社会科として学習者に求めるレベルのみをもとにして設定する場合と，学習前の生徒の状況とを合わせて設定する場合とが考えられる．生徒の実態に合わせて目標値を異動させることには議論があろうが，学習の前後での変容を重視する形成的評価の考え方を重視するのであれば，後者の方法がより望ましいとも言える．

3. 単元を貫く問いの設定

　単元を貫く問いの設定にあたっては，まずは単元の目標に基づいて設定された評価規準で示したような姿が生徒に現れるためには，単元を通じてどのようなテーマで追究（思考）活動が行われれば良いのかということを考えることが重要となる．個人の尊重の実現を目指した基本的人権の尊重を主題とする本単元では，具体的な人権侵害の事例について考えることを通じて，基本的人権の意義とその内実について理解を深めるという単元を通じた学習活動が求められる．民主主義，個人の尊重と基本的人権に関する教材研究から導き出される考え方の一例として，以下のような説明をすることができる．

　基本的人権は，憲法の規程で決められた固定的なものではなく，個人の尊重の原理や幸福追求権などの原理的とも言える条項に基づき，どのような権利が求められるのかを社会の変化に対応する形で考え続け，必要に応じて新たな人権を「作っていく」ことが求められる．思い切った表現をすれば，個人の尊重という原理を実現していくために基本的人権が「作られ」，社会の変化に対応する形で個人の尊重を維持・発展させていくために「作り直され」ていくものであるともいえる．そして，基本的人権を「作り直し」て行く主体は，主権者である一人ひとりの国民であり，基本的人権をめぐるこのような理解の元で主体的に基本的人

権を「不断の努力」によって「保持」するとともに，より良いものへと「発展」させていくための資質・能力こそが，主権者たる公民としての資質・能力であるといえる．このような資質・能力は，社会科の目標である公民としての資質・能力の基礎として，基本的人権に関する本単元の中心的なものであるともいえ，社会の状況に応じて求められる人権を考えることは，社会認識に基づくより良い社会の構想を人権という形で表現することにつながり，より良い社会を求めて考える公民としての資質・能力の基礎を養うための本単元の中心的・本質的な問いとして，その時代，その時における社会の状況の中で求められる人権を考えるようなものがふさわしいと考える．

　以上のような検討から，本単元では「これからの社会では，どのような人権が大切になってくる（べきだ）と考えるか」を単元を貫く問いとして設定し，この問いを追究する副主題として基本的人権を構成する諸権利を各単位時間に割り当て，時間ごとに追究（思考）するための問いを設定して学習活動を行うように単元全体を組み立てることにしている．

4. 単元を構成する単位時間ごとの計画の作成

　1時間目は単元を貫く問いを導出する導入の時間として，最後の9・10時間目はそれまでの学習を踏まえて単元を貫く問いに対する自分なりの考えをまとめて発表し振り返りを行うまとめの時間として設定する．2〜8時間目は，基本的人権を構成する諸権利について，事例を考察する中でその意義と内実についての理解を深められるような学習活動として設定する．

　ここでは，どのような事例を選択して追究（思考）の対象とするかが重要な課題となる．事例は，その時間の学習で達成してほしい生徒の姿が導けるような典型的な社会問題状況を設定することが望ましい．本単元の2時間目を例に事例設定の考え方を説明すると，およそ次のようになる．「個人の尊重を実現するためには，この事例から考えて，どのようなことが権利として重要だろうか．」という問いを元に考えた結果として，「差別されず，平等であることが最も重要である」ということの理解に導けるような典型的な事例を，教師が探して資料という形で生徒に示すことが重要となる．生徒は，何らかの視点や概念（見方・考え方）を働かせながら事例を分析・考察し，そこから教師が目指す内容に気づいていくという思考活動を行うことが期待されるのである．

　上記のような事例の考え方の下，次のような事例選択の基準を考慮することが重要であろう．①事例の背景があまり複雑でなく，生徒にとって理解しやすいもの．②生徒自身にとっても問題だと感じられるような切実感があるもの．③新聞などでも報道されるなど，社会でも問題として取り上げられ，生徒もある程度の関心をもとに情報を持っていそうなもの．以上，三つである．

　これらの条件をふまえて事例を選択する場合，おおよそ次のア〜ウの三つのタ

イプが想定できる．ア．教科書や資料集に掲載されている事例，イ．学問的な専門書において典型例として示されている事例，ウ．最近社会でニュースになったような事例などが考えられる．アの場合，内容的には問題ないであろうが，情報量が少ないことが考えられるので，適宜資料を追加提示することが求められる．イの場合も内容的には問題ないであろうが，専門的すぎる可能性があり，生徒にとっては事例そのものの理解が難しい可能性もあるので，架空のストーリーとして適切にわかりやすくすることが求められる．最も，このような加工によって，事例が表していることから内容的にズレていってしまうこともあるので注意が必要である．ウの場合，報道などで身近に接しているので事例としては効果的であろうが，選択する事例が果たして本時で扱う内容の典型事例になり得ているかどうかという吟味が必要である．そのためには，ある程度の専門的知識が必要となる．

　以上のような事例設定を元に，その事例を分析的に追究し，思考を促すような各時間における問いを示すことで，単位時間ごとの授業を構成することになる．

単元指導計画「基本的人権の尊重」

□単元の目標

・個人の尊重という考え方に基づく基本的人権の尊重について，日本国憲法における基本的人権の条項とともに理解すると共に，個人の尊重についての考え方と法に関する資料を収集して活用することができる．【知識・技能】

・社会生活に関わる様々な事象から課題を見いだし，基本的人権を中心概念に対立と合意，効率と公正などの視点から分析し，人権保障の法的な考え方とその意義について論理的に考え，適切に表現する．【思考・判断・表現】

・個人の尊重についての考え方と基本的人権に対する関心を高め，それらを意欲的に追究し，民主的な社会生活との関係について考えようとする．

【主体的に学習に取り組む態度】

□単元の評価規準

知識・技能	思考・判断・表現	主体的に学習に取り組む態度
日本国憲法に規定されている基本的人権の尊重が，個人の尊重という原理を実現するための考え方であるということを理解し，基本的人権の内容に関する知識を身につけている．	人権が課題となる社会問題について課題を見いだし，個人の尊重という原理を視点にして様々な立場から多面的・多角的に考察し，その過程や結論を適切に表現している．	個人の尊重についての考え方と基本的人権に対する関心を高め，人権が課題となる社会問題を意欲的に追究し，個人が尊重される民主的な社会のあり方について考えようとしている．

□単元の指導と評価の計画（全10時間）

	本時の題材とねらい・学習課題	主な学習内容・学習活動	評価
1	【単元の導入】 ○過去と現在の比較による人権保障の拡大の理解．	○歴史的分野における学習内容から複数の事例を取り上げて人権という視点から過去と現在を比較する	○示された事例において，どのような人権の保障が拡大

	本時の題材とねらい・学習課題	主な学習内容・学習活動	評価
1	「過去と現在を比較して，人権保障はどのように変化してきているだろうか.」 【単元を貫く学習課題の設定】 ○現在から未来を見通した人権保障を考える. 「これからの社会では，どのような人権が大切になってくる（べきだ）と考えるか（今ある人権でも良いし，新しい人権でも良い）.」	ことで，人権保障が基本的には拡大してきていることを理解する. 〔例〕 ・治安維持法があった時代と現在との言論の自由の変化. ・明治時代と現在との労働条件や雇用条件の変化.	してきたと言えるのかを説明することができる. ○単元を貫く問いを理解し，何を考えていけば良いのかを説明できる.
2	【個人の尊重・平等権】 ○個人の尊重を原理とする基本的人権の尊重. 「基本的人権という考え方の根本には，どのような考え方があるのだろう.」 ○個人の尊重という原則を実現する基本的権利としての平等権. 「個人の尊重を実現するためには，この事例から考えて，どのようなことが権利として重要だろうか.」	○事例を元に，一人ひとりがかけがえのない存在として尊重されるという考え方が基本にあることを理解する. 〔例〕（省略） ○事例に登場する人が個人として尊重されているかどうかを考え，人が同じように扱われることが重要であることを理解する. 〔例〕（省略）	○平等権が個人の尊重の基盤となることについて，事例を挙げながら説明することができる.
3	【自由権】 ○個人の尊重という原則を実現するための自由権. 「個人の尊重を実現するためには，この事例から考えて，どのようなことが権利として重要だろうか.」「この事例は，どのような点で個人が尊重されていないと考えられるか.」	○自由権が侵害されているような事例を分析し，個人の存在や活動が不当に制限・否定されていることが，個人の尊重という原理に反していることを理解し，自由権の重要性を認識する. 〔例〕（省略）	○自由権が個人の尊重を実現する上でなぜ重要になるのかについて事例を挙げながら説明することができる.
4	【社会権】 ○個人が人間らしく生きるための権利である社会権. 「この事例は，個人という存在が尊重されていると言えるだろうか.」 「この事例は，自由権や平等権で個人の尊重が確保できるだろうか.」 ○歴史的には，社会の変化に対応する形で，自由権や平等権よりも後から権利として認められてきた社会権. 「いつ頃から社会権は権利として保障されるようになったのか.それは，どのような理由からなのか.」	○人間らしい生活を送ることができていないと思われる事例を分析し，そのような状況の改善が自由権や平等権の保障だけでは難しいことを理解し，社会権の重要性を認識する. 〔例〕（省略） ○架空の労働条件を示し，企業が自由に決めることができるか，できないとすればそれはなぜなのか考えることで，社会（国家）が積極的に介入することで人間らしい生活を保障しようとしていることに気づく.	○示された事例のどのような点が人間らしい生活と言えないかを説明すると共に，自由権や平等権の保障だけではそのような状況の改善が難しいことを説明できる.

	本時の題材とねらい・学習課題	主な学習内容・学習活動	評価
5・6	【新たな人権】 ○憲法に直接規程がなくても，社会の変化とともに認めようとする動きのある新しい人権. 「科学技術や経済の発達などによる社会の変化に応じて，どのような権利が新たに主張され，認められてきているか.」 ○インターネットの書き込みをめぐる人権問題について考える. 「他人の個人情報をインターネットに書き込むことは，言論の自由として保障すべきか.」	○環境権，プライバシーを守る権利，知る権利等について，典型事例を元に理解すると共に，それらの権利が幸福追求権（13条）などに基づき，社会の変化に応じて認められることを理解する. ○個人情報や誹謗中傷などのインターネットを通じた書き込みは許されるかについて考え議論する（プライバシーや個人の尊厳の侵害と言論の自由）.	○新たな人権が社会のどのような変化に応じて提起されているのかを説明することができる. ○対立する人権を視点に，事例についての自分の考えを論理的に説明できる.
7	【基本的人権と公共の福祉】 ○居住・移転の自由や財産権など一部の権利に対する公共の福祉による制限. 「例：高速道路の建設予定地にある住宅の住民が移転に反対している．どのような解決が望ましいか.」 〔思考課題〕 ○公共の福祉に基づく人権の制限の正当性を考える. 「例：ダム建設における住宅の移転は，なぜ住民の権利に一部制限を加えることが認められたのか.」「公共の福祉に基づく人権の制限は，どのような場合に正当だと言えるか.」	○個人の財産権などと社会全体の利益とが対立するような事例を分析し，より良い合意を形成するためにはどうすれば良いかを考える. 〔例〕高速道路の建設とルートに該当する住宅の移転 ○ダム建設に伴う住居移転などの事例から，居住・移転の自由や財産権などにおいて，公共の福祉のために権利が制限されることがあることを認識すると共に，公共の福祉による人権の制限がどのような場合には正当なものと言えるかについて考える.	○個人の権利と社会の利益という視点から対立点を明確にし，より良い合意を考え説明することができる. ○示された事例がどのような理由で権利の制限を正当化しているのか説明できる. ○人権の制限の正当性について自分の考えを説明することができる.
8	【人権を守るための権利】 ○人権保障をより確かなものにするための権利. 「憲法によって保障されている権利だとしても，実際にその権利が侵害されたという場合，どのようにして権利を守れば良いのだろうか.」 ○裁判を受ける権利は司法による権利回復を請求するもの，参政権は国の政治を行う国会や内閣を直接的・間接的に選ぶことで人権保障をはかるものであるなど，それらの権利が人権を守るために保障されている理由を理解する.	○憲法で保障する人権を侵害しているような国の法や制度，政府の行為等の事例（架空のものでも良い）を示し，どのようにしてその権利を回復しようとするかを考え，回復措置を行うことが権利として認められていることの重要性を認識する ○裁判を受ける権利等の請求権，国の代表を選んだり国の政治に参加したりするための参政権を権利として保障し，それを実現するための国の制度を作っている．典型的な事例などを通じ，なぜそのような権利が人権を守るための権利といえるのかについて考える.	○人権侵害を回復するために必要な活動・行動について，これまでの知見などを元に考えることができる. ○これらの権利が，なぜ人権を守るための権利だと言えるのかについて，示された事例を使いながら論理的に説明することができる.

	本時の題材とねらい・学習課題	主な学習内容・学習活動	評価
9・10	【単元を貫く問いの考察・発表】 「これからの社会では，どのような人権が大切になってくる（べきだ）と考えるか．今ある人権でも良いし，新しい人権でも良い．理由も含めて発表しよう．」 【振り返り】 「基本的人権の尊重がなぜ重要なのか．前単元で学習した民主主義という考え方との関連も含め，単元の学習を振り返りながら考えよう．」 【次の単元へのつながり】 「個人の尊重の考え方を実現していくための政治のしくみはどのようなものがよいか．」	○単元を貫く問いについて考えてワークシートなどに言葉でまとめ，グループやクラス全体の場で発表する． ○課題を通じて，個人の尊重という原理，民主主義，基本的な人権の尊重の関係を考え，ワークシートなどに言葉でまとめ，発表する．	○現在や未来がどのような社会であるかという認識に基づいて人権を説明することができる． ○民主主義と基本的な人権の尊重の根底に個人の尊重という原理があることに気づくことができる．

参考文献

伊藤真『伊藤真の日本一やさしい「憲法」の授業』KADOKAWA，2017年．

楾大樹『檻の中のライオン』かもがわ出版，2016年．

子どものシティズンシップ教育研究会『社会形成科社会科論－批判主義社会科の継承と革新－』風間書房，2019年．

橋爪大三郎『政治の哲学－自由と幸福のための11講』ちくま新書，2018年．

山脇直司『社会とどう関わるか　公共哲学からのヒント』岩波ジュニア新書，2008年．

第10章

高等学校地理歴史科における「総合」科目の学習指導・評価
―実際に授業を単元で構想してみよう―

第1節　「地理総合」の学習指導・評価

1．必履修科目「地理総合」の特質

（1）国際化・グローバル化と情報化の進展への対応

　現代世界は，国際化・グローバル化の進展により，世界の国・地域が相互交流する機会が増えている．このため，日本や世界の諸事象を位置や空間的な広がりとの関わりで捉え，環境条件や人間の営みと関連付けて考察する地理教育において，異なる文化を継承している人々の行動様式や価値観を理解し，尊重する国際理解や，地球規模で表出する課題の解決に向けた国際協力の在り方を取り上げ，考察することが求められるようになった．また，情報化の進展により，社会的事象が複雑に絡み合っている世界の現状について，確かな情報を見極め，多様な情報リソースを活用して分析し，情報を再構成する力の育成が求められている．

　地理教育は，身近な地域や日本・世界の諸地域の地域的特色を捉える地誌的学習，世界の空間的な諸事象の規則性・傾向性を捉える系統地理的学習，現代世界の諸課題などの主題を設定して地理的に探究する主題的学習がある．中央教育審議会答申（2016）において，共通必履修科目として設定された地理総合（2単位）は，持続可能な社会づくりを目指し，環境条件と人間の営みとの関わりに着目して現代の地理的な諸課題を考察する科目，グローバルな視座から国際理解や国際協力の在り方を，地域的な視座から防災などの諸課題への対応を考察する科目，地図や地理情報システム（Geographic Information System :GIS）などを用いることで，汎用的で実践的な地理的技能を習得する科目とされた[*1]．地理総合では，地図やGISなどを活用して，情報を収集し，読み取り，まとめる基礎的・基本的な技能を身に付けた上で，持続可能な社会づくりを意識し，地球的，地域的課題を意欲的に探究する主題的学習を行うようになっている．

　地理総合の目標は，柱書と資質・能力である（1）知識及び技能，（2）思考力，判断力，表現力等，（3）学びに向かう力，人間性等から構成されている．

*1　中央教育審議会答申（2016）では，高等学校地理歴史科に共通必修科目である地理総合（2単位）と，その発展として選択科目である地理探究（3単位）が位置付けられた．地理総合の設定により，1960年の高等学校学習指導要領の地理Aと地理Bの選択制以来となる地理科目の必履修化が実現した．

社会的事象の地理的な見方・考え方を働かせ,課題を追究したり解決したりする活動を通して,広い視野に立ち,グローバル化する国際社会に主体的に生きる平和で民主的な国家及び社会の有為な形成者に必要な公民としての資質・能力を次のとおり育成することを目指す[*2].
(1) 地理に関わる諸事象に関して,世界の生活文化の多様性や,防災,地域や地球的課題への取組などを理解するとともに,地図や地理情報システムなどを用いて,調査や諸資料から地理に関する様々な情報を適切かつ効果的に調べまとめる技能を身に付けるようにする.
(2) 地理に関わる事象の意味や意義,特色や相互の関連を,位置や分布,場所,人間と自然環境との相互依存関係,空間的相互依存作用,地域などに着目して,概念などを活用して多面的・多角的に考察したり,地理的な課題の解決に向けて構想したりする力や,考察,構想したことを効果的に説明したり,それらを基に議論したりする力を養う.
(3) 地理に関わる諸事象について,よりよい社会の実現を視野にそこで見られる課題を主体的に追究,解決しようとする態度を養うとともに,多面的・多角的な考察や深い理解を通して涵養される日本国民としての自覚,我が国の国土に対する愛情,世界の諸地域の多様な生活文化を尊重しようとすることの大切さについての自覚などを深める.

柱書の「グローバル化する国際社会に主体的に生きる平和で民主的な国家及び社会の有為な形成者に必要な公民としての資質・能力を…育成する」の部分は,学びに向かう力,人間性等と関わる.地理的な見方・考え方を働かせて,世界の大小様々な地域規模で表出し,その持続性が脅かされている課題を自らの問題として捉え,背景を思考し,解決に向けて判断し,行動につなげるという,未来を選択する主体である主権者に求められる力の育成が明確に示されている[*3].

知識・技能では,世界の人々の生活文化の多様性や変容の要因を考察したり,地球的課題の現状や要因について地域性を踏まえて考察することで国際理解の重要性や国際協力や地域の取組の必要性を捉え,生活文化や地球的,地域的課題を空間的に分析するために,地図やGISを用いて情報を収集し,情報を読み取り,情報をまとめる汎用的な技能を習得することが示されている.

思考力,判断力,表現力等では,地理教育国際憲章(1992)において地理学研究の中心概念として紹介されていた位置や分布,場所,人間と自然環境との相互依存関係,空間的相互依存作用,地域の五つの地理的概念が示された.また,地理的な見方・考え方を働かせて,「地理に関わる事象の意味や意義,特色や相互の関連を,概念などを活用して多面的・多角的に考察する力」(思考力)や「地理的な課題を把握して,解決に向けて学習したことを基に複数の立場や意見を踏まえて構想できる力」(判断力)を育成することが示されている.これらを踏まえて「考察・構想したことを表現する力」(表現力)を育成することになる.

学びに向かう力,人間性等では,思考力,判断力,表現力等と関わり,よりよい社会の実現に向けて,主権者として世界に表出している課題を主体的に解決したり,多様な生活文化を尊重しようとする態度を育成することが示されている.

（2）地理的な見方・考え方を働かせた地理 ESD 授業

　現代世界は，国際交流による文化摩擦や大量生産・大量消費・大量廃棄に象徴される経済開発により良好な生活環境の存続が難しくなってきている．このため，人間の生活が未来も維持できるかという持続可能性（sustainability）の概念が登場し，持続可能な社会の構築を目指し，持続可能性の視点から現代世界の諸課題への対応を考え，持続可能な社会づくりに向けて人々の生活の意識や価値観や態度を変革していくための教育（Education for Sustainable Development: ESD）が世界的に推進されるようになった[*4]．

　わが国における「国連持続可能な開発のための教育の 10 年」実施計画（2006）では，ESD の目標を「環境，経済，社会の面において持続可能な将来が実現できるような行動の変革をもたらすこと」とし，単に知識の伝達にとどまらず探求や実践を重視する参加型アプローチや問題解決能力を育成する学習プロセスを踏むことが強調された．また，人間の尊重・多様性の尊重・非排他性・機会均等・環境の尊重等の持続可能な開発に関する価値観や，地球的視野で考え，様々な課題を自らの問題として捉え，身近なところから取り組む（think globally, act locally）態度の育成が示された．ESD は，持続可能な社会づくりの担い手となるために価値と態度を育成することが重視されている．

　地理教育国際憲章（1992）では，地理的理解や問題解決過程としての地理的技能とともに態度・価値形成を目指すことが示され，これを受けた持続可能な開発のための地理教育に関するルツェルン宣言（2007）では，国連 ESD の 10 年で示された行動テーマのほとんどが地理的であり，世界中の地理教育に ESD を盛り込んでいくことが示された（表 10-1）．このように，ESD としての地理教育を推進することは世界の潮流となっている．

　日本では，2009 年の高等学校学習指導要領の地理科目に「持続可能な社会」の用語が登場するなど，ESD の視点が盛り込まれた．2018 年の高等学校の学習指導要領に位置付けられた地理総合は，地理的な見方・考え方を働かせて思考・判断する持続可能な社会づくりに求められる地理科目として示された．

*4　ESD の訳語は様々あり，持続可能な発展のための教育や持続発展教育と示されることもあったが，持続可能な開発のための教育に統一されるようになった．

表 10-1　ESD の 3 大領域及び 15 重点分野

（1）　社会・文化領域
① 人権　② 平和と人間の安全保障　③ 男女平等　④ 文化の多様性と異文化理解
⑤ 健康（保健・衛生意識の向上）　⑥ エイズ予防　⑦ 統治能力
（2）　環境領域
⑧ 自然資源（水，エネルギー，農業，生物多様性）　⑨ 気候変動　⑩ 農村構造改革
⑪ 持続可能な都市化　⑫ 災害防止と被害軽減
（3）　経済領域
⑬ 貧困削減　⑭ 企業責任と説明義務　⑮ 市場経済の再考

枠は主に地理教育に関わる分野．UNESCO, *United Nations Decade of Education for Sustainable Development（2005-2014）:Draft International Implementation Scheme*, 2004, pp. 17-20 より作成．

*5　高等学校学習指導要領解説地理歴史編(2010)では，地理的な見方とは，「日本や世界にみられる諸事象を位置や空間的な広がりとのかかわりで地理的事象として見いだすこと」，地理的な考え方とは，「それらの事象を地域という枠組みの中で考察すること」と示され，地理的な見方から地理的事象として捉え，地理的な考え方から地理的事象を分析していくという簡略な探究のプロセスが意識されていた.

社会的事象に対する地理特有のアプローチが地理的な見方・考え方である[*5]. 中央教育審議会答申 (2016) において，社会的事象の地理的な見方・考え方は「社会的事象を 位置や空間的な広がりに着目して捉え 地域の環境条件や地域間の結び付きなどの地域という枠組の中で，人間の営みと関連付けて」と示された. また，地理的な見方・考え方を地理独自の視点や方法であるとし，視点例として，位置や分布，場所，人間と自然環境との相互依存関係，空間的相互依存作用，地域を挙げている. 地理学の分析手法であるスケールや比較・対照を方法と捉えれば，地理的見方・考え方をイメージしやすい.

地理的な見方・考え方を働かせて思考・判断・表現することは，課題把握→課題追究→課題解決という探究のプロセスを踏むことになる. 課題把握過程で地理的な見方・考え方を働かせて社会的事象を地理的事象として捉え，追究の見通しを持つ. 課題追究過程で地理的な見方・考え方を働かせて，地理的事象の意味や意義，特色や相互の関連を考察する事実判断とともに，社会に見られる課題の解決に向けて構想する価値判断・意思決定を行い，考察したことや構想したことを説明したり，議論したりする. 課題解決過程で考察や構想の結果をまとめる. 思考力は社会のしくみを捉える追究を行い，判断力は社会を構築するための対応を考え，表現力は社会のしくみや課題の解決に向けた提案を発信することで育成される[*6].

*6　中央教育審議会答申 (2016) において，思考力は「社会的な見方・考え方」を用いて，社会的事象等の意味や意義，特色や相互の関連を考察する力，判断力は「社会的な見方・考え方」を用いて，社会に見られる課題を把握し，その解決に向けて構想する力と示された.

ESD の究極目標である行動の変革を促すことは地理認識を踏まえた社会参加と関わる. 社会参加は一般的には社会的課題の解決のために社会で実際に行動する直接参加を示す. 教科学習では，社会的課題の解決に向けて思考・判断する思考による社会参加という考え方がある. 思考による社会参加により，学習者の実社会における直接参加が促される. また，思考・判断したことの表現として社会に発信することは社会全体の動きを変革する可能性を秘めている. 地理教育では，空間スケールを意識して捉えた現代世界の諸課題について，空間的思考により分析し，諸課題への対応策を判断するような思考による社会参加により，行動の変革を促し，公民としての資質・能力を育成することになる. 地理総合と ESD の理念や方法は合致している.

持続可能な社会づくりに求められる必履修科目である地理総合では，学習者が主体的に思考・判断・表現するような思考による社会参加を重視し，持続可能性の視点から地理的な見方・考え方を働かせ，様々なスケールの地域の諸課題の現状を捉え，その要因の思考し，解決に向けた対応策や社会貢献策などの判断を行うプロセスである地理的探究により，地域にみられる課題の解決に向けて考察・構想したりする力の育成が求められている. 換言すれば，地理総合では思考による社会参加により学習者の直接的な社会参加を促すような地理 ESD 授業が目指される.

2. 地理総合のカリキュラムと内容構成の課題

(1) Think globally, act locally を目指したカリキュラム

平成元年版学習指導要領において設定された地理A（2単位）は，異文化理解と地球的課題を取り上げる主題的学習が行われるようになっていた．その後継である地理総合は，地理的な見方・考え方を働かせた空間的思考力の育成につながる地図やGISの活用を促し，自然と社会・経済システムの調和を図った世界の多様な生活文化を理解し，地球的課題の解決に向けた国際協力の在り方を視野に入れ，自然環境と自然災害との関わりや防災対策，地域調査を取り入れて生活圏の将来に向けた社会づくりを考察する主題的学習を行うようになっている[*7]．

地理総合は，大項目「地図や地理情報システムで捉える現代社会」で，現代世界の地域構成や地図や地理情報システムの活用の仕方を捉え，大項目「国際理解と国際協力」で，異文化理解と地球的課題から構成される現代世界の諸課題についてグローバルな視座から解決に向けて考察し，大項目「持続可能な地域づくりと私たち」で，防災や地域に見られる課題を主にローカルな視座から考察し，構想する．位置や分布，場所を基本として，人間と自然環境との相互依存関係，空間的相互依存作用，地域を繰り返し位置付け，経済・社会システムや自然システムを捉え，持続可能な社会づくりから地域レベルの異なる課題の解決に向けて考

*7　地理総合は，五つの中項目から構成され，それぞれに主に活用する地理的概念である「位置や分布，場所，人間と自然環境との相互依存関係，空間的相互依存作用，地域」が位置付けられている．

表10-2　ESDとして地理的な見方・考え方を働かせた地理総合のカリキュラム構造

大項目	地図や地理情報システムで捉える現代世界	国際理解と国際協力（グローバル）		持続可能な地域づくりと私たち（主にローカル）	
中項目	地図や地理情報システムと現代世界	生活文化の多様性と国際理解	地球的課題と国際協力	自然環境と防災	生活圏の調査と地域の展望
地理的概念	・位置や分布	・場所 ・人間と自然環境との相互依存関係	・空間的相互依存作用 ・地域	・人間と自然環境との相互依存関係 ・地域	・空間的相互依存作用 ・地域
思考力，判断力，表現力等に関わる記述	現代世界の地域構成について，位置や範囲などに着目して，…国内や国家間の結び付きなどを…考察し，表現する　地図や地理情報システムについて，…縮尺などに着目して，…活用の仕方などを考察し，表現する	世界の人々の生活文化について，…自然及び社会的条件との関わりなどに着目して…多様性や変容の要因などを考察し，表現する	世界各地で見られる…地球的課題について，…持続可能な社会づくりなどに着目して，…現状や要因，解決の方向性などを…考察し，表現する	地域性を踏まえた防災について，…持続可能な社会づくりなどに着目して，…自然災害への備えや対応などを…考察し，表現する	生活圏の地理的な課題について，…持続可能な社会づくりなどに着目して，…課題解決に求められる取組などを考察，構想し，表現する
思考・判断	（地理的技能）	思考	思考（判断）	思考（判断）	思考・判断

文部科学省『高等学校学習指導要領解説地理歴史編』2019年の記述を基に思考・判断の枠を加えて表として作成．枠は思考・判断に対応する考察と構想，波線は持続可能性と関わる表現を示す．

察・構想する Think globally, act locally のカリキュラムとなっている（表 10-2）．

　大項目「地図や地理情報システムで捉える現代社会」では，以降の学習の基盤となる中項目「地図や地理情報システムと現代世界」が設定されている．主に位置や分布の視点から，現代世界の地域構成を概観し，地図や GIS などを活用して，読図や作図などの作業的で具体的な体験を伴う学習活動を行うことで，地理的事象について，その要因や解決策を考察するために空間的関係から捉え，空間的思考が必要であることを体感するようになっている．また，コンピュータの使用により地図上で可視化して，情報の空間パターンや傾向をわかりやすく示すことが可能な GIS の特質を捉え，地図や GIS の活用の仕方などを考察し，表現することが意図されている．ここで習得した地理的技能が他の大項目で生かされる．

　大項目「国際理解と国際協力」の中項目「生活文化の多様性と国際理解」では，世界の人々の生活文化について，主に場所や人間と自然環境との相互依存関係の視点から，多様性や変容の要因を考察し，表現する学習活動を行うことで，自他の文化の尊重をねらいとする双方向からの国際理解の大切さを捉えるようになっている．世界には様々な考え方や価値観が存在することを前提として，中項目「地球的課題と国際協力」では，世界各地で表出する地球的課題について，空間的相互依存作用や地域，持続可能性の視点から現状や要因について地域性を踏まえて考察した上で，その解決の方向性について考察することで思考し，表現することで国際協力の大切さを捉えるようになっている．また，発展的学習として，取り上げた地球的課題の解決策を提案するという判断が示されている．

　大項目「持続可能な地域づくりと私たち」の中項目「自然環境と防災」では，我が国をはじめとする世界や学習者の生活圏における自然災害と防災について，人間と自然環境との相互依存関係，地域，持続可能性の視点から，自然災害を引き起こす要因である自然現象と社会的な脆弱性との関係や，自然災害への備えや対応を考察することにより思考し，表現することで，地域の防災の在り方を考察することの重要性を理解するようになっている．自然災害の備えや対応の考察は，自助，共助，公助の在り方について実質的に構想による判断をしていることになる．最後に位置付けられた中項目「生活圏の調査と地域の展望」では，地理的な課題の解決に向けた取組や探究する手法などを捉えるばかりでなく，学習者との関わりから，生活圏で解決しなければならないテーマを設定し，空間的相互依存作用や地域，持続可能性の視点から，その課題の要因や解決策を考察するという思考の上で，議論などにより地域の展望を構想するという判断を表現することで，思考による社会参加を行い，主権者として地域社会の形成に参画するような学習者の行動の変革を促すようになっている．この中項目は，考察，構想が明確に位置付いた地理 ESD 授業の集大成となっている．

　地理総合の各中項目で，どのような地理的概念が位置付き，考察と構想のどちらを目指しているのかに着目して，授業づくりを行うことが大切である．

（2）ESD としての内容構成の課題

a. ESD としての国際理解

　表 10-1 の ESD の重点分野である「文化の多様性と異文化理解」に該当するものが，地理総合の中項目「生活文化の多様性と国際理解」である．地理 A においても中項目「世界の生活・文化の多様性」が設定されていた．

　地理 A の「生活・文化」から，地理総合では「生活文化」へと表記が変わった．2010 年の高等学校学習指導要領解説地理歴史編では，地理 A の「生活・文化」について，「衣食住を中心とした生活様式だけでなく，生産様式にかかわる内容も含み，広く人間の諸活動から生み出されるものを意味している」と示されており，中項目「世界の生活・文化の多様性」では，事例として取り上げた生活・文化の特色と日本との共通性や異質性に着目させ，異文化を適切に理解することの意義や尊重することの重要性を考察する主題的学習が意図されていた．しかし，生活・文化を拡大解釈すると，自然環境や社会環境から影響を受けた生活様式と生産様式が含まれることになる．地理 A では，世界の諸地域全体をカバーして，それぞれの地域の自然環境と生活様式には触れるが，主に産業を中心とした生産様式を取り上げるような地誌的学習がなされてきた．

　2019 年の高等学校学習指導要領解説地理歴史編では，地理総合の「生活文化」について，「衣食住を中心とする世界の人々の暮らしや，そこから生み出される慣習や規範，宗教などの主に生活様式に関わる事柄を意味している」と明示され，地誌的学習の側面が強い中学校社会科地理的分野の州ごとの世界の諸地域学習の繰り返しとならないように留意することが強調されている．

　思考力，判断力，表現力等で，「世界の人々の生活文化について，その生活文化が見られる場所の特徴や自然及び社会的条件との関わりなどに着目して，主題を設定し，多様性や変容の要因などを多面的・多角的に考察し，表現すること」，内容の取扱いで，「生活と宗教の関わりなどについて取り上げるとともに，日本との共通点や相違点に着目し，多様な習慣や価値観などをもっている人々と共存していくことの意義に気付くよう工夫する」と示されている．

　世界の諸地域には自然環境や社会環境を背景とした多様な生活文化が存在することを認識するだけでは，異文化の尊重や多文化共生への態度の育成までつながらない．ESD としての異文化理解として，異文化を尊重し，多文化共生につなげるためには，目に見える衣・食・住等の表層文化の多様性を捉えさせるばかりでなく，目に見えない深層文化である人々の価値観を多様な習慣を通して考察させる必要がある．日本との共通性や異質性に着目させ，異質性の背景を考察させることで，異文化を適切に理解する意義に気づき，異文化の尊重につながる．また，異なる習慣や価値観をもつ人々の間で相互理解の不足による文化摩擦を取り上げ，多文化共生に向けて文化摩擦の背景を思考し，どのように対応していくのかを判断するような，多様な文化を考察・構想する地理 ESD 授業を行いたい．

b. ESD としての国際協力

　表 10-1 の ESD の環境領域の重点分野に該当するものが, 地理総合の中項目「地球的課題と国際協力」である. 思考力, 判断力, 表現力等で,「世界各地で見られる地球環境問題, 資源・エネルギー問題, 人口・食料問題及び居住・都市問題などの地球的課題について, 地域の結び付きや持続可能な社会づくりなどに着目して, 主題を設定し, 現状や要因, 解決の方向性などを多面的・多角的に考察し, 表現すること」と示され, 地域性を踏まえて捉えることで問題の所在や解決の方向性がより明確になる課題を取り上げて思考するようになっている.

　地理 A の中項目「地球的課題の地理的考察」では, 地球的課題の現状や要因, 各国の取組や国際協力が必要であることを捉えるようになっていた. 地理総合では, 現状を踏まえて要因を考察し, それを基に解決の方向性を考察するという思考の過程が重視されている. また, 発展的学習として, 取り上げた地球的課題に対して,「今後各国や世界でどのような取組が必要だろうか」などの問いから解決策を構想させることができる. 地球的課題の要因を思考し, 複数の立場や意見があることに留意して, 解決に向けた国際協力を判断することで, 地球的課題を考察・構想する地理 ESD 授業を行いたい.

c. 地図や GIS の活用

　地理総合では地図や GIS の活用が示された. 地理 ESD 授業として, グローバルな視点から国際理解や国際協力を考察し, 主にローカルな視点から地域の防災や地域調査を踏まえた地域の展望を考察・構想するために必要な地理的技能である.

　地理総合では, 特に中項目「生活圏の調査と地域の展望」において, 地図や GIS を活用して, 事前調査や現地調査により, 情報を収集する, 情報を読み取る, 情報をまとめることを通して, 生活圏の課題を空間的に捉え, 課題の背景を空間的に思考し, 今後の地域の在り方を判断することで, 多面的・多角的に考察・構想する地理 ESD 授業が期待されている. 生活圏の課題について思考による社会参加を行うことで主権者として直接的な社会参加を促すことになる[*8].

　GIS では, コンピュータを用いて, 地図情報を基盤として地理情報を重ね合わせ, 情報の関係性や傾向をわかりやすく表示することができる. 地理的事象を発見・分析・考察するすべての過程で GIS を活用し表現することは, 教員と学習者の両者に負担となる. 地形図を他地域や時間軸で比較したり, 手書きで地理情報を書き込むなど, 紙地図との併用を考えていきたい. 情報を収集したり, まとめる際には, 国土地理院の地理院地図や地域経済分析システム (RESAS) など, 既存の GIS のデータを活用することも考えられる. これらはデータを追加するなど簡単な加工も可能である. 地理情報から主題図を作成し, 分析・考察することで空間的思考力を育成することが大切である.

*8　持続可能な社会づくりに向けて地域を構想するための地理的技能として GIS の活用が求められる. 特に, 地域や日本の在り方を構想する地理総合の中項目「生活圏の調査と地域の展望」や地理探究の「持続可能な国土像の探究」において, 持続可能性を意識して地理的概念の視点を駆使し, 地域や日本の様子, それらの課題を捉え, その解決に向けて具体的に構想を提案していくことが求められる.

3. 地理総合の学習指導計画・評価

（1）地球環境問題を捉え国際協力を考える地理 ESD 授業

a. 地球的課題の ESD としての地理的探究

　ESD としての地理的探究は，持続可能性と地理的な見方・考え方を働かせて，地理的事象として見いだした課題に対して，その要因を思考し，解決に向けた判断を行う．具体的には，どこにどのような課題が広がっているのかという地理的事象の問題発見を基に，なぜそこにそのような課題が表出しているのかという原因究明やどのような影響がありどのように変化してきたのかという現状分析の活動の地理認識のプロセスと，未来を見据えた解決に向けてこうなるのはよいか，どうしらたよいか，どう変えるべきかという価値判断，意思決定，社会形成の活動の社会参加のプロセスから構成される（表 10-3）．

表 10-3　地理認識と社会参加のプロセスによる ESD としての地理的探究

過程		思考・判断の問いと対応する主な「地理的概念」		活動
地理認識	事象	どのような課題があるのか	「場所」	問題発見
		どこに課題が広がっているのか	「位置や分布」	
	思考（考察）	なぜそこに課題があるのか	「人間と自然環境との相互依存関係」	原因究明
		どのような影響があるのか	「空間的相互依存作用」	現状分析
		どのように変化してきたか	「地域」	
社会参加	判断（構想）	持続可能性から問題の解決に向けてこうなるのはよいか	「地域」	価値判断
		持続可能性から問題の解決に向けてどうしたらよいか	「地域」	意思決定
		持続可能性から問題の解決に向けてどう変えるべきか	「地域」	社会形成

永田成文「『地理総合』－ポイントはここだ：現代世界の諸課題の解決に向けて考察・構想する地理 ESD 授業」原田智仁編『平成 30 年版　学習指導要領改訂のポイント　高等学校地理歴史・公民』2019 年，p. 23 で示した地理認識と社会参加のプロセスに ESD と地理的概念の視点を加味して作成．

b. 小単元「地球温暖化への国際協力を考える―京都議定書からパリ協定へ―」

　地理認識と社会参加のプロセスによる ESD としての地理的探究に基づいて，地理総合の中項目「地球的課題と国際協力」において，地球温暖化をテーマとして単元を構想したものが，小単元「地球温暖化への国際協力を考える―京都議定書からパリ協定へ―」（8h）である．

　単元目標は，次の通りである．

《認識目標》

　国際的な地球温暖化政策である京都議定書とそれを踏まえたパリ協定の意義と課題をつかみ，地球温暖化問題を解決していくためには地域の立場を認め合い，持続可能性に向けた合意形成の取り組みが必要であることを理解する．

《資質目標》

　地球温暖化問題の解決策であるパリ協定の実行を討論や結果の予測を通して判断し，持続可能な社会を構築するためにパリ協定の内容を改善することにより，地球市民としての自覚と行動を変革する意識を高める．

「地球温暖化への国際協力を考える―京都議定書からパリ協定へ―」の授業展開

学習過程		主な発問と指示	学習活動	認識と資質《ESD/見方・考え方》	資 料
課題【問題発見】	1. 地球環境問題（1時間）	○地球環境問題はどのようなものがあるでしょうか. ○地球環境問題を空間と時間から分類しましょう. ○解決が望まれる切実な地球環境問題は何でしょうか.	○図から地球環境問題の広がりを確認する. ○図から空間軸と時間軸を基に確認する. ○地球規模で影響する深刻な問題を考える.	○熱帯林破壊・砂漠化・酸性雨・地球温暖化等がある.《位置や分布》 ○国，大陸，地球規模や数年，数十年，数百年の問題がある.《スケール》 ○地球温暖化は将来に向けて深刻な問題となる地球規模の環境問題である.	図：世界の主な環境問題 図：地球環境問題の空間軸と時間軸
【現状分析】	2. 地球温暖化問題（1時間）	○100年でどのくらい気温が上昇したと思いますか. ○地球温暖化の問題は何でしょうか. ○最も深刻な被害を受けるところはどこでしょうか.	○100年間の気温上昇を予想し，図で確認する. ○図から影響を確認する. ○被害の深刻な場所を考え，写真で確認する.	○1900年から2000年にかけ，世界は約0.7℃，日本は約1.2℃度上昇した. ○海面上昇，食料生産の変化等が発生する. ○海面上昇により，低い土地や珊瑚礁の島は住めなくなる.《場所》	図：世界と日本の気温の変化 図：地球温暖化の影響 写：珊瑚礁の島ツバル
【原因究明】	3. 地球温暖化の要因（1時間）	○なぜ地球温暖化が続くのでしょうか. ○自分の立てた仮説を検証する資料を考え，仮説を検証しましょう. ○仮説を全体で吟味し，仮説の結論を導きましょう.	○仮説をワークシートに書く. ○図から自分の仮説の位置を確かめ，資料から検証する. ○代表事例の検証結果から結論を考える.	○温室効果ガス増加（因）から気温上昇（果），産業革命以降の工業化（因）からCO_2排出増加（果）等を検証する.《人間と自然環境との相互依存関係》 ○化石燃料使用等により温室効果ガスが激増し，温暖化が深刻化している.	作：ワークシート 図：学習問題の仮説の構造図
解決策【価値判断】	4. 地球温暖化の対策への評価（1時間）	○どのような国や地域のCO_2排出が多いでしょうか. ○大気中のCO_2削減に向けてどうすればよいでしょうか. ○CO_2排出量に応じて削減義務を負うべきでしょうか.	○図からCO_2排出国や地域を確認する. ○CO_2削減方法をワークシートに書き，話し合う. ○CO_2削減負担の考えを，ワークシートに書く.	○総排出量は人口大国，1人当たり排出量は資源大量消費型の先進国が多いが，途上国の総排出量も急増している.《地域》 ○再生可能エネルギー推進や節電等のCO_2排出削減と植林や深海注入等のCO_2の除去方法がある. ○単に排出量だけでなく，経済発展段階や貿易関係を踏まえる必要がある.《空間的相互依存作用》	図：世界のCO_2排出量 作：ワークシート 作：ワークシート
	5. 京都議定書とパリ協定の価値的判断（1時間）	○国際的な取り決めである京都議定書とパリ協定の違いは何でしょうか. ○なぜ京都議定書は対立が生じていたのでしょうか. ○パリ協定でCO_2排出量の削減ができると思いますか.	○目標・期間，対象国と義務，支援，国際取引を表にまとめる. ○図を参考に京都議定書の対立の背景を考える. ○京都議定書と比較して，ワークシートに書く.	○京都議定書（1997）は先進国の義務と責任を示し，パリ協定（2015）は各国が自主的に目標を設定する. ○先進国の環境保全と発展途上国の経済発展の価値観が対立した.《地域》 ○世界各国が努力目標を設定するが拘束力なしから判断する.《持続可能性》	表：京都議定書とパリ協定の取り決め 図：京都議定書の批准国・脱退国 作：ワークシート

学習過程	主な学習活動	指導上の留意点	学習内容・認識と資質	資料
	6.パリ協定の討論による実効性の吟味（1時間）	○先進国・発展途上国・後発発展途上国を班で担当し、未来の炭素排出を話し合いましょう。 ○各班の提案をクラス全体に発表し、他班は意見を述べましょう。	○炭素排出量のピークとする年（2016-2100） ○炭素排出量を減らし始める年（2016-2100） ○毎年何％減らすか（0-3.5%）《持続可能性》 ○森林伐採や植林の実行《空間的相互依存作用》 ○財政的な貢献や支援の程度《地域》 ○三つの国群を担当した班の主張を吟味する。	○三つのグループのそれぞれの立場の提案から持続可能となるかを判断する。《比較・対照》	資：パリ協定に基づく三つの国群の人口・GDP・炭素排出等
【意思決定】	7.パリ協定の討論・結果の予測を通した実践的判断（1時間）	○各班提案による炭素排出量削減効果を確認しましょう。 ○各班の提案の効果による海面上昇を確認しましょう。 ○各班で炭素排出について再度話し合い、全体に提案しましょう。	○ソフトで炭素排出量と濃度の変化を確かめる。 ○GISを使って世界や日本で浸水する地域を確認する。 ○結果予測から炭素排出の在り方をワークシートに書く。	○各班提案の温室効果ガスの削減は可能かを判断する。《持続可能性》 ○浸水地域を地図上で確認し、自主的取り組みで海面上昇を防げるのかを判断する。《持続可能性》 ○地球温暖化を深刻化させないためには、各立場で寄り添う必要がある。《持続可能性》	ソ：気候シミュレーション G：海面上昇シミュレーション 作：ワークシート
【社会形成】	8.新たな国際的温暖化政策の提案（1時間）	○パリ協定が持続可能となるために何が必要でしょうか。 ○パリ協定の方策を各班で立案しましょう。《地域》 ○各班の発表を聞き、立案した方策を吟味しましょう。 ○地球市民として、地域でどのように行動しますか。	○現状のパリ協定の問題点を基に考える。 ○ワークシートにそれぞれの立場から書く。 ○各立場からの提案を聞き、意見を述べ合う。 ○ワークシートにの地域での行動を書く。	○自主的な取り組みなので、公平感やある程度の強制力が必要である。 ○COPに参加と仮定する。《持続可能性》《空間的相互依存作用》《地域》 ○対立や不公平感を調整する。《持続可能性》《空間的相互依存作用》《地域》 ○地球市民の行動を考える。《スケール》《持続可能性》《地域》	作：ワークシート 作：ワークシート

永田成文「地域の枠組みから持続可能な社会の構築を目指す地理授業」全国社会科教育学会・社会系教科教育学会合同研究大会シンポジウム資料，2016年10月8日を一部修正．学習過程の【　】は地理的探究，認識と資質の《　》はESDや地理学の概念や手法，資料の作は作業，資は資料全般，写は写真，GはGIS，ソはソフト，図はグラフ等，地は地図や主題図，表は統計等を示す．

c. 小単元の評価

　本小単元では，地理的な見方・考え方を働かせて地球温暖化を地理的事象として捉え，その要因を考察し，解決の方向性を捉えた上で，国際協力であるパリ協定を評価し，先進国・発展途上国・後発発展途上国の各立場からクラス全体で討論することにより，パリ協定の実効性を吟味し，気候シミュレーションやGISの海面上昇シミュレーションにより，結果の予測を通した意思決定やパリ協定の内容を改善するという解決に向けた対応を構想している．本小単元は地域の枠組みから持続可能な社会の構築を目指す地理ESD授業となっている．

(2) 地域の課題を捉え地域の展望を考える地理 ESD 授業

a. 生活圏の課題の ESD としての地理的探究

　地理的な見方・考え方を働かせ，課題把握→課題追究→課題解決という学習プロセスを学習者が主体的に行うものが地理特有の手法である地域調査である．持続可能な社会づくりに向けて，地理的見方・考え方と地理的技能を駆使する地域調査を基に地域の在り方を構想する中項目が地理総合の集大成として位置付けられる「生活圏の調査と地域の展望」である．

　泉（2014）は，地理教育において社会参加に向けて必要とされる能力（地域を構造的にとらえる能力→地域に潜む問題を発見する能力→問題の背景・要因を追究する能力→望ましい解決策を考える能力→地域の将来像への提案能力→より良い地域づくりに向けての社会参画能力）を基に，社会参加を意識した地域調査の授業実践を行い，より社会参加を視野に入れた授業プランを提案した．

b. 小単元「フィールドへのいざない」

　地域の諸課題を発見し，その解決や将来展望を考えることを目標とし，社会参加に向けて必要とされる能力を地域調査に基づいて育成しようとした授業実践（10h）とより社会参加を視野に入れた参加型・協働型授業プラン（16h）から構成されるものが，小単元「フィールドへのいざない」である．前半（10h）は松戸市にある学校周辺地域が抱えている諸課題を発見し，課題解決や地域の将来展望のきっかけをつかみ，後半（16h）は地域問題の解決，地域政策への提言を行う．

「フィールドへのいざない」の授業展開

学習過程		主な学習活動と学習内容	認識と資質《ESD/ 見方・考え方》	資　料
フィールドワークと地形図の読み取りによる地域の把握	1. 学校周辺を歩いてみよう（5 時間）	○地図記号から定めた色で地図上に着色し，土地利用図を作成する．	○学校周辺地域を大まかに把握する．《場所》《スケール》	地：2500 分の 1 松戸市都市計画図（2006）
		○学校周辺の三つのルートを歩く． ○ルートをその都度地図で確認し，ルートマップを作成する． ○指定観察ポイントで，地理的諸事象の存在理由や成因を考察する．	○地理的諸事象を観察する． ○地理的諸事象間の位置関係を把握する．《位置や分布》 ○地理的条件や歴史的背景を関連付ける．《場所》	
		○授業者の説明を手がかりに学校周辺の地理的諸事象を互いに結び付け，地域の抱える諸課題に気付く． ○フィールドワークを振り返り，自己のコメントをまとめる．	○学校周辺地域の理解を深め，住宅開発，自然災害，高齢化などの課題を捉える．《場所》 ○学校周辺の現状や地理的特性を捉える．《場所》《スケール》	作：ワークシート
	2. 学校周辺の地形図を読み取ろう(1)（1 時間）	○地形図を読み取り，学校と駅との距離を計測し，通学路を辿る． ○地形図を読み取り，学校周辺の海抜高度を求め，地名や各種施設を確認し，松戸市の特徴を考察する． ○松戸市の地形図学習を振り返り，自己のコメントをまとめる．	○方位や距離，位置関係を把握する．《位置や分布》 ○地形の特徴を確認し，地名や各種施設と地理的条件や歴史的背景を関連付ける．《場所》 ○松戸市の現状や地理的特性を捉える．《地域》	地：国土地理院発行25,000分の 1 地形図「松戸」（2005） 作：ワークシート

	3. 学校周辺の地形図を読み取ろう(2)（2時間）	○地形図より戦後直後の松戸市の土地利用の状況を考察する． ○地形図の等高線を辿ることで，松戸市の地形の特徴について考察する． ○地形図より地名や集落形態，市街地の分布，土地利用を読み取り，当時の地理的特性を考察する． ○地形図より地形の特徴や河川の流れを読み取り，当時の開発の状況や自然災害の特性を考察する． ○松戸市の地形図学習を振り返り，自己のコメントをまとめる．	○戦後直後の様子を現在と比較し概観する．《比較・対照》 ○戦後直後と現在の松戸市の地形の特徴を比較する．《場所》 ○地理的特性を自然と社会環境を関連付けて捉える．《人間と自然環境との相互依存関係》 ○戦後直後の自然環境による災害への対応を捉える．《人間と自然環境との相互依存関係》 ○戦後直後の社会的状況や地理的特性を捉える．《地域》	地：地理調査書発行2万5千分の1地形図「松戸」(1947) 地：地形図「松戸」(2005) 作：ワークシート
	4. 学校周辺の地形図を読み取ろう(3)（2時間）	○地図記号から定めた色で地図上に着色し，高度経済成長期の松戸市の土地利用を考察する． ○地名や集落形態，市街地の分布を読み取り，高度経済成長期の松戸市について考察する． ○地形図より高度経済成長期の松戸市内の象徴的な地名や各種施設の立地の理由について考察する． ○松戸市の地形図学習を振り返り，自己のコメントをまとめる．	○高度経済成長期の松戸市の様子を戦後と現在で比較し概観する．《場所》《比較・対照》 ○高度経済成長期の松戸市の地理的特性を捉える．《人間と自然環境との相互依存関係》 ○地理的特性を地理的条件や歴史的背景から捉える．《人間と自然環境との相互依存関係》 ○高度経済成長期の状況や地理的特性を捉える．《地域》	地：国土地理院発行25,000分の1地形図「松戸」(1967) 地：地形図「松戸」(2005) 地：地形図「松戸」(1947) 作：ワークシート
地域の構造的把握	5. 松戸市について様々な側面から調査しよう（4時間）	○グループの指定テーマの資料を図書館やインターネットで収集し，読み取って議論する． ○グループのテーマのポイントを整理し，ポスターにまとめる． ○ポスター掲示をもとに，グループごとに発表し，クラス全体で質疑・応答する． ○松戸市の概要について自己の見解をまとめる．	○地形，気候，歴史，人口，生活・文化，産業，結び付きを知る．《地域》《スケール》 ○資料の読み取りや議論したことをまとめる．《地域》 ○松戸市の概要について，様々な側面から理解する．《地域》 ○松戸市について総合的に捉える．《地域》	資：市史，県史，市勢要覧などの関連文献やインターネット検索資料 作：ワークシート
問題発見・要因追究・解決策提案	6. 松戸市の抱えている課題を見いだし，解決策を考えよう（6時間）	○グループごとに松戸市内各地域の2枚の写真に共通するテーマを考え，模造紙に記入し，見いだした松戸市の諸課題を地図化する． ○写真判読についてフィールドワークや地形図の作業から考える． ○指定課題のWeb Mapをグループで作成し，全体で質疑・応答する． ○グループごとに，Web Mapを踏まえて諸課題への解決策を議論する． ○グループごとに立案した解決策をポスターとして模造紙にまとめて発表し，全体で質疑・応答する． ○松戸市の抱える課題について自己の見解をまとめる．	○住宅問題，少子高齢化，自然災害，交通渋滞，ゴミ処理，景観問題，放射能汚染，市街地衰退化を捉える．《地域》 ○松戸市が抱えている課題について再認識する．《地域》 ○Web Mapから諸課題の因果関係を捉える．《地域》 ○議論したことをまとめ，解決策を立案する．《地域》 ○各グループの解決策立案の発表から松戸市の様々な諸課題の解決策を捉える．《地域》 ○松戸市の諸課題と解決策を吟味する．《地域》	写：松戸市内の様子 地：地形図「松戸」(2005) 地：地形図「松戸」(1967) 地：地形図「松戸」(1947) 作：ワークシート

地域の将来像への提案	7. 松戸市活性化プランを打ち立てよう（3時間）	○グループで活性化の三つのキーワードを考え，模造紙にまとめる． ○グループでキーワードとその根拠を発表し，全体で松戸市の将来像と活性化の方向性を議論する． ○グループで松戸市活性化プランを模造紙にまとめ，発表し，全体で質疑・応答し，優れたプランに投票する． ○松戸市の将来像について自己の見解をまとめる．	○諸課題の解決策を踏まえ，活性化策を意識する．《地域》 ○松戸市のあるべき将来像を見据えて，松戸市活性化策を考える．《持続可能性》《地域》 ○プラン発表から将来に向けた多様な対策を捉え，吟味する．《地域》《持続可能性》 ○望ましい将来の対策を判断する．《持続可能性》《地域》	作：ワークシート
	8. 松戸市活性化プランを充実したものにしよう（3時間）	○松戸市と似た国内外都市のまちづくりプランについて調査する． ○比較を基に，より充実した活性化プランを作成し，地域に発信する． ○まちづくりプラン実現に向けた具体的な取り組みを議論する． ○松戸市の地域性を踏まえた地域活性化について自己の見解をまとめる．	○松戸市の優れた点と課題を捉える．《比較・対照》 ○松戸市の活性化プランを再判断する．《地域》《持続可能性》 ○取り組み実行の対策を判断する．《地域》《持続可能性》 ○松戸市の将来の展望を判断する．《地域》《持続可能性》	資：市史，市勢要覧などの関連文献やホームページ 作：ワークシート

泉（2014, pp. 87-88 および pp. 94-96）に示された指導案の主旨を変えない範囲で学習過程，主な学習活動と学習内容，認識と資質，資料の項目に合うように書き換えた．学習過程の1～4が授業実践，5～8は授業プランである．認識と資質の《　》はESDや地理学の概念や手法，資料の作は作業，資は資料全般，写は写真，地は地図や主題図を示す．

c. 小単元の評価

　本小単元では，学習者にとって最も身近な地理的空間である生活圏を対象とし，地理の概念やESDの概念を意識して実際に野外調査や地形図学習を行うことによって，松戸市の学校周辺地域に存在する課題を空間的に見いだし，その要因を考察している．さらに，授業プランとして様々な課題の解決策や松戸市の活性化プランをクラス全体で討論することを通して地域の将来像を構想するようになっている．本小単元は持続可能な社会づくりに向けて，地域調査を基に地域の在り方を構想する地理総合の中項目「生活圏の調査と地域の展望」のモデル実践といえる．地理総合で行う場合は，現地調査を組み込んだ後半（16h）の授業プランが中心となる．単元単位で10時間を目安に改善し，地図や写真の読み取り等の地理的技能とともに，地理情報の収集・分析においてGISの活用が望まれる．

参考文献

泉貴久「地理教育における社会参加学習の課題―学校周辺地域を対象とした授業実践を手掛かりに―」『中等社会科教育研究』32, 中等社会科教育学会 , 2014 年, pp. 81-91.

碓井照子編『「地理総合」ではじまる地理教育―持続可能な社会づくりをめざして―』古今書院, 2018 年.

中央教育審議会『幼稚園, 小学校, 中学校, 高等学校及び特別支援学校の学習指導要領等の改善及び必要な方策等について（答申）』2016 年.

永田成文「『地理総合』における国際理解の授業―多文化共生に向けて異文化理解を深める―」日本地理教育学会『新地理』65（3）, 2017 年, pp. 117-127.

原田智仁編『平成 30 年版　学習指導要領改訂のポイント　高等学校地理歴史・公民』明治図書出版, 2019 年.

第2節 「歴史総合」の学習指導・評価

1. 「歴史総合」とは

　「歴史総合」は，2018（平成30）年告示の高等学校学習指導要領で新たに設置された科目である．では，どのような性格の科目なのだろうか．

　『高等学校学習指導要領（平成30年告示）解説　地理歴史編』（以下，『解説』）によると，「歴史総合」は，「近現代の歴史の変化に関わる諸事象について，世界とその中における日本を広く相互的な視野から捉え，資料を活用しながら歴史の学び方を習得し，現代的な諸課題の形成に関わる近現代の歴史を考察，構想する科目」とされている．この文章を分節化して，特徴を三点に整理してみよう．

　第一は，世界とその中における日本を広く相互的な視野から捉えるという点である．「歴史総合」は，世界史と日本史を単に合わせたものではない．相互的な視野から，すなわち世界と日本の関わりに視点を置いて歴史を学習することが求められている．

　第二は，資料を活用しながら歴史の学び方を習得するという点である．歴史の事実や変化を理解するのみならず，資料に基づいて歴史を読み解くための力を育むことが意図されている．歴史の学び方を習得しておくことは，「歴史総合」に続く「日本史探究」「世界史探究」の学習にとっても重要であるが，その有用性は学校教育だけにとどまらない．私たちは歴史と関わりながら社会生活を送っている．過去との向き合い方を学び，歴史的に考える力の育成が求められている．

　第三は，現代的な諸課題の形成に関わる近現代の歴史を考察，構想するという点である．「歴史総合」の大きな特徴は，現代の諸課題と関連づけて近現代史を学習するという理念が，従来よりも一層強調されていることにある[*1]．単純な近現代史の学習ではない．未来に向けた歴史の学習である．今後解決していかなければならない現代的な諸課題について，時間軸を中心に思考していくことが求められている．

2. 「歴史総合」の目標

　「歴史総合」の理念はどのように具体化されているのだろうか．学習指導要領の目標を見ると，以下のように記述されている．

> 　社会的事象の歴史的な見方・考え方を働かせ，課題を追究したり解決したりする活動を通して，広い視野に立ち，グローバル化する国際社会に主体的に生きる平和で民主的な国家及び社会の有為な形成者に必要な公民としての資質・能力を次のとおり育成することを目指す．
> （1）近現代の歴史の変化に関わる諸事象について，世界とその中の日本を広く相互的な視野から捉え，現代的な諸課題の形成に関わる近現代の歴史を理解するとともに，諸資料から歴史に関する様々な情報を適切かつ効果的に調べまとめる技能を身に付けるようにする．

[*1] 2009（平成21）年版の学習指導要領においても，「世界史A」や「日本史A」を中心に，現代の諸課題に着目して学習することが重視されていたが，「歴史総合」では，そのコンセプトが内容編成にも大きく反映されている．

(2) 近現代の歴史の変化に関わる事象の意味や意義，特色などを，時期や年代，推移，比較，相互の関連や現在とのつながりなどに着目して，概念などを活用して多面的・多角的に考察したり，歴史に見られる課題を把握し解決を視野に入れて構想したりする力や，考察，構想したことを効果的に説明したり，それらを基に議論したりする力を養う．

(3) 近現代の歴史の変化に関わる諸事象について，よりよい社会の実現を視野に課題を主体的に追究，解決しようとする態度を養うとともに，多面的・多角的な考察や深い理解を通して涵養される日本国民としての自覚，我が国の歴史に対する愛情，他国や他国の文化を尊重することの大切さについての自覚などを深める．

*2　中央教育審議会答申「幼稚園，小学校，中学校，高等学校及び特別支援学校の学習指導要領等の改善及び必要な方策等について」(2016 年 12 月)に，「社会的な見方・考え方」のイメージや，「社会的な見方・考え方」を働かせたイメージの例が具体的に示されている．

学習指導要領の改訂に際して，各教科等における「見方・考え方」が設定された[*2]．『解説』において「社会的事象の歴史的な見方・考え方」は，「『社会的事象を，時期，推移などに着目して捉え，類似や差異などを明確にし，事象同士を因果関係などで関連付け』て働かせる際の『視点や方法（考え方）』である」と説明されている．より具体的には，「時期，年代など時系列に関わる視点，展開，変化，継続など諸事象の推移に関わる視点，類似，差異など諸事象の比較に関わる視点，背景，原因，結果，影響，関係性，相互作用など事象相互のつながりに関わる視点，現在とのつながりなどに着目して，比較したり，関連させたりして社会的事象を捉えること」と述べられている．

*3　資質・能力の三つの柱の詳細については，学習指導要領の総則等を参照されたい．

以上のような「社会的事象の歴史的な見方・考え方」を働かせて歴史に向き合い，（1）〜（3）を達成することが目標とされている．目標の（1）（2）（3）は，各教科等で育成が目指される資質・能力の三つの柱，すなわち「知識及び技能」「思考力，判断力，表現力等」「学びに向かう力，人間性等」にそれぞれ関わるものである[*3]．対応させて整理すると以下のようになる．

【知識及び技能】
○現代的な諸課題の形成に関わる近現代の歴史の理解
○諸資料から歴史に関する様々な情報を適切かつ効果的に調べまとめる技能
【思考力，判断力，表現力等】
○概念などを活用して多面的・多角的に考察したり，歴史に見られる課題を把握し解決を視野に入れて構想したりする力
○考察，構想したことを効果的に説明したり，それらを基に議論したりする力
【学びに向かう力，人間性等】
○よりよい社会の実現を視野に課題を主体的に追究，解決しようとする態度
○多面的・多角的な考察や深い理解を通して涵養される日本国民としての自覚
○我が国の歴史に対する愛情
○他国や他国の文化を尊重することの大切さについての自覚

「歴史総合」では，時期や年代，変化や継続などの様々な視点に基づいて，現代的な諸課題の形成に関わる近現代の歴史を読み解き，上記の三つの資質・能力を総合的に育成することが目指されている．

3. 「歴史総合」の内容

「歴史総合」の内容は以下のようになっている．中項目の中には，さらに小項目が設定されているが，大きな特徴をつかむために，ここでは省略している．

大項目	中項目
A　歴史の扉	(1) 歴史と私たち
	(2) 歴史の特質と資料
B　近代化と私たち	(1) 近代化への問い
	(2) 結び付く世界と日本の開国
	(3) 国民国家と明治維新
	(4) 近代化と現代的な諸課題
C　国際秩序の変化や大衆化と私たち	(1) 国際秩序の変化や大衆化への問い
	(2) 第一次世界大戦と大衆社会
	(3) 経済危機と第二次世界大戦
	(4) 国際秩序の変化や大衆化と現代的な諸課題
D　グローバル化と私たち	(1) グローバル化への問い
	(2) 冷戦と世界経済
	(3) 世界秩序の変容と日本
	(4) 現代的な諸課題の形成と展望

「歴史総合」の内容の特徴として，以下の四点が挙げられる．

第一に，全体の導入的な位置付けとして，歴史と私たちの関わりや歴史の資料について学習する大項目A「歴史の扉」を設定していることである．大項目A「歴史の扉」は，「(1) 歴史と私たち」と「(2) 歴史の特質と資料」からなる．それぞれ，近現代の歴史の大きな変化と私たちの生活との関連について考察する学習，資料から読み取った情報の意味や意義，特色などを考察する学習とされている．

第二に，現代的な諸課題の形成に関わる近現代の歴史を，「近代化」「国際秩序の変化や大衆化」「グローバル化」の枠組みで捉え，それぞれを大項目B，C，Dに設定していることである．大項目B，C，Dの各内容は，時系列を基盤にして構成されているが，現代とも大きな関わりを持つものである．三つの枠組みに焦点化することで，過去と現代の関係を考察しやすいように計画されている．

第三に，大項目B，C，Dにおいては，問いを立てて歴史に迫る構成になっていることである．大項目A「歴史の扉」でも問いを設定した学習が求められているが，大項目B，C，Dのそれぞれの中項目 (1) は，「～への問い」となっており，問いを立てることに一層重きが置かれている．ここでは，身近な生活や社会の変化を表す資料をもとにして，生徒自身が問いを形成し表現する活動が行われることになる．

第四に，大項目B，C，Dにおいては，「私たち」が生活する現代の諸課題を視野に入れた構成になっていることである．それぞれの中項目 (4) には，「現代的な諸課題」という言葉が入っている．大項目B，Cにおいては，「自由・制限」

「平等・格差」「開発・保全」「統合・分化」「対立・協調」などの観点を活用して主題を設定し，現代的な諸課題の形成に関わる近現代の歴史の考察を深めることが求められている．大項目Dの「(4)現代的な諸課題の形成と展望」では，グローバル化のみならず，「歴史総合」全体の締めくくりとして，持続可能な社会の実現を視野に入れた課題設定が求められている．

4.「歴史総合」の方法

　学習においては，課題（問い）を設定して歴史にアプローチすることが重視されている．『解説』には，以下のような問いの例が示されている．（それぞれのより具体的な問いの例は省略している．）

○時系列に関わる問い（【時期や年代】【過去の理解】）
○諸事象の推移に関わる問い（【変化と継続】）
○諸事象の比較に関わる問い（【類似と差異】【意味や意義と特色（特徴）】）
○事象相互のつながりに関わる問い（【背景や原因】【影響や結果】）
○現在とのつながりに関わる問い（【歴史と現在】【歴史的な見通し，展望】【自己との関わり】）

　その他，『解説』には課題（問い）の追究を促す資料の活用の例についても示されているが，これらの問いを設定して事象に迫り，資料に基づいて考察することが学習の基本形といえるだろう．「歴史総合」の方法については，次項の学習指導に関する説明の中でより明確にしよう．

5.「歴史総合」の学習指導
(1) 単元を構想する視点

　「歴史総合」の単元をどのように構想すればよいのだろうか．ここでは，大項目C「国際秩序の変化や大衆化と私たち」を事例にして，学習指導の在り方を考えよう．『解説』の関係箇所の記述をもとに，大項目Cの構成を整理すると，以下のようになる．

中項目	ねらい	具体的な学習内容・課題（問い）の例
（1）国際秩序の変化や大衆化への問い	諸資料を活用して情報を読み取ったりまとめたりする技能を習得し，私たちの生活や社会の在り方が，国際秩序の変化や大衆化に伴い変化したことについて考察するための問いを表現する．	以下に関する資料を活用して学習を展開する． ・国際関係の緊密化 ・アメリカ合衆国とソヴィエト連邦の台頭 ・植民地の独立 ・大衆の政治的・経済的・社会的地位の変化 ・生活様式の変化 など．

（2）第一次世界大戦と大衆社会	第一次大戦の性格と惨禍，日本とアジア及び太平洋地域の関係や国際協調体制の特徴などを考察したり表現したりして，総力戦と第一次世界大戦後の国際協調体制を理解できるようにする．	・第一次世界大戦の展開 ・日本やアジアの経済成長 ・ソヴィエト連邦の成立とアメリカ合衆国の台頭 ・ナショナリズムの動向と国際連盟の成立 など	以下のような課題（問い）を設定して学習を展開する． **【第一次世界大戦の展開】の場合** ・日本やアメリカ合衆国，中国政府，さらに英領インドなどは，何を期待して戦争に参加したのだろうか． ・あなたは，第一次世界大戦が長期戦となり，未曾有の被害が発生したことについて，その最も大きな要因は何だと考えるか．
	第一次世界大戦後の社会の変容と社会運動との関連などを考察したり表現したりして，大衆社会の形成と社会運動の広がりを理解できるようにする．	・大衆の政治参加と女性の地位向上 ・大正デモクラシーと政党政治 ・大量消費社会と大衆文化 ・教育の普及とマスメディアの発達 など	以下のような課題（問い）を設定して学習を展開する． **【大量消費社会と大衆文化】の場合** ・大量生産や大量消費が人々の生活をどのように変えたのだろうか． ・あなたは，当時の社会や文化の変化のうち，その後の政治や経済に最も大きな影響を与えたのは何だと考えるか，それはなぜか．
（3）経済危機と第二次世界大戦	各国の世界恐慌への対応の特徴，国際協調体制の動揺の要因などを考察したり表現したりして，国際協調体制の動揺を理解できるようにする．	・世界恐慌 ・ファシズムの伸張 ・日本の対外政策 など	以下のような課題（問い）を設定して学習を展開する． **【世界恐慌】の場合** ・世界恐慌は人々の生活をどのように変えたのだろうか，各国はどのように対応したのだろうか． ・世界恐慌に対して行われた各国の政策の結果を理解することは，あなたにとってどのような意味があると考えるか．
	第二次世界大戦の性格と惨禍，第二次世界大戦下の社会状況や人々の生活，日本に対する占領政策と国際情勢との関係などを考察したり表現したりして，第二次世界大戦後の国際秩序と日本の国際社会への復帰を理解できるようにする．	・第二次世界大戦の展開 ・国際連合と国際経済体制 ・冷戦の始まりとアジア諸国の動向 ・戦後改革と日本国憲法の制定 ・平和条約と日本の独立の回復 など	以下のような課題（問い）を設定して学習を展開する． **【冷戦の始まりとアジア諸国の動向】の場合** ・第二次世界大戦後，国際社会ではどのような対立が表面化したのだろうか． ・あなたは，第二次世界大戦後，旧宗主国が簡単に植民地の独立を認めなかったことは，その後の社会にどのような課題をもたらしたと考えるか．

（4）国際秩序の変化や大衆化と現代的な諸課題	国際秩序の変化や大衆化の歴史に存在した課題について，同時代の社会及び人々がそれをどのように受け止め，対処の仕方を講じたのかを諸資料を活用して考察し，現代的な諸課題の形成に関わる国際秩序の変化や大衆化の歴史を理解する．	以下のような観点から主題を設定して学習を展開する． 【自由・制限】第一次世界大戦後に民主主義的風潮が広がりを見せる中，なぜ日本では，男子に普通選挙が認められる一方で，治安維持法が制定されたのだろうか． 【平等・格差】近代オリンピックの開催当初，男子選手に比べて女子選手が極めて少なかったのはなぜだろうか． 【開発・保全】なぜ，20世紀初頭に日本をはじめとする世界各地で，自然公園（国立公園）の設置が促進されたのだろうか． 【統合・分化】移民を受け入れてきたアメリカ合衆国でアジア系の移民が排斥されたのはなぜだろうか． 【対立・協調】第一次世界大戦後に民族自決の原則が示されたにもかかわらず，アジア諸国の独立が達成できなかったのはなぜか． など．

『解説』には，中項目ごとのねらいと，具体的な学習内容や課題（問い）の例などが記述されている．表を見ると，大項目は，生徒の興味・関心や課題意識を高め，それを基盤にして歴史的事象を読み解き，現代的な諸課題の形成との関わりで時代や事象を改めて考察するという構成になっていることがわかる．具体的に説明しよう．

「（1）国際秩序の変化や大衆化への問い」では，「国際関係の緊密化」などについて，関係する資料をもとに興味・関心を引き出し，生徒自らが感じた疑問を切り口にして，問いを立て表現する学習が計画されている．

その問いを意識しつつ，「（2）第一次世界大戦と大衆社会」「（3）経済危機と第二次世界大戦」では，「国際秩序の変化や大衆化」に引き付けて歴史的事象に向き合う学習が用意されている．（2）と（3）は，それぞれ二つのパートで構成されており，「第一次世界大戦の展開」「日本やアジアの経済成長」などの具体的な内容項目が示されている．ここでの学習は過去を明らかにすることだけに目的が置かれているわけではない．（4）に向けて，現代的な諸課題の形成に関わる学習であることを意識した内容になっている．さらに，問いの例を見ると，「あなたは，第一次世界大戦が長期戦となり，未曾有の被害が発生したことについて，その最も大きな要因は何だと考えるか」など，生徒自身が事象をどう捉えるかを考えさせることも重視されている．

最後の「（4）国際秩序の変化や大衆化と現代的な諸課題」では，「自由・制限」「平等・格差」などの観点から問いを設定して学習を深めることが求められている．ここで挙げられた問いの例は，すべて「なぜ」で構成されている．内容を見ると，差別や移民の問題など，現代の諸課題との関係で歴史を考察することが強調されている．これからの社会を考えるための視点を形成する学習といえるだろう．

大項目は以上のように構成されるが，これがそのまま教室での学習指導に直結するというわけではない．スティーブン・J・ソーントン（Thornton, S. J.）は，カ

リキュラムや授業の主体的な調節者，すなわちゲートキーパーとしての教師の役割に注目し，その調節行為をゲートキーピングと呼んでいる[*4]．学習指導要領や教科書は，教師によって翻案され，教室でのカリキュラムや授業へと調整されていく．教師には，表に示したねらいや学習内容，問いの例を参照しつつ，自分の教室に合わせてカリキュラムや授業を主体的に構想することが求められている．

*4　ソーントン，S. J. 著／渡部竜也，山田秀和，田中伸，堀田諭訳『教師のゲートキーピング―主体的な学習者を生む社会科カリキュラムに向けて―』春風社，2012 年を参照されたい．

(2) 単元の構成

　具体的な学習指導の在り方に踏み込むために，中項目(2)「第一次世界大戦と大衆社会」の二つ目のパート（小項目（イ））を，一つの単元「大衆社会の形成と社会運動の広がり」と見立てて，構想の手立てを示そう．

　第一の手順は，単元全体に関わる問いを設定することである．第一次世界大戦後の社会の変化などに着目し，問いを立てることになる．『解説』には，この小項目全体に関わる問いの例として，「なぜ，1920 年代に大衆文化が広範囲に及んだのだろうか」が示されている．大衆文化に着目したこの問いは，現代に生きる生徒にとって身近に感じられるのみならず，社会の変化と文化の関係を考えるための視点にもなる．世界や日本で様々な大衆文化が生まれたことを示す資料を提示することで，生徒の中に「どうしてこの時代に…」という疑問が生じるだろう．ここでは，この問いに基づいて単元を計画し，問いの設定場面を単元の導入に，最終的なまとめと総合考察の場面を単元の終結・発展に位置付けよう[*5]．

*5　本節では，単元や授業の基本形を導くために『解説』の問いを基盤にして単元を構想しているが，実際には教室の生徒を想定して主体的にアレンジすることが必要になる．

　第二の手順は，小単元レベルの問いを設定することである．問いは，生徒とともに立てていくことが理想的であるが，教師の側で想定しておくことも重要である．『解説』には，「大量消費社会と大衆文化」を事例にして，問いの例が示されている（5-(1)で示した表を参照）．問いの例は二段構成になっている．『解説』では，それぞれ，「推移や展開を考察するための課題（問い）」「事象を比較し関連付けて考察するための課題（問い）」と説明されている．示された問いの例に着目して別の角度から性質を読み取ると，一つは歴史に客観的にアプローチする問い，もう一つは「あなた（＝生徒）」の考えを問うような，いわば歴史に主観的にアプローチし，歴史を意味付ける問いになっていることがわかる．二つの問いを想定して展開を構想すると，以下のように単元を計画することができる．

単元名「大衆社会の形成と社会運動の広がり」
単元の目標
・資料から適切な情報を引き出して，第一次世界大戦後の大衆社会の形成と社会運動の広がりの原因・結果・影響を解明し，説明することができる．（知識及び技能，思考力・判断力・表現力等）
・学習課題に対して，主体的に追究し，解決しようとすることができる．また，学習を通して，自分の見解を明確にすることができる．（学びに向かう力，人

間性等）

単元の展開

単元の導入	全体に関わる問い「なぜ，1920年代に大衆文化が広範囲に及んだのだろうか」を設定する．
小単元1 大衆の政治参加と女性の地位向上	以下の問いについて考察する． ・なぜ欧米諸国で多くの人々が政治に参加するようになったのだろうか． ・あなたは，人々の政治参加を可能にした最も大きな要因は何だと考えるか，それはなぜか．
小単元2 大正デモクラシーと政党政治	以下の問いについて考察する． ・なぜ日本でデモクラシーの風潮が高まり，政党政治が実現していったのだろうか． ・あなたは，当時の社会運動がその後の社会にどのような影響を与えたと考えるか，それはなぜか．
小単元3 大量消費社会と大衆文化	以下の問いについて考察する． ・なぜ大量消費社会が誕生し，大衆文化が生まれたのだろうか． ・あなたは，当時の社会や文化の変化のうち，その後の政治や経済に最も大きな影響を与えたのは何だと考えるか，それはなぜか．
小単元4 教育の普及とマスメディアの発達	以下の問いについて考察する． ・なぜマスメディアが発達したのだろうか． ・あなたは，マスメディアの発達が大衆に与えた最も大きな影響は何だと考えるか，それはなぜか．
単元の終結・発展	全体に関わる問い「なぜ，1920年代に大衆文化が広範囲に及んだのだろうか」に対するレポートを作成する．

ここでは，全体に関わる問いを設定する導入，それを受けて具体的な事象に迫る小単元1～4，改めて導入の問いに向き合う終結・発展という構成で単元を計画した．各小単元には，歴史に客観的にアプローチする問いと，歴史に主観的にアプローチする問いを配列している．たとえば，小単元3では，『解説』の問いの例にアレンジを加え，「なぜ大量消費社会が誕生し，大衆文化が生まれたのだろうか」「あなたは，当時の社会や文化の変化のうち，その後の政治や経済に最も大きな影響を与えたのは何だと考えるか，それはなぜか」という二つの問いを用意している．最後の終結・発展では，小単元1～4を踏まえて，全体に関わる問いに対するレポート作成に取り組ませる．大衆文化の普及を説明するためには，当時の世界と日本の政治的，経済的，社会的な動向を踏まえて考察する必要がある．各小単元で学習した内容をもとにして，大衆文化が広範囲に及んだ要因を総合的に論じられるようになることを最終的な到達点としたい．

(3) 授業の構成

小単元3を事例にして，授業の詳細を計画してみよう[*6]．本授業のねらいは，

*6　本授業を構想するにあたり，以下の文献を特に参考にした．
・常松洋『大衆消費社会の登場』山川出版社，1997年．
・常松洋・松本悠子編『消費とアメリカ社会―消費大国の社会史―』山川出版社，2005年．
・有賀夏紀・能登路雅子編『史料で読むアメリカ文化史4　アメリカの世紀　1920年代－1950年代』東京大学出版会，2005年．
・ストラッサー，S.著／川邉信雄訳『欲望を生み出す社会―アメリカ大量消費社会の成立史―』東洋経済新報社，2011年．

①アメリカを題材にして，なぜ大量消費社会が誕生し，大衆文化が生まれたのかを明らかにすること，②当時の社会や文化の変化がその後の政治や経済に与えた影響について，自分の見解を説明すること，である．完全な学習指導案の形式ではないが，以下のように大きな流れを計画した．どのように構想しているのかを場面ごとに見ていこう．

		教師の指示・発問／生徒の学習活動	具体的な学習内容
導入	1.	アメリカで練り歯磨きや，コーンフレーク，チューイング・ガム，安全かみそり，カメラが普及したのはいつだろう？　その時期に，他にどのような製品が販売されているだろうか？ **活動**：様々な製品の資料（当時のお店や広告の写真等）をもとに考察する．	アメリカにおいて，1880年から1920年は，新しい経済発展段階の時期と捉えられている．この時期に多くの新製品が登場し，アメリカの生活様式の中に入っていった．また，それまで自家製でまかなわれていた食料品や衣類，洗剤等に関しても，工場で生産された製品が購入され，使用されるようになっていった．
	2.	経済的な発展を背景にして，アメリカではどのような文化が誕生しているだろうか？ **活動**：資料集をもとにアメリカの大衆文化を列挙する．	ラジオや映画，ダンス，ジャズ，プロ野球，プロボクシングなどの大衆文化が誕生し，1920年代に大きく花開いた．

> なぜ大量消費社会が誕生し，大衆文化が生まれたのだろうか．

		教師の指示・発問／生徒の学習活動	具体的な学習内容
展開1	3.	大量生産・大量消費時代の到来を象徴するものとして，自動車に注目してみよう．フォードのモデルT（1908年発売）は，なぜ大量生産できたのだろうか？　自動車生産を行う労働者の状況はどのようなものだったのだろうか？ **活動**：ヘンリー・フォード『我が人生と仕事』，自動車の組み立てラインの写真，映画『モダン・タイムス』の資料をもとに，大量生産が可能となった理由とその影響を考察する．	モデルTのみの単一製造，黒一色への統一，熟練していない労働者でも製造できる組み立てライン方式の導入によって，モデルTは大量生産されるようになった．しかし，自動車生産に携わる労働者の消耗は激しかった．そこで，フォードは，労働時間の短縮や，条件付きではあるが日給5ドルの支給などの待遇改善策を講じた．
	4.	フォードのモデルTは，なぜ普及したのだろうか？ **活動**：「モデルTの価格の推移」や「労働者の所得や賃金の推移」を示す資料をもとに普及の要因を考察する．	モデルTは，大量生産により低価格化に成功した．また，この時代に，大量販売により利益を上げた企業の賃金も上昇し，労働者もモデルTを手に入れることができるようになった．
	5.	なぜフォードのモデルTのシェアは衰え，GMに逆転されたのだろうか？ **活動**：「フォードの経営理念」「GMの経営理念」や，「フォードの販売戦略」「GMの販売戦略」を示す資料から，モデルT衰退の理由，GM躍進の理由を考察する．	フォードのモデルTは，安く性能の良い車であったが，大きな変化がなく，しだいに消費者に飽きられていった．それに対して，GMは高級車から大衆車まで，デザインにこだわった様々な車を販売するとともに，モデルチェンジを繰り返し，宣伝によって消費を刺激した．

	6. 工場で大量生産されるようになった様々な製品は，なぜ人々に受け入れられ，購入されるようになったのだろうか？ 活動：様々な製品（食品や日用品，家庭電化製品，練り歯磨きのような衛生観念に影響を与えた製品など）の広告を読み取り，考察する．	製造業者は，宣伝や包装の工夫などを行い，自社の製品（銘柄）をアピールした．購買意欲や虚栄心を刺激された都市の中産階級を中心に消費が増え，製品が定着していった．この時期の宣伝によって，清潔や衛生などに対する社会の価値観も変化していった．大量生産・大量消費社会が到来し，生活の平準化・画一化が進んだ．
展開2	7. 自動車が普及していった時代において，人々の生活はどのようなものだっただろうか？ 活動：ロバート・リンド夫妻による『ミドルタウン』の資料より，当時の状況を読み取り，考察する．	人々は映画などの商業娯楽を楽しんだ．特に映画は，当時の娯楽として普及し，生活スタイルを変えた．一方で，映画が若者に与える悪影響を心配する声も上がり，一つの社会問題にもなっていた．
	8. なぜ大衆文化が生まれたのだろうか？ 活動：「就業人口の割合の変化」を示す資料や，映画館，ダンスホールの様子を示す資料をもとに考察する．	増加した中産階級の人々は，余暇時間を消費文化の享受に費やした．人々は，商業化した娯楽を楽しみ，それによって大衆文化は社会の中に定着していった．
	あなたは，当時の社会や文化の変化のうち，その後の政治や経済に最も大きな影響を与えたのは何だと考えるか，それはなぜか．	
終結・発展	9. 最も大きな影響を与えたと考えるものを選び，その理由を書こう．意見を発表してみよう．	（例）宣伝や広告の発展が，その後の政治や経済に最も大きな影響を与えたと考える．この時代に，製造業者が大量販売を行うために宣伝や広告を積極的に活用するようになった．その結果，人々を動かす原動力として宣伝や広告の利用価値や重要性が高まり，その後の政治や経済に強い影響を与えるようになったから．

　導入は，現代の生活とのつながりを意識して問いを設定する場面としている．この授業の舞台はアメリカ．私たちの身の回りにある練り歯磨きやチューイング・ガムなどの普及時期を確認するとともに，工場で大量生産された食料品や衣類等が購入され使用されるようになっていったことをおさえる．また，ラジオや映画，プロスポーツなどを楽しむアメリカ人が増えていったことを資料で確認する．こうした変化に対して疑問を引き出し，「背景や原因」を探る学習課題の問い「なぜ大量消費社会が誕生し，大衆文化が生まれたのだろうか」を設定する．

　展開は，社会的な見方・考え方を働かせて歴史に客観的にアプローチする場面としている．実践に際しては，展開1，展開2ともにグループでの活動を主体にして，協働的な学びを促すことを想定している．

　展開1では，自動車と日用品などを例にして，大量消費社会が成立した理由を探る．フォードのモデルTが大量生産できたのはなぜかを考え，それがどうして普及したのかを考察する．また，フォードの市場でのシェアが減り，GMが躍進した理由を，経営理念や販売戦略（製品の種類，モデルチェンジ，宣伝・広告

など）の観点から考察する．多様な資料を扱うので，ジグソー法[7]を部分的に取り入れて，理由に迫ってもよいだろう．これらの活動では，「変化」や「原因」などの歴史的な見方・考え方のみならず，「効率」や「分業」などの経済的な見方・考え方も活用して理由を解明することになる．最後に，宣伝・広告の重要性を考えるために，様々な製品がどのように販売され，人々の間に定着していったのかを考察する．ここでは，宣伝・広告が新しい衛生観念を生み出し，社会の価値観を形成していったことも把握させたい．以上の学習を通じて，大量消費社会成立の要因を総合的に考えさせたい．

展開2では，大衆文化が生まれた理由を探る．産業化・都市化の進行に伴って，商業娯楽が盛んになったことを資料から読み解く．ここでも経済的な見方・考え方の積極的な活用を想定している．また，人々が商業娯楽を消費することによって，大衆文化が定着していったことを理解させたい．

終結・発展は，事実を踏まえて歴史に主観的にアプローチする場面としている．「あなたは，当時の社会や文化の変化のうち，その後の政治や経済に最も大きな影響を与えたのは何だと考えるか，それはなぜか」という問いに向き合わせ，歴史を大局的に考察させる．ここでは，大きな影響を与えたと考えるものを選ばせ，その理由をワークシートに記入させる．それをグループやクラス全体で発表させることによって，様々な見解に出会わせ，自己の考えを吟味させたい．

ここで示した構成は一つの例であるが，「歴史総合」の授業では，過去と現代の関連に着目し，社会的な見方・考え方を領域広く活用して歴史に向き合うことを意識したい．

6.「歴史総合」の評価

単元「大衆社会の形成と社会運動の広がり」を用いて，「歴史総合」の評価の一例を示そう．評価のしかたには多様な方法が考えられる．一般的なペーパーテストで理解度を測ることも重要であるが，それだけでは学力の総体を捉えきれない．様々な方法を組み合わせて評価にあたることになるだろう．ここでは，パフォーマンス評価[8]を活用した事例を，二つの次元で構想してみたい．

第一は，単元全体を貫く問いを用いた評価である．この単元は，導入で「なぜ，1920年代に大衆文化が広範囲に及んだのだろうか」という問いを設定し，終結・発展で改めてそれに向き合うように計画している．そこで生徒には，この問いに答えることを最終課題（＝評価）にするとあらかじめ伝え，学習を進めることにしたい．最終課題（＝評価）はレポートでもよいし，歴史新聞のような形式で整理させることもできるだろう．

第二は，小単元ごとの問いを用いた評価である．単元の小単元3の部分では，「なぜ大量消費社会が誕生し，大衆文化が生まれたのだろうか」という問いと，「あなたは，当時の社会や文化の変化のうち，その後の政治や経済に最も大きな影

*7 ジグソー法は，課題に対して異なる資料を考察したもの同士が，情報を持ち寄って課題の解決を目指す協働学習の一手法である．

*8 パフォーマンス評価については，以下の文献が参考になる．
・三藤あさみ・西岡加名恵『パフォーマンス評価にどう取り組むか―中学校社会科のカリキュラムと授業づくり―』日本標準，2010年．
・西岡加名恵・石井英真編著『教科の「深い学び」を実現するパフォーマンス評価―「見方・考え方」をどう育てるか―』日本標準，2019年．

を与えたのは何だと考えるか，それはなぜか」という問いを設定している．これらの問いに対するワークシート等の記述をもとに評価を行いたい．

　以上の二つの評価において重要なのは，様々な観点から生徒の学びを捉えることである．認識は深まっているか，資料を活用できているか，多面的・多角的に考察し説明できているか，意欲的に掘り下げているか，などを評価の観点とする必要がある．また，根拠に基づいて論じられているかどうかも重要だ．評価基準をあらかじめ設定し，ルーブリック[9]に整理することで明確にしておきたい．

　以上の評価を通して，生徒の到達度を測るのみならず，単元・授業の意義や課題を省察し，実践の改善につなげていくことも重要である．

参考文献
バートン，K. C.・レヴスティク，L. S. 著／渡部竜也・草原和博・田口紘子・田中伸訳『コモン・グッドのための歴史教育―社会文化的アプローチ―』春風社，2015年．
カー，E. H. 著／清水幾太郎訳『歴史とは何か』岩波書店，1962年．
原田智仁編著『平成30年版学習指導要領改訂のポイント　高等学校地理歴史・公民』明治図書出版，2019年．
奈須正裕『「資質・能力」と学びのメカニズム』東洋館出版社，2017年．

*9　ルーブリックとは，「成功の度合いを示す数レベル程度の尺度と，それぞれのレベルに対応するパフォーマンスの特徴を記した記述語（descriptors）から成る評価基準表」（西岡加名恵『教科と総合学習のカリキュラム設計―パフォーマンス評価をどう活かすか―』図書文化，2016年，p. 100）のことを意味する．

第11章

高等学校地理歴史科における「探究」科目の学習指導・評価
―実際に授業を単元で構想してみよう―

第1節　地理探究の学習指導・評価

1. 「地理探究」の基本的性格とポイント

　地理歴史科は，2018（平成 30）年の改訂によって，1989（平成元）年に教科として発足以来変わることのなかった科目構成が大きく変更された．地理の場合，従前では「地理 A」，「地理 B」のいずれの科目も選択履修科目とされ，選択によっては高校で地理を学ばないということもみられた．それが，2018（平成 30）年の改訂によって，「地理総合」が必履修科目となり，「地理探究」は，その「地理総合」の学習を前提に地理の学びを一層深める選択履修科目として設定された．

　このような科目構成の変更は，「生徒一人一人に社会で求められる資質・能力を育み，生涯にわたって探究を深める未来の創り手として送り出していく」という観点を踏まえたものであった[*1]．「地理総合」（同様に「歴史総合」）を全ての「生徒一人一人に社会で求められる資質・能力」を育成する必履修科目として，「地理探究」（同様に「日本史探究」，「世界史探究」）を「生涯にわたって探究を深める未来の創り手として」育む選択履修科目として，科目が再構成されたのである．

　「地理探究」の目標は，地理歴史科の目標構成と同様に，以下のように柱書として示された目標と，「知識及び技能」，「思考力，判断力，表現力等」，「学びに向かう力，人間性等」の資質・能力の三つの柱に沿った，それぞれ (1) から (3) までの目標から成り立っている．

> **目標**
> 　社会的事象の地理的な見方・考え方を働かせ，課題を追究したり解決したりする活動を通して，広い視野に立ち，グローバル化する国際社会に主体的に生きる平和で民主的な国家及び社会の有為な形成者に必要な公民としての資質・能力を次のとおり育成することを目指す．
> (1) 地理に関わる諸事象に関して，世界の空間的な諸事象の規則性，傾向性や，世界の諸地域の地域的特色や課題などを理解するとともに，地図や地理情報システムなどを用いて，調査や諸資料から地理に関する様々な情報を適切かつ効果的に調べまとめる技能を身に付けるようにする．

[*1] 『高等学校学習指導要領（平成 30 年告示）解説　地理歴史編』（以下『解説』）の総説に「選挙権年齢及び成年年齢が 18 歳に引き下げられ，生徒にとって政治や社会が一層身近なものとなる中，高等学校においては，生徒一人一人に社会で求められる資質・能力を育み，生涯にわたって探究を深める未来の創り手として送り出していくことが，これまで以上に重要となっている．」（『解説』, p. 4）と述べられている．

(2) 地理に関わる事象の意味や意義，特色や相互の関連を，位置や分布，場所，人間と自然環境との相互依存関係，空間的相互依存作用，地域などに着目して，系統地理的，地誌的に，概念などを活用して多面的・多角的に考察したり，地理的な課題の解決に向けて構想したりする力や，考察，構想したことを効果的に説明したり，それらを基に議論したりする力を養う．

(3) 地理に関わる諸事象について，よりよい社会の実現を視野にそこで見られる課題を主体的に探究しようとする態度を養うとともに，多面的・多角的な考察や深い理解を通して涵養される日本国民としての自覚，我が国の国土に対する愛情，世界の諸地域の多様な生活文化を尊重しようとすることの大切さについての自覚などを深める．

その内容は，「(1) 現代世界の系統地理的考察」，「(2) 現代世界の地誌的考察」，「(3) 現代世界におけるこれからの日本の国土像」の三つの大項目で構成され，これらの大項目はそれぞれ五つ，二つ及び一つの中項目から成り立っている．「地理探究」の内容項目を，従前の「地理B」と比較すると，表11-1のようになる．

表 11-1　地理Bと地理探究の内容項目

地理B	地理探究
(1) 様々な地図と地理的技能	A　現代世界の系統地理的考察
ア　地理情報と地図	(1) 自然環境
イ　地図の活用と地域調査	(2) 資源，産業
(2) 現代世界の系統地理的考察	(3) 交通・通信，観光
ア　自然環境	(4) 人口，都市・村落
イ　資源，産業	(5) 生活文化，民族・宗教
ウ　人口，都市・村落	B　現代世界の地誌的考察
エ　生活文化，民族・宗教	(1) 現代世界の地域区分
(3) 現代世界の地誌的考察	(2) 現代世界の諸地域
ア　現代世界の地域区分	C　現代世界におけるこれからの日本の国土像
イ　現代世界の諸地域	
ウ　現代世界と日本	(1) 持続可能な国土像の探究

以上のような，目標と表11-1などを参考にしながら，「地理探究」のポイントを挙げると，次の①～⑤となる．

① 「社会的事象の地理的な見方・考え方」[*2] に基づく学習活動の充実

2018（平成30）年の学習指導要領の改訂では，全ての教科目において「見方・考え方を働かせ」という言葉が目標の冒頭に設けられた．地理歴史科の目標においても，「社会的な見方・考え方を働かせ」と冒頭に述べられている．それは，中央教育審議会答申（以下「答申」）において，「『社会的見方・考え方』は，社会科，地理歴史科，公民科としての本質的な学びを促し，深い学びを実現するための思考力，判断力の育成はもとより，生きて働く知識の習得に不可欠であること，主体的に学習に取り組む態度にも作用することなどを踏まえると，資質・能力全体に関わるものであると考えられる．」と示されたことに基づいている．

「地理探究」においても，中学校社会科の地理的分野や「地理総合」と同様に，

*2　「社会的事象の地理的な見方・考え方」については，「社会的事象を，位置や空間的な広がりに着目して捉え，地域の環境条件や地域間の結び付きなどの地域という枠組みの中で，人間の営みと関連付けること」として，考察，構想する際の「視点や方法（考え方）」とされた（「解説」，p. 77）．「地理的な見方」の基本，「地理的な考え方」の基本については「解説」のpp. 77-78に，位置や分布，場所，人間と自然環境との相互依存関係，空間的相互依存作用，地域などの具体的な視点については「解説」のpp. 80-83に詳説されている．

目標の柱書の冒頭に「社会的事象の地理的な見方・考え方を働かせ」と述べられている．中学校社会科地理的分野や「地理総合」で働かせ，鍛えてきた「社会的事象の地理的な見方・考え方」を，さらに「地理探究」において働かせ，鍛えていくことが求められているのである．

　②「主題」や「問い」を中心に構成する学習の展開

　「社会的事象の地理的な見方・考え方」を働かせ，鍛えるための学習活動を充実させるためには，「主題」や「問い」を中心に構成する学習の展開が必要である．学習指導の改善・充実を図るためには，「主体的・対話的で深い学び」の実現が求められ，特に「深い学び」の視点*3 として，「教科・科目及び分野の特質に根ざした追究の視点と，それを生かした課題（問い）の設定」（「学習指導要領（平成30年告示）解説地理歴史編」，p.15）（以下，「解説」）の重要性が述べられている．

　③ 大項目 C の前提としての系統地理的考察と地誌的考察

　表11-1 にみられるように，「地理探究」の内容は，従前の「地理 B」を基本としている．「地理探究」では標準単位が 4 単位から 3 単位になり，「地理 B」での大項目(1)は「地理総合」に移され，スリム化が図られている．と同時に，「地理 B」の大項目(3)「現代世界の地誌的考察」の中のウ「現代世界と日本」を，「地理探究」では大項目 C「現代世界におけるこれからの日本の国土像」として独立させ，探究ための項目として中項目(1)「持続可能な国土像の探究」を設けている．系統地理的考察，地誌的考察で考察し，習得した知識や概念などを，「持続可能な国土像の探究」において活用する探究としての学習活動が期待されているのである．

　④「現代世界の系統地理的考察」における「交通・通信，観光」の項目化

　表11-1 にみられるように，「地理探究」の「現代世界の系統地理的考察」には，新たに中項目(3)「交通・通信，観光」が設けられている．それは，社会の情報化，グローバル化によって，国内の地域間，国家間の結び付きが緊密化し，人や物，情報などの動きが活発化する中で，それらを地理情報として捉える必要性が増大してきたためである．

　⑤「現代世界におけるこれからの日本の国土像」を問う探究項目の充実

　③ でも述べたように，大項目 C「現代世界におけるこれからの日本の国土像」が，探究による学習活動を期待され，独立して設けられている．中学校地理的分野，「地理総合」，さらには「地理探究」の系統地理的考察，地誌的考察の学習を経て，諸課題の解決と望ましい国土の在り方を実現するためにどのような取組が必要であるかを探究する．地理の学びの集大成としてこの項目が位置付けられている．

2. 地理探究の学習指導と評価―「民族紛争」を事例にして単元を構想してみよう―

　それでは，地理探究の学習指導と評価について単元を構想していこう．ここで

*3 （「深い学び」の視点）「・これらのことを踏まえるとともに，深い学びの実現のためには，「社会的な見方・考え方」を用いた考察，構想や，説明，議論等の学習活動が組み込まれた，課題を追究したり解決したりする活動が不可欠である．具体的には，教科・科目及び分野の特質に根ざした追究の視点と，それを生かした課題（問い）の設定，諸資料等を基にした多面的・多角的な考察，社会に見られる課題の解決に向けた広い視野からの構想（選択・判断），論理的な説明，合意形成や社会参画を視野に入れながらの議論などを通し，主として用語・語句などを含めた個別の事実等に関する知識のみならず，主として社会的事象等の特色や意味，理論などを含めた社会の中で汎用的に使うことのできる概念等に関わる知識を獲得するように学習を設計することが求められる．（…略…）」（「解説」，p.15）

*4 「(5)生活文化, 民族・宗教」では, 思考力, 判断力, 表現力等において, 「(ア)生活文化, 民族・宗教などに関わる諸事象について, 場所の特徴や場所の結び付きなどに着目して, 主題を設定し, それらの事象の空間的な規則性, 傾向性や, 関連する地球的課題の要因や動向などを多面的・多角的に考察し, 表現すること.」となっている(「解説」, p.98).

*5 「(5)生活文化, 民族・宗教」の内容の取扱いに「ここで取り上げる生活文化については, 『地理総合』の内容のBの(1)の生活文化の多様性と国際理解における学習を踏まえて取り上げる事象を工夫すること.」と述べられている(「解説」, p.98).

*6 森分孝治『社会科授業構成の理論と方法』明治図書出版, 1978年, p.1.

*7 教師のゲートキーピング(教師によるカリキュラムや授業の主体的な調整者としての働き)を説く, スティーブン・J・ソーントンは, 「たとえ公的カリキュラムの開発に従事しない教師がいたとしても, 全ての教師はカリキュラム教材を実行に移しているのであり, そうする中で教師は自らが信じるところの教育目標を自ら決定しており, また彼らが重要と考えているところの教育目標を決定している. ここにおいても, 教育目標の設定が作業として必要とされているのだ(にもかかわらず, おそらく大半の教師は, そうしたことをほとんど意識していないだろうが).」と述べている.(スティーブン・J・ソーントン著／渡部竜也, 山田秀和, 田中伸, 堀田諭訳『教師のゲートキーピング―主体的な学習者を生む社会科カリキュラムに向けて―』春風社, 2012年, p.96).

は, 大項目B「現代世界の系統地理的考察」の中項目(5)「生活文化, 民族・宗教」での単元「民族紛争」を構想していく. それは, 「地理総合」, 「地理探究」ともに地球的課題を取り上げるようになっていること[4], この中項目は「地理総合」のB「国際理解と国際協力」との関連が深く「地理総合」の学習を踏まえた深い学びが期待されること[5], 近年のグローバル化の進展や領土問題など, 我が国の国土像の探究にも示唆を与えることからである.

(1) 単元「民族紛争」の目標設定の調整―教師のゲートキーピング―

それでは, 単元「民族紛争」を構想するにあたって, まず, 目標を設定しよう. もちろん, それは全ての教師(授業者)に開かれている. しかし, 授業者は, 完全に開放(解放)されているわけではない. 公的なカリキュラムとしての学習指導要領, 入試対応にみられるような進路指導, あるいは授業を成立させるための生徒指導, 教員間の授業進度の調整, 生徒・保護者からの要望など, 置かれた状況の中で, 「今日, この時間に, なぜこの内容をこういう方法で学習しなければならないのか.」[6]という問いに答えることが求められる. 公的なカリキュラムや置かれた状況に飲み込まれそうになりながら, それでも自らの育てたい生徒像を問い, どう目標を設定するか. 教師の主体的なゲートキーパーとしての役割(自覚や責任)が問われる[7].

ゆえに, ここで示すのは, あくまでも一つの事例である. まずは, 教師の育てたい生徒像と学習指導要領との調整から行おう.

これからの社会を展望すると, 国際化, 情報化がますます進み, 予測不能な社会がやってくると考えられている. スマートフォンで国内外の様々な情報が簡単に手に入り, 直接外国人と接する機会も増えてきている. 私たちは, よその国や地域のことについては, 「なぜ」と問い, 比較的冷静に考えることができる. しかし, そのような状況の中で日本や身近な地域のことについて, あるいはそこに住む私たち自身に直接関わることについては, どのくらい熱くならずにいられるだろうか.

世界には, よそ事と無視することができない, 様々な諸課題が存在する. 現代世界の諸課題は, 様々な事象が複雑に絡み合い, 多くが解決困難な状況にある. そもそも現代世界の諸課題は, 解決が難しいから課題として残っているのである. 簡単に解決するのであれば, 世界から課題はなくなっている. 私たちは, 課題の要因や複数の立場などを理解すればするほど, 自分自身の置かれた立場や当事者の立場に対するこれまでの無知や無力さを反省するのではないだろうか.

このような問題意識から, ここでは, 世界の諸課題を科学的探求によって批判的に吟味させ, 生徒の社会認識を科学的知識として変革・成長させ, もとの常識的な自己の社会認識(それに基づいた直感的・感情的な価値観や行動)を反省し, 相対化させ, 行動する前に一度立ち止まり熟慮する, より成熟した市民的資質の

育成をめざす地理の授業を構想することとしよう[*8].

　この単元にあたる中項目「（5）生活文化，民族・宗教」には，次のように述べられている.

（5）生活文化，民族・宗教
　　場所や空間的相互依存作用などに着目して，課題を追究したり解決したりする活動を通して，次の事項を身に付けることができるよう指導する.
　ア　次のような知識を身に付けること.
　（ア）生活文化，民族・宗教などに関わる諸事象を基に，それらの事象の空間的な規則性，傾向性や，民族，領土問題の現状や要因，解決に向けた取組などについて理解すること.
　イ　次のような思考力，判断力，表現力等を身に付けること.
　（ア）生活文化，民族・宗教などに関わる諸事象について，場所の特徴や場所の結び付きなどに着目して，主題を設定し，それらの事象の空間的な規則性，傾向性や，関連する地球的課題の要因や動向などを多面的・多角的に考察し，表現すること.

　さらに「解説」には，「また，ここでの学習において空間的相互依存作用に関わる視点に焦点を当て着目した場合，例えば，『世界の主な紛争はどのような場所で起こっているのだろうか』といった問いを立てて，世界の主な紛争地域，世界の言語分布，世界の宗教分布と伝播などの主題図を作成して地域区分をしたり，類型地域の分布図を集めて読み取った情報を重ね合わせたりするなどして，地域内に見られる様々な事象の関わりから民族，領土問題の現状や要因，解決に向けた取組などを考察するような学習活動が考えられる.」（「解説」，p. 100）と具体的な学習活動例が示されている.

　確かに，「空間的な規則性，傾向性や，民族，領土問題の現状や要因，解決に向けた取組など」を理解させるために，「場所の特徴や場所の結び付きなどに着目して，主題を設定し」「多面的・多角的に考察し，表現する」ことは大切だろう.しかし，「解説」の学習活動例にあるような「どのような場所で」という問いの設定にとどまると，課題の発生している場所の状況の把握にとどまり，課題の要因や解決に向けた取組を「多面的・多角的に考察し，表現する」ことは困難であろう.地理も含めた紛争を研究対象としている社会諸科学の成果をもとに，「なぜ」という問いを中心にしながら紛争の要因を考察させ，複雑な要因と当事者や自己の立場も踏まえ，「どうすれば」と解決への取組についても理解や考察・構想を深めることが重要なのではないだろうか.

　このような育てたい生徒像と学習指導要領との調整を図った上で，具体的な単元目標等を設定するためにも，次に，教育内容の教材研究を行おう.

（2）二つの教材研究—教師のための教材研究と生徒のための教材研究—

　教材研究には，大きく二つの教材研究が必要となる.一つは「教師のための教

---

*8　同じような社会科教育観には，児玉康弘「探求的授業構成論の再評価—市民的資質育成における社会科学の役割—」『社会科研究』26，2005年，pp. 1-10.中本和彦「自己の社会認識を反省させる中等社会科地理教育内容開発—成熟した主権者の育成をめざす単元『大統領選挙から見るアメリカ』を事例として—」『社会科研究』86，2017年，pp. 1-12.

*9 例えば，紛争解決学では，オリバー＝ラムズボサム・トム＝ウッドハウス・ヒュー＝マイアル著／宮本貴世訳『現代世界の紛争解決学―予防・介入・平和構築の理論と実践』明石書店，2009年，上杉勇司・長谷川晋『紛争解決学入門―理論と実践をつなぐ分析視角と思考法―』大学教育出版，2016年など．平和学では，ヨハン・ガルトゥング著／高柳先男ほか訳『構造的暴力と平和』，中央大学出版部，1991年など．アフリカの地域研究では，武内進一『現代アフリカの紛争と国家―ポストコロニアル家産制国家とルワンダ・ジェノサイド―』明石書店，2009年，川端正久・武内進一・落合雄彦編著『紛争解決アフリカの経験と展望』ミネルヴァ書房，2010年など．国際政治学では，藤原帰一・大芝亮・山田哲也編『平和構築・入門』有斐閣，2011年など．国際関係学では，篠原英朗『国際紛争を読み解く五つの視座―現代世界の「戦争の構造」』講談社，2015年などの研究がみられる．

*10 上杉勇司・長谷川晋『紛争解決学入門―理論と実践をつなぐ分析視角と思考法―』大学教育出版，2016年，p. 113.

*11 註＊10，p. 113.

材研究」であり，もう一つは「生徒のための教材研究」である．まず，教師自身が単元の内容について熟知しておく必要がある．そのために論文や専門書などにあたる．これが「教師のための教材研究」である．しかし，いくら教師自身がわかっていても，生徒が思考し，理解できるようにしなければならない．教師が読んだ論文や専門書などの難解な言葉や専門的な資料を生徒にそのまま示したのでは生徒の思考や理解は進まない．生徒が考えたり，理解したりしやすい適切な事例や資料を探したり，必要であればシンプルな形に教育的に加工したりしなければならない．それが「生徒のための教材研究」である．もちろん，これは担当する生徒の状況によっても変わる．また，探求の過程に沿うように，「問いを発見させるための資料」，「仮説を立てさせるヒントとなる資料」，「仮説を検証するための資料」，「答えを他の事象に応用させるための資料」など，適宜適切なタイミングでの資料が必要となる．

a. 教師のための教材研究―「紛争」について―

まず，世界の紛争を授業で扱うのであれば，授業者は，「なぜ紛争が起こるのか」，そもそも「紛争とは何か」を理解することが必要であろう．

ア．紛争とは何か―ABC三角形モデル―

世界の紛争について研究しているのは，地理学だけではない．紛争解決学，平和学，アフリカなどを対象地域とした地域研究，国際政治学，国際関係学など多くの社会諸科学が，紛争を研究対象としている[*9]．なかでも紛争解決学は，紛争についてより直接的に，その定義や類型，解決の方法などを考察している．これらを概観すると，一般に，「紛争とは当事者がそれぞれの将来的な立場が両立しがたいと認識していて，かつ当事者双方がそのような両立不可能な立場を獲得しようと望んでいる競争的な状況」であるという定義で広く合意されている[*10]．そして，紛争は，密接な関係にある三つの要素から成り立っているといわれる．上杉勇司・長谷川晋は，次のように述べている[*11]．

> 紛争状況下では，当事者双方が自らの目的を単独で実現しようとすれば，必ず相手側が目的の実現を諦めるか，目的を変更しなければならない．そこで，互いが自らの目的を実現するために相手を排除したり，相手側の意図を挫いたりしようとする．このような紛争状況に陥る人々は，不信感，猜疑心，反感，嫌悪感，敵意，敵愾心，憎悪，恐怖などの感情を相手側に対して抱くことになる．つまり，紛争は，両立不可能な目標，相互に抱く否定的な感情，目標実現のための一方的な手段という相互に密な関係ある3要素から成り立つ．

これらの三つの要素をもとに，紛争研究では，紛争をABC三角形モデルを使って整理する．ABCとは，紛争態度（Atitude），紛争行為（Behavior），紛争状況（Context）の英語表示の頭文字を示し，紛争状況（C）とは両立不可能な競争状況を，紛争態度（A）とは心理・精神状態（紛争当事者が紛争を通じて醸成した，自らの側と相手側に対して抱く感情）を，紛争行為（B）とは一方の紛争当事者が対

立するもう一方の当事者に目標を諦めさせたり，修正させたりするために選択する行為・行動を意味する[12]．

*12　註＊10，pp. 113-114.

例えば，北方領土に関する日本とロシアの対立関係であれば，Aがロシアに対する日本側の感情，日本に対するロシア側の感情となり，Bがロシアによる北方領土の実効支配，日本の交渉，Cが領土問題，漁業権等を含んだ住民生活の問題，歴史認識問題などとなろう[13]．

*13　註＊10，pp. 114-115.

このようにABC三角形モデルは，紛争の状況を説明する有効な理論（モデル）といえる．

イ．国内紛争（新しい戦争）と人間の三つの基本的欲求

次に，武力紛争をみると，第二次世界大戦以降の紛争は，その大多数は国内紛争（intrastate）であった[14]．しかし実際には，多くの国内紛争は，ディアスポラ，周辺国，旧宗主国，大国，国際機関，NGO，多国籍企業など様々な外部勢力による干渉や介入を伴っており，外国が介入したことで国際化した（internationalized）国内紛争である[15]．そしてこれらの国内紛争は，冷戦の終結とともに「新しい戦争」と呼ばれるようになった．その特徴として，犠牲者の大多数は一般市民であり，拉致やレイプが紛争の手段となるなど犯罪との区別が難しいグレーゾーンの様相を呈し，宗教や民族に基づく集団同胞意識（アイデンティティ）の覚醒を伴う．そこでは，宗教も民族意識も，特定の政治目的のために都合よく解釈され，利用される，という特徴をもつ[16]．

*14　註＊10，p. 123.

*15　註＊10，pp. 123-124.

*16　註＊10，p. 125.

先に挙げた北方領土に関する紛争については，幸い今のところ武力を伴うものとはなっていない．しかし，武力紛争のように暴力的で破壊的なレベルまでに悪化した紛争は，解決が困難な紛争として，根深い（deep-rooted），泥沼化した（protracted），手に負えない（intractable）紛争と呼ばれる．解決が困難な背景には，妥協や分配することが難しい信仰などの根本的な価値観や人間としての基本的ニーズ（欲求・必要）の対立がある．この人間としての基本的なニーズとしては，「身体・精神的な安らぎを確保しようとする欲求」（security：安心），「尊厳を持った人間として認知されたいと願う欲求」（recognition：認知），「どこかに所属していたいといった帰属意識を満たそうとする欲求」（identity：帰属）の三つが基本的な欲求とされる．これらが十分に満たされていなかったり，脅威にさらされていたりするために不満や不安が生じ，紛争が生まれると考えられている[17]．逆に，不満の原因となっている基本的な欲求を探し出し，暴力に訴えることをしなくても欲求を満たす方法が見つかれば，紛争が暴力化するのを防ぐことができる，と考えられる[18]．

*17　上杉勇司・小林綾子・仲本千津編著『ワークショップで学ぶ　紛争解決と平和構築』明石書店，2010年，pp. 41-42.

*18　註＊17，p. 43.

b．生徒のための教材研究－事例の選択と資料の収集－

抽象的な話をしても，生徒が思考し，理解することは難しい．そこで事例が必要となる．事例選択の視点としては，まずは，地理の授業として，地理的な見方・考え方を踏まえた事例が望まれる．この単元では，「場所の特徴や場所の空間的

な結び付きに着目」して，「事象の空間的な規則性，傾向性」を考察，理解させることができる事例が望まれる．次に，習得させる理論（モデル）に対して，できるだけ典型的な事例がよい．そして大切なのが，生徒にとって社会的レリバンスが高いこと．つまり，自分とのつながりが感じられる有用感のある事例が望まれる．そのため，新聞やニュースなどでよく聞くものや生徒自身の日常生活とつながりのあるものがよい．さらに，本単元では，紛争解決の事例も必要となる．具体的な事例については，後の授業展開を参照願いたい．

(3) 学習過程の構想—探求としての学習過程とパフォーマンス評価—

a. 紛争を説明する理論の形成検証・応用検証

理論（モデル）は教師が一方的に教授したのでは生徒が自分のものとして働かせる知識とはならない．そのため，学習過程は，事例に基づいて先に挙げた理論などの仮説を形成・検証させ，他の事例に応用・検証させる科学的探求過程となる．加えて，本単元では，紛争やその要因を説明する理論（モデル）をもとに紛争解決の手がかりをつかませるように，各理論を習得させるパートの最後には，「どうしたら」というオープンな問いを設定させたい．

b. 紛争解決に向けたパフォーマンス課題の設定と評価

紛争は，その要因だけでなく，解決が困難な問題である．具体的な事例の個別な事実そのものを理解することよりも，学んだことによってこれまで説明できなかった様々な紛争の事象を説明し，解決への手がかりをつかみ，解決に向けて構想することができるようになることが重要である．加えて，獲得した理論的な知識によって，身近な事例についてもこれまでの自己の見方を省み，冷静に考察することができるようになること，さらにはその限界性までも認識できるようになることが重要である．ゆえに，単元の終結部では，パフォーマンス課題を設定し，ルーブリックによる評価を行う[19]．

*19 パフォーマンス評価については，松下佳代『パフォーマンス評価—子供の思考と表現を評価する』2007 年や西岡加名恵編著『「逆向き設計」で確かな学力を保障する』明治図書出版，2008 年などを参照．

(4) 単元「民族紛争—その要因と解決への道のり—」の授業展開例

a. 単元目標

○知識・理解：紛争について説明する ABC 三角モデルと，武力紛争の要因となる人間の三つの基本的欲求について理解している．

○思考力・判断力・表現力：紛争の現状や要因を，空間的規則性，傾向性や紛争についての理論を用いて考察し，説明するとともに，紛争解決に向けた構想を行い，その限界性についても省察することができる．

○主体的に学習に取り組む態度：紛争についての理論などを用いて見通しをもって解決に向けて構想し，事実に基づいて調整して取り組むことができる．

b. 単元計画（全 7 時間）

PART Ⅰ：学習課題の提示と紛争の空間的規則性，傾向性・・・・・1 時間

Ⅱ：紛争とは何か―ABC三角モデルによる紛争分析―・・・　1時間

Ⅲ：武力紛争発生と人間の三つの基本的欲求・・・・・・・・2時間

Ⅳ：資源の収奪をめぐる紛争メカニズムと私たち・・・・・1時間

Ⅴ：当事者による紛争解決・和解―ガチャチャ裁判―・・・・1時間

Ⅵ：ピースビルダーとして紛争とどう向き合う？・・・・・・1時間

時	学習過程	主な発問と学習内容
1	導入・PARTⅠ	事実の獲得　資料①VTR（世界各地の紛争の様子を伝えるニュース映像） ・このような紛争を見て，どう思いますか？ 　（→悲惨…．なぜ，多くの犠牲者が出るような紛争をするのだろう？　など，いろいろ．） 学習課題の提示　◎なぜ，世界各地でこのような紛争が起こるのだろう？ 　（→宗教対立からではないか．民族対立からではないか．貧しいからではないか．など） 空間的規則性，傾向性の理解　・紛争は，どのような地域で多く起こっているだろう？　地図帳や資料②を見てみよう． 　→国境付近に多い．国の端（周辺部）が多い．中東，アフリカ，アジア，ヨーロッパ，など 　〇なぜ，国境付近や国の端（周辺部）が多いのだろう？ 　→領土問題で対立しているからではないか． 　→一つの民族が国境によって分断されているからではないか． 　→国内における周辺部の少数民族が独立をしようとしているからではないか．など 世界の紛争の概観　・それぞれの紛争に該当する具体的な国や地域を，グループで調べて挙げてみましょう． 　→領土問題（北方領土，カシミール地方，パレスチナなど） 　→国境による民族の分断（クルドなど） 　→民族の独立問題（旧ユーゴスラビア，スリランカ，バスクなど）
2	PARTⅡ	ABC三角モデルによる領土問題に関する紛争についての分析・検証　・それでは，具体的に，領土問題による紛争からみていきましょう． ・日本も北方領土をめぐってロシアと対立していますね．他には，カシミール地方での領土問題があります．資料③「カシミール問題」を見てください．どんなことがわかりますか？ 　→インドとパキスタン，中国がカシミールの帰属問題をめぐって対立しており，一応，停戦状態が維持されてはいるが，武装組織などが関係して散発的な銃撃戦などの武力衝突が起きて緊張状態にある． 　〇なぜ，これらは，解決しないで，ずっと紛争状態にあるのだろう？ 　（→ロシアが実効支配していて日本とロシアとの間での交渉が進まないから．インドと，パキスタン，中国で戦力が拮抗しているから．など） ・紛争状態を整理するのに使われる「ABC三角形モデル」というものがあります．グループに分かれて，北方領土問題，カシミール問題についてインターネットなどを使って調べ，ABC三角形モデルを用いて，紛争当事者ごとにそれぞれの立場を表現してみましょう． A（態度）…当事者はどのような感情を抱いているのか． B（行為）…当事者はどのような行為に及んだか． C（背景）…当事者はなぜそのような感情を抱いたり，行為に及んだりしているのだろうか（歴史や利害対立のもととなっている原因に着目）． A（態度）　B（行為）　C（背景） 「ABC三角形モデル」

時	学習過程	主な発問と学習内容
2	PART Ⅱ	<例>カシミール問題における ABC 三角形モデル ・パキスタン 　A…カシミール地方はパキスタンの一部とするのが当然だ. 　B…北西部を実効支配. 停戦ラインで停戦中. イスラム武装組織支援（？） 　C…カシミールには，イスラム教徒が多く住んでいる（約75％）. ・インド 　A…インド連邦への帰属を確実なものにしたい. 　B…南・南東部を実効支配. 停戦ラインで停戦中. イスラム武装組織に対する取り締まり強化. 自治権の剥奪. 　C…独立の際にカシミールの藩国王がインドへの帰属を表明した. ・カシミール（インド国内の）武装組織 　A…独立（自治）を獲得したい. 　B…テロやデモによる主張. カシミールの住民投票の実施要求. 　C…住民投票が実施されず，武装警察による厳しい取り締まりによって住民が傷ついてきた. <例>北方領土問題における ABC 三角モデル（略） ・ABC 三角形モデルを用いて，それぞれの紛争を，それぞれの立場からみたとき，どんなことがわかりますか？
	紛争とは何かの解釈の形成 紛争とは何かの解釈の応用	◎紛争とは，何なのでしょう？ グループごとに話し合って解釈してみましょう. （→「紛争とは当事者が互いに両立しがたい利益を求めて対立した状態をいう.」など） 【参考】紛争とは当事者がそれぞれの将来的な立場が両立しがたいと認識していて，かつ当事者双方がそのような両立不可能な立場を獲得しようと望んでいる競争的な状況.） ○それでは，北方領土の問題やカシミールの問題が，武力紛争や大規模な戦争状態になる前でなんとか留まっているのは，なぜでしょう？ 　→北方領土では武力紛争・戦争を回避すること，カシミール問題では核の使用にまで至るような大規模な戦争状態を回避することが，領土を得るよりも当事者同士の共通の利益といえるから，ギリギリのところで戦争状態を回避しているのではないか. <武力紛争回避のヒント1：互いの利益よりもより大きな共通の利益があれば紛争は収まる.＞
3・4	PART Ⅲ 武力紛争発生と人間の三つの基本的欲求の因果関係についての仮説の形成・検証	・北方領土問題では武力紛争までには至っていないが，カシミール問題では武装組織が関わって武力紛争まで対立が拡大していました. ◎なぜ，武力紛争にまで対立が拡大するのだろう？何が人々を戦闘に導くのだろう？ （→独立・自由を求めて，一般市民が傷つけられたから，宗教対立から，…わからない.） ・長く武力紛争やテロが続くパレスチナ問題を取り上げて，イスラエル・パレスチナ双方の主張を，ABC 三角形モデルを使って整理してみよう.

	イスラエル人（ユダヤ人）側	パレスチナ人（アラブ人）側
A （態度）	罪のない人々を狙った攻撃に対して怒りと恐怖を抱く. パレスチナ人たちが自分たちに対して敵意を抱いているので信用できない.	自分たちの信じる宗教の聖地エルサレムを奪われ憤る. 家族や仲間を殺されて怒っている.

時	学習過程	主な発問と学習内容		
3・4	PART Ⅲ	B (行為)	イスラエルを守り，自分たちの安全を確保するために抵抗勢力を排除し，壁を建設し，パレスチナ人との交流を断つ．	強大なイスラエルに対する抵抗運動．強硬派による武力攻撃．
		C (背景)	歴史的に長く差別を受け，国を失い，ひどい仕打ちにあった．敵意に満ちた人々に囲まれる中で自分の安全を確保しなくてはならない．	自分たちが長年住んできたパレスチナを追われ，イスラエルに自分たちの土地を占拠された．

○なぜ，パレスチナ問題では，武力紛争やテロが続くのでしょう？　ABC 三角形モデルからどんなことがいえるだろう？
　→(推測1)大切な家族や仲間の死が憎しみとなり，続いているのではないか．
　→(推測2)歴史的に蓄積された差別への怒りや相手への不信感からではないか．
　→(推測3)自分たちの国(土地)や宗教への帰属意識(アイデンティティ)の侵害からではないか．
・紛争において，特に人間の三つの基本的欲求(BASIC HUMAN NEEDS)が脅威にさらされたとき，不満や不安が生じ，武力紛争やテロなどの根深い泥沼の紛争へと至るとされています．
＜人間の三つの基本的欲求＞
「身体・精神的な安らぎを確保しようとする欲求」(security：安心)
「尊厳を持った人間として認知されたいと願う欲求」(recognition：認知)
「どこかに所属していたいといった帰属意識を満たそうとする欲求」(identity：帰属)
・パレスチナ問題では，人間の三つの基本的欲求がどうなっているだろうか？
　→推測1，2，3のように，「安心」，「認知」，「帰属」の3つの基本的欲求が満たされていない．

武力紛争発生と人間の三つの基本的欲求の因果関係についての応用成・検証

○「安心」，「認知」，「帰属」の三つの基本的欲求から他の紛争をみると，どういうことが言えるだろうか？ユーゴスラビアやルワンダでの紛争を調べて，グループで話し合ってみよう．
　→ユーゴスラビア紛争ではセルビアが「大セルビア主義」を掲げるなど，指導的立場のものが民族主義を掲げ，ルワンダ内戦ではフツとツチの対立がベルギー統治下でつくられ，独立後も対立が増幅され，「帰属」の欲求が過度に煽られることによって，武力紛争・戦争状態となり，さらにその過程で，民族浄化としてジェノサイド(大量殺害)やレイプ，追放などが行われた．それは「安心」が脅かされるだけでなく，「認知(尊厳)」も踏みにじられ，身近な家族や仲間の死は相手への不信感や怒りを生み，泥沼の紛争となった．
○泥沼の武力紛争の状態にならないようにするには，どうすればよいでしょう？(→オープン)
＜武力紛争回避のヒント2：三つの人間の基本的欲求を互いに尊重すれば紛争は収まる．＞

5	PART Ⅳ	・(写真を示す)この人は誰かわかりますか？

・(写真を示す)この人は誰かわかりますか？
　→デニ・ムクウェゲ医師です．2018年のノーベル平和賞を受賞しました．
・これ(資料④)は，デニ・ムクウェゲ医師が2019年10月2日に来日したときのニュースです．どんなことをした人でしょう．また，どんなことを訴えていますか？

時	学習過程	主な発問と学習内容
	資源の収奪をめぐる紛争メカニズムについての理論形成	→コンゴ民主共和国で長年，性暴力の被害にあった女性たちの治療と支援にあたった人．コンゴには国際的に高く取引される携帯電話などに使用されるレアメタルなどの鉱物資源が豊富に眠っており，武装勢力が資源のある地域を支配するために武器として性暴力を使用し，コンゴの性暴力が日本に暮らす私たちと，決して無関係ではないと繰り返し訴えている． ○武器としての性暴力とはどういうことでしょう？　なぜ，鉱物資源をめぐって紛争が続いているのでしょう？資料⑤をみてみましょう． →性暴力は，兵士の性的欲求を満たすのではなく，住民に恐怖心を与え支配するため，コミュニティを破壊する「兵器」として戦略的に使用されてきた．性的暴力が残すのは，身体的な傷だけでなく，レイプにあった女性は家族の「恥」とみなされ，外に出ることもできなくなる．最悪の場合には，家族から追い出され，地域の人々からも差別を受け，人とのつながりを全て失ってしまう． →紛争により武装勢力やルワンダ，ウガンダなどの駐留軍が大規模な資源収奪に従事したことを契機として，コンゴ東部の豊富な資源は紛争資源として利用されるようになった．ルワンダやウガンダは資源収奪からの利益を得るとともに，武装勢力は両国から支援を受け，紛争を継続するための資金確保に，タンタルなどの携帯電話に使用される資源が利用されるメカニズムができた．
	資源の収奪をめぐる紛争メカニズムについての理論の応用・検証	・このように資源が紛争の資金源になって，紛争解決が困難な状況になったことは他にはないでしょうか．シエラレオネの例を調べてみましょう． →「紛争ダイヤモンド」（略） ○資源をめぐる紛争をとめるにはどうしたらよいでしょうか？ （→オープン） ＜武力紛争回避のヒント3：私たちの生活に利用されている紛争資源を規制する必要がある．＞
6	PARTV 当事者による紛争解決・和解の事例の理解	◎どうしたら紛争を解決することができるのでしょう？　どうしたら人々の「安心」，「認知」，「帰属」への不満，不信感，怒りを取り除くことができるでしょう？ （→いろいろ…むずかしい．わからない．） ・ルワンダでは，1994年，約100日間で約80万人が犠牲になったフツがツチを虐殺する大虐殺（ジェノサイド）がありました．資料⑥を見てください．現在のルワンダはどうなっていますか？ →カガメ大統領が就任した2000年以降の実質経済成長率は年平均7％超．ICT分野への投資や汚職対策，就学率の向上策などが奏功している．ビジネスがやりやすい国で世界29位（日本39位）．18年の国会で女性議員の割合は61％と世界トップ．首都キガリでは，夜中に一人歩きできるほど治安は良く，道にはごみがほとんど落ちていないという． ○なぜ，ルワンダは，紛争を乗り越えてこのような国になることができたのでしょう？　フツとツチの間での不満，不信感，怒りをどう乗り越えたのでしょう？ （→いろいろ…わからない．） ・資料⑦を読んでください．ルワンダで行われたガチャチャ裁判とはどんな裁判ですか？ →ガチャチャ裁判とは，通常の司法手続きではなく，地域社会レベルで，民衆の意見に基づいて実施される，ジェノサイド罪容疑者に対する草の根レベルの裁判．住民の間から選出された判事団（9名，および5名の補助役）

時	学習過程	主な発問と学習内容
		が，住民の証言をもとに，生活を共にする近隣住民（加害者）の罪を裁く裁判．ジェノサイドに関わった当事者が和解を求め，事実に向き合う裁判である．
		・ガチャチャ裁判で人々の「安心」，「認知」，「帰属」への不満，不信感，怒りを取り除くことができたのでしょうか？　資料⑧をみて，「安心」，「認知」，「帰属」を満たすものはないか調べてみましょう．
		→賠償によって自らの被害が公的に認められることは，生存者にとって癒しをもたらすとされる．（「認知」の欲求が満たされる）
		→ガチャチャが始まるまで，対面や対話の場はなく，元・加害者は生存者の報復を怖れ，生存者も加害者の家族からの逆恨みを怖れていたり，証言の口封じのために殺されるかもしれないという不安をいだいていた．ガチャチャによって双方ともに疑心暗鬼を和らげる効果があった．（「安心」の欲求が満たされる）
	他の事例による有効性の検証	・そのほかにも，同じように，当事者同士による和解を目指したものとして南アフリカ共和国の真実和解委員会などがあります．調べてみましょう．
		（→略）
		◎どうしたら人々の「安心」，「認知」，「帰属」への不満，不信感，怒りを取り除くことができるでしょう？
		＜武力紛争回避のヒント4：当事者による和解裁判が「癒し」と「赦し」のきっかけになる．＞
7	PARTⅥ・終結	ピースビルダーとして紛争とどう向き合う？（パフォーマンス課題）	【パフォーマンス課題】（紛争解決に向けて学びを活かそう）
		◎あなたは，紛争解決のピースビルダーのワークショップに参加しました．テーマは，「沖縄の米軍基地問題」です．この問題について，まず紛争当事者のABC三角モデルを使って紛争の状況について整理してください．次に，共通の利益や人間の3つの基本的欲求（安心，認知，帰属）などをもとに，紛争解決についてあなたの考えを提案しましょう．また，その提案におけるクリアしなればならない課題・限界性は何か，説明してください．
		（オープンエンド）
		【ルーブリックにより評価】
		評価規準① 紛争当事者を沖縄，国，米国の3者を含めた多様な立場を想定し，ABC三角モデルを用いて紛争状況を整理することができる．
		評価規準② 当事者の共通の利益や人間の三つの基本的欲求（安心，認知，帰属）などを活用して紛争解決について自分の考えを提案することができる．
		評価規準③ 事実にもとづいて提案の限界性について説明できる．
		（※評価規準①〜③ともに，3または4段階の評価基準を作成する．）

資料

① （略）

② 「世界の紛争と独立運動」（『最新地理図表GEO二訂版』2019年度用，p. 150）「言語・紛争」（『新詳高等地図』帝国書院，2018年，p. 137）

③ 「カシミール問題」（『最新地理図表GEO二訂版』2019年度用，p. 168），「カシミールの自治権剥奪印パ対立激化も」（日本経済新聞（電子版）2019年8月5日，https://www.nikkei.com/article/DGXMZO48246410V00C19A8FFJ000/（2019年8月31日確認）による．）

④ NHKおはよう日本「来日2018年ノーベル平和賞 性暴力と闘う医師 ムクウェゲ医師 "世界はつながっている"」（https://www.nhk.or.jp/ohayou/digest/2019/10/1011.html（2019年10月31日確認））

⑤ 「アフリカのコンゴ紛争，性的暴力を受けた女性たちの現状とは…」（認定NPO法人テラ・ルネッサンス，https://www.nhk.or.jp/kokusaihoudou/archive/2018/12/1210.html，（2019年10月31日確認）），「コンゴの性暴力を止める責任は日本にもある―ノーベル受賞医師はなぜ闘う必要があるのか―」（東洋経済ONLINE，https://toyokeizai.net/articles/-/243038（2019年10月31日確認））（さらに詳細は，華井和代『資源問題の正義―今後の紛争資源問題と消費者の責任』東信堂，2016年，pp. 189-191およびpp. 191-213参照．）

⑥「ルワンダの『奇跡』継続を」(日本経済新聞(電子版), 2019年4月9日, https://www.nikkei.com/article/DGXMZO43533350Z00C19A4SHF000/, (2019年10月31日確認))
⑦武内進一「ガチャチャの開始—ルワンダにおける国民和解の現在」, アフリカレポート, 41, 2005年, pp. 49-54
⑧小峯茂嗣「ルワンダのガチャチャ裁判による和解醸成効果に関する研究」(科学研究費助成事業研究「挑戦的萌芽研究」(24653002)成果報告書)(詳細は, 小峯茂嗣「ジェノサイド後のルワンダにおける加害者とサバイバーの意識の変化:ガチャチャ裁判後の聞き取り調査をもとに」,『ことば・文化・コミュニケーション』, 10, 2018年, pp. 119-132)

参考文献

原田智仁編著『平成30年版学習指導要領改訂のポイント　高等学校地理歴史・公民』明治図書出版, 2019年.

スティーブン・J・ソーントン著／渡部竜也, 山田秀和, 田中伸, 堀田諭訳『教師のゲートキーピング—主体的な学習者を生む社会科カリキュラムに向けて』春風社, 2012年.

中本和彦『中等地理教育内容開発研究—社会認識形成のための地誌学習—』風間書房, 2014年.

社会系教科教育学会編『社会系教科教育研究のアプローチ〜授業実践のフロムとフォー〜』学事出版, 2010年.

第2節　「日本史探究」の学習指導・評価

1.「日本史探究」成立の背景と位置付け

　高等学校では戦後から教科「社会科」の一科目である「日本史」で日本史学習がなされてきたが, 社会科が「地理歴史科」,「公民科」に再編された1989年版学習指導要領以降, 日本史は教科「地理歴史科」内の「日本史A」と「日本史B」の2科目構成となり, 1999年版を経て2009年版までこの構成は維持されてきた. しかし, 2016年12月の中央教育審議会答申において, 地理歴史科と公民科ともに科目構成の見直しが提言され, 地理歴史科では共通必履修科目として「歴史総合」と「地理総合」, 選択履修科目として「日本史探究」,「世界史探究」及び「地理探究」が設置されることとなった. そのため, 2018年版学習指導要領から「日本史探究」という新しい科目が成立した.

　科目構成の見直しの背景には, 国家及び社会の形成者として必要な知識や思考力等を基盤として選択・判断等を行い, 国家及び社会の課題を解決していくために必要な力や, 自国の動向とグローバルな動向を横断的・相互的に捉えて現代的な諸課題を歴史的に考察する力, 持続可能な社会づくりの観点から地球規模の諸課題や地域課題を解決していく力を, 全ての高校生に共通に育むという要請がある.

　つまり, 高等学校社会系教科では国家及び社会の形成者としての資質・能力の育成を一層重視するという目的から科目の再編が実施されたということである. ここには学習指導要領にみられる学力観や学習観の転換を図る動向が反映されている. 豊かに生きる力という資質・能力を基礎・基本とする新しい学力は, 2003年の中央教育審議会答申では, 知識・技能, 学ぶ意欲や, 自分で課題を見付け, 自ら学び, 主体的に判断し, 行動し, よりよく問題を解決する資質や能力といっ

た「確かな学力」として再定義されるなど，1990年代以降，従来の知識・技能重視から多様な資質・能力重視への転換は常に求められてきた．また，世界に目を向けると，1990年代後半にはOECD（経済協力開発機構）のDeSeCoプロジェクト[20]でキー・コンピテンシーが定義され，その到達度を調査する国際学力調査（PISA）が2000年以降，3年ごとに実施され，コンピテンシー（＝資質・能力）を重視したカリキュラムへの転換が世界の主流の動向となっている．世界各国の動向は日本における資質・能力重視の方向性を加速させ，2018年版学習指導要領では更なる定着を図り，科目再編がなされるに至ったのである．

　そのため，歴史総合と日本史探究は日本史A，日本史Bのような連続を想定していない2科目構成ではなく，日本史探究は歴史総合で育成した資質・能力を活用しながら，連続的・累積的に資質・能力の育成をめざす歴史総合の発展的な科目であるとともに，中等段階において最も高度な歴史的思考力を育成する科目であるという日本史探究の位置付けを認識することが重要である．

*20　DeSeCoプロジェクト（Definition and Selection of Competencies：コンピテンシーの定義と選択）は，国際的に共通する鍵となる資質・能力（キー・コンピテンシー）を定義し，その評価と指標の枠組みの開発をめざすプロジェクトである．

2．日本史探究の性格

（1）目標

　日本史探究の目標と2009年版の日本史A・日本史Bの目標を示したのが以下である．

日本史探究	日本史A
社会的事象の歴史的な見方・考え方を働かせ，課題を追究したり解決したりする活動を通して，広い視野に立ち，グローバル化する国際社会に主体的に生きる平和で民主的な国家及び社会の有為な形成者に必要な公民としての資質・能力を次のとおり育成することを目指す．	我が国の近現代の歴史の展開を諸資料に基づき地理的条件や世界の歴史と関連付け，現代の諸課題に着目して考察させることによって，歴史的思考力を培い，国際社会に主体的に生きる日本国民としての自覚と資質を養う．
（1）我が国の歴史の展開に関わる諸事象について，地理的条件や世界の歴史と関連付けながら総合的に捉えて理解するとともに，諸資料から我が国の歴史に関する様々な情報を適切かつ効果的に調べまとめる技能を身に付けるようにする．	日本史B
（2）我が国の歴史の展開に関わる事象の意味や意義，伝統と文化の特色などを，時期や年代，推移，比較，相互の関連や現在とのつながりなどに着目して，概念などを活用して多面的・多角的に考察したり，歴史に見られる課題を把握し解決を視野に入れて構想したりする力や，考察，構想したことを効果的に説明したり，それらを基に議論したりする力を養う．	我が国の歴史の展開を諸資料に基づき地理的条件や世界の歴史と関連付けて総合的に考察させ，我が国の伝統と文化の特色についての認識を深めさせることによって，歴史的思考力を培い，国際社会に主体的に生きる日本国民としての自覚と資質を養う．
（3）我が国の歴史の展開に関わる諸事象について，よりよい社会の実現を視野に課題を主体的に探究しようとする態度を養うとともに，多面的・多角的な考察や深い理解を通して涵養される日本国民としての自覚，我が国の歴史に対する愛情，他国や他国の文化を尊重することの大切さについての自覚などを深める．	

日本史探究と日本史A・Bの目標を比較すると，日本史探究における資質・能力の重視傾向は一目瞭然である．日本史A・Bでは歴史的思考力という包括的な資質・能力は出てくるものの，どのような資質・能力であるのかまでは示されていない．それに対し，日本史探究では(1)我が国の歴史の展開についての総合的な理解と歴史に関する情報を調べまとめる技能，(2)我が国の歴史の展開に関わる事象の意味や意義，伝統と文化の特色などを多面的・多角的に考察したり，歴史に見られる課題を把握し解決を視野に入れて構想したりする力，考察・構想したことを効果的に説明したり，それらを基に議論したりする力，(3)よりよい社会の実現を視野に課題を主体的に探究しようとする態度，日本国民としての自覚，我が国の歴史に対する愛情といった資質・能力[21]が明記されている．これら資質・能力は2016年12月の中央教育審議会答申で明確にされた教育課程全体を通して育成をめざす資質・能力の3つの柱を歴史科目固有の資質・能力として再定義したものである((1)は知識・技能，(2)思考力・判断力・表現力等，(3)学びに向う力・人間性等という資質・能力に該当)．

日本史探究の目標は，歴史的思考力や日本国民としての自覚や資質といった日本史A・Bにみられる理念としての高位の目標ではなく，より具体的な資質・能力を明記することで，その確実な育成を意図している．

(2) 内容構成

資質・能力の育成という観点から，内容構成をみていく．日本史探究と2009年版の日本史Bの内容構成を示したのが以下である（ここでは，古代から現代までの通史学習という共通性を持つ日本史Bを比較対象として取り上げる）．

日本史Bでは，(2)に歴史の解釈，(3)に歴史の説明，(6)に歴史の論述が中項目に挿入され，段階的に思考力を高めることが図られた．これらの中項目は歴史的思考力を育成するために設定された特設的項目という性格を持つ．その他の中項目が中心的項目で，この項目を通して各時代の特色を総合的に考察する通史学習が主流である．そのため，日本史Bは歴史的思考力の育成がめざされてはいるものの，時代ごとの学習内容が内容構成を支える原理となっている．

これに対し，日本史探究は大項目が古代・中世・近世・近現代からなり，より大きな枠組みで時代の推移を捉える構成となっている．各大項目の中項目(1)～(3)全てで諸資料を活用し，課題を追究したり解決したりする活動が想定される．(1)では時代の転換に着目して時代を通観する問いを表現し，(2)では各時代の特色についての考察から仮説を表現し，(3)では主題を設定し，それに基づく問いを通して歴史事象の解釈や歴史の画期を表現する学習が図られる．(3)は日本史Bの歴史の解釈，歴史の説明，歴史の論述に該当し，全大項目で歴史的思考力を育むことが意図される．A～Dの各中項目は時代の転換や各時代の特色を史資料に基づいて考察するという同様の学習で構成され，それを踏まえて歴史の

日本史探究	日本史B
A　原始・古代の日本と東アジア	(1)原始・古代の日本と東アジア
(1)黎明期の日本列島と歴史的環境	ア　歴史と資料
(2)歴史資料と原始・古代の展望	イ　日本文化の黎明と古代国家の形成
(3)古代の国家・社会の展望と画期	ウ　古代国家の推移と社会の変化
	(2)中世の日本と東アジア
B　中世の日本と世界	ア　歴史の解釈
(1)中世への転換と歴史的環境	イ　中世国家の形成
(2)歴史資料と中世の展望	ウ　中世社会の展開
(3)中世の国家・社会の展望と画期	(3)近世の日本と世界
	ア　歴史の説明
C　近世の日本と世界	イ　近世国家の形成
(1)近世への転換と歴史的環境	ウ　産業経済の発展と幕藩体制の変容
(2)歴史資料と近世の展望	(4)近代日本の形成と世界
(3)近世の国家・社会の展望と画期	ア　明治維新と立憲体制の成立
	イ　国際関係の推移と立憲国家の展開
D　近現代の地域・日本と世界	ウ　近代産業の発展と近代文化
(1)近代への転換と歴史的環境	(5)両世界大戦期の日本と世界
(2)歴史資料と近代の展望	ア　政党政治の発展と大衆社会の形成
(3)近現代の地域・日本と世界の画期と構造	イ　第一次世界大戦と日本の経済・社会
(4)現代の日本の課題の探究	ウ　第二次世界大戦と日本
	(6)現代の日本と世界
	ア　現代日本の政治と国際社会
	イ　経済の発展と国民生活の変化
	ウ　歴史の論述

　解釈，説明，論述を反復的に繰り返すことで，資質・能力の累積的育成がめざされる．そして，それら資質・能力を活かして現在の問題関心に基づいて現代の日本の課題を歴史的視点から探究的に考察するのがDの中項目(4)で，これが，日本史探究の総括的項目となっている．以上から，日本史探究においては，資質・能力が内容構成を支える原理となっていることが分かる．

(3)資質・能力

　日本史探究の科目目標では前述の通り，本科目で育成する三つの資質・能力が明記されている．しかし，この目標に示された資質・能力は科目全体を通して育成する資質・能力であるため，そのままで評価可能な資質・能力として示されているわけではない．日本史探究では「目標に準拠した評価」が求められているため，歴史の展開を総合的に捉えて理解する資質・能力，情報を適切かつ効果的に調べまとめる技能，多面的・多角的に考察したり，課題を構想したり，構想を効果的に説明したりする資質・能力とはどのようなものなのかを学習活動に即して具体化することで評価可能にしなくてはならない．

　資質・能力を具体化するためには学習活動の検討が不可欠である．日本史探究では，諸資料を活用し，課題を追究したり解決したりする活動，時代を通観する

*22 二宮宏之は，歴史学の営みには，みずからの問いに対応する過去の痕跡を発見し読解する．痕跡を通じてみずからが読み解いたもろもろの事柄を相互に関連付け，そこにひとつの意味連関を構想するという二つの側面があるとする．上村忠男他編『歴史を問う4 歴史はいかに書かれるか』岩波書店，2004年，p. 50を参照．

*23 遅塚忠躬『史学概論』東京大学出版会，2010年，p. 116を参照．

問いの表現，仮説の表現，歴史事象の解釈や歴史の画期を表現するといった活動が盛り込まれている．これらの学習活動の根拠となっているのが，歴史学の営み[22]である．そこで，遅塚忠躬の『史学概論』に基づいて，歴史学の営みを明らかにしよう．遅塚は歴史学の営みの作業工程を以下の5段階で示す[23]．

---

① 問題関心を抱いて過去に問いかけ，問題を設定する．
② その問題関心に適した事実を発見するために，雑多な史料群のなかからその問題に関係する諸種の史料を選び出す．
③ 諸種の史料の記述の検討によって，史料の背後にある事実を認識する．
④ 考証によって認識された諸事実を素材として，さまざまな事実の間の関連を想定し，諸事実の意味を解釈する．
⑤ その想定と解釈の結果として，最初の問題設定についての仮説を提示し，その仮説に基づいて歴史像を構築したり修正したりする．

歴史学では，歴史家は自らの問題関心に基づいて過去に問いを投げかける．この過去への問いかけが歴史学の出発点となる．これが①の作業である．この問題関心や問題設定に基づいて史資料を選択する．これが②の作業である．

史資料は歴史を考察する際に重要な条件となる自然や自然物（ア），人々の営みの中で人為的に形成された人為物（イ）に大別され，さらに人為物は景観や建造物，生活上の遺物といった「もの」としてあるもの（a），記憶，音声，心性，伝承，言語といった形のないもの，画像・映像・図像資料や文字史料といった形のあるものからなる人間による表象としてあるもの（b）という二つに区分される[24]．これら多岐に亘る膨大な史資料群から選択した各種の史資料を批判的に分析し，照らし合わせ，解釈して，史資料の背後にある事実を認識する（事実認識）．ここでは史資料から読み取れる多様な事実から問題関心や問題設定に即した事実を選択することになる．これが③の作業である．

*24 福井憲彦『歴史学入門』岩波書店，2006年，p. 17を参照．

事実の認識だけでは歴史の大きな流れの中でその事実が持つ意味を明らかにすることができない．③の作業で選び出された事実を史資料に基づいて解釈しながら諸事実をさまざまな事実の相互連関や因果関係に位置付けることで，事実の歴史的意義を明らかにする（事実解釈）．これが④の作業である．④の作業で解釈した成果を踏まえ，最初に設定した問題についての自己の見解を仮説として提示し，その仮説からある歴史の局面について自己の歴史像を構築する．これが⑤の作業である．この⑤の作業が歴史認識である．

以上の作業工程では史資料の選択，事実の選択，事実の解釈の選択といった多様な選択が常になされているため，歴史学の営みとは歴史家の主観的な営みといえる．明確な問題関心，問題設定のもとで史資料を選択し，事実を認識し，その認識に基づいて明らかにした意味関連から仮説を設定し，歴史像を構築するという主観的・主体的な歴史の取り組みこそが歴史学の営みなのである．

このように整理すると，歴史学の営みは日本史探究の目標や内容構成においても根拠となっていることがわかる．目標にある社会的事象の歴史的な見方・考え方は，社会的事象を時期，推移などに着目して捉え，類似や差異などを明確にし，事象同士を因果関係などで関連付けるという事実の意味関連を形成するための重要な視点であり，④の作業に相当する学習活動を可能にするものである．目標(1)にある歴史の展開の総合的な理解とは，時間軸の中での連続性や地域と日本，世界の空間的な認識，政治や経済，社会，文化，国際環境など各時代の特色及びその変遷など様々な側面に応じて歴史を多様に描くことを意味する．これは，歴史に関する史資料や事実や事実の解釈の選択，意味関連によって多様に歴史を描写する歴史学の営みと同様の学習である．史資料から情報を適切かつ効果的に調べまとめる技能は歴史学の営みに照らすと，史資料を批判・照合・解釈したり，諸事実間の相互関連や因果関係を解明したりする技能といえよう．目標(2)にある歴史の展開の多面的・多角的な考察，課題の構想や構想の効果的な説明は，問題関心から導かれる仮説の設定や，仮説に基づいた歴史像の構築に相当する．内容構成は，中項目(1)で時代の特色を捉えるという問題関心のもとで問いを設定し，(2)でその考察から仮説を設定し，(3)で仮説に基づいた主題から歴史像を構築するという構成であり，まさに歴史学の営みから導かれている．これら目標や内容構成に基づいて，諸資料を活用し，課題を追究したり解決したりする学習活動が全項目を貫いているのである．

　これより，日本史探究で育成される資質・能力は，学習指導要領において設定された三つの柱に依拠しつつも，評価可能なレベルまで具体化すると歴史学の営みにおいて不可欠な資質・能力と不可分で密接な関係にあることがわかる．とはいえ，歴史学習の活動と歴史学の営みとは当然同じではない．歴史学の営みを教育の営みの文脈から捉え直し，歴史学習固有の資質・能力を再検討する必要がある．教育の営みとして今次の学習指導要領で重視されているのが，「主体的・対話的で深い学び」の実現に向けた授業改善の推進である．「主体的・対話的で深い学び」という観点から歴史学の営みをみると，歴史学の営みは日本史探究における「主体的・対話的で深い学び」の実現を可能にする活動といえる．問題関心に基づいた問題設定，問題設定からの史資料の選択，史資料からの事実の認識，事実の意味の解釈，それらの成果を踏まえた仮説の提示，仮説に基づく歴史像の構築といった活動は日本史探究における生徒の主体的な学びといえる．歴史家が形成した歴史像を他の歴史家と検証しあうように，歴史学習でも協同での活動を取り入れることが重要である[*25]．設定した問題に他者と協同して取り組み，史資料選択，事実認識，歴史認識を深めることで，相対的により合理的妥当性を持つ歴史像に到達でき，知識・理解，技能，関心・意欲・態度，思考力・判断力・表現力といった多様な資質・能力の育成が可能となるのである．これこそが日本史探究における対話的で深い学びであろう．日本史探究における「主体的・対話

*25　協同学習とは，単にペアやグループで学習に取り組むという学習活動を意味するのではなく，確かで豊かな知識理解，主体的自律的に学びに向かう関心・意欲，協同で取り組む社会性，他者を尊重する態度といった多岐にわたる資質・能力を獲得するための考え方を意味する．杉江修治『協同学習入門　基本の理解と51の工夫』ナカニシヤ出版，2011年，p. 1を参照．

的で深い学習」を可能にする生徒の個人活動，他者との協同での活動，これらの活動で育成する資質・能力を各単元で設定し，明確な評価規準のもとで評価することが求められるのである．

3. 日本史探究の学習指導

　それでは，実際に学習指導要領の目標，内容構成，資質・能力に即して近世の単元の授業を開発してみよう．

a. 単元名「近世への転換と江戸時代の特色」

b. 単元目標

　江戸時代の特色を多様な次元から捉え，江戸時代が長く続いた理由を自分の言葉で表現する．

c. 到達目標

① 政治・経済・外交・社会という各次元から江戸時代の特色を捉える．

② 問題設定に基づいて，各次元を関連づけながら表現した江戸時代の特色を踏まえて，江戸時代が続いた理由を仮説として表現する．

③ 設定した仮説を他者や自身で収集した史資料で検証し，より妥当で合理性の高い江戸時代が続いた理由の解釈を形成する．

d. 単元の構成（5時間）

・各次元での事実認識に基づく江戸時代の特色の考察	2時間
・江戸時代の特色を踏まえた江戸時代が続いた理由の考察と仮説の設定	1時間
・設定した仮説の他者との検証	1時間
・史資料での根拠づけを経た江戸時代が続いた理由の表現	1時間

e. 授業展開

	教師の働きかけ	生徒の活動（資料）	生徒が獲得・形成する知識
導入	Q. これらの史資料から読み取れることは何か？ Q. 江戸時代の平和の起点はどこだろう？ ◎なぜ江戸時代は平和な体制が続いたのだろうか？	史資料の読解 資料①プロイセン外交官がみた幕末の江戸，資料②デンマーク人がみた幕末の江戸 教科書・資料集	A. 江戸時代後期まで江戸は平和が保たれており，武器の管理がなされていた．パクス＝トクガワーナ A. 惣無事令，刀狩，一国一城令，大阪夏の陣，元和偃武＝戦国以来の争乱が終結した近世への転換
展開Ⅰ	○江戸時代前期はどのような時代なのか？資料と教科書・資料集を活用して政治・外交・経済・社会という面から考えてみよう．	史資料の読解・史資料の選択 選択した史資料からの事実認識 資料③池田光政や藤堂家法令にみる将軍と大名の立場，資料④軍事より行財政重視の風潮を嘆く三河武士，資料⑤幕府が避戦政策を採った論理，資料⑥鎖国の歴史的意義，資料⑦近世の主要航路，資料⑧江戸前期の経済循環構造，資料⑨江	○（生徒の読解例） 政治面－武士の官僚化による新たな統治システムが成立した時代 外交面－幕府による避戦政策と外交ルートの統制を通して対外関係を安定させたシステムが成立した時代 経済面－江戸を中心とした経済循環構造で物流システムと通信ネッ

		戸時代の社会システム，資料⑩日根荘の中世と近世の絵図比較，資料⑪村掟，資料⑫商人が持つ影響力と経済発展，資料⑬江戸の絵図教科書・資料集	トワークが成立した時代社会面－公儀の介入による町掟や村掟を通した安定した町や村が成立した時代
展開Ⅱ	○江戸時代はなぜ長く続いたのだろう？	史資料や事実を関連づけた諸事実の歴史的意義の検討仮説の形成	各自が形成した仮説（仮説の例）・一つの次元のみで江戸時代が続いた理由を説明する仮説（例．官僚化した武士の統治システムが江戸幕府の安定をもたらした．）・複数の次元を関連付けて江戸時代が続いた理由を説明する仮説（例．鎖国政策が国内産業の発展を促し，物流システムや通信ネットワークを進展させ，幕府の安定をもたらした．）・全次元を関連付けて江戸時代が続いた理由を説明する仮説（例．参勤交代や鎖国政策が産業を発展させることで，町村が成長し，成長した町村がさらなる経済の発展を促すといった各次元の相乗効果が江戸時代を安定した社会へと導いた．）
展開Ⅲ	○形成した仮説をグループで検討しよう．	仮説のグループでの討議史資料を根拠とした自己と他者の仮説の比較・検討	自己と他者が形成した仮説
終結	○グループでの検討を踏まえて，江戸時代が続いた理由を表現しよう．	さらなる史資料での自己と他者の仮説の検証江戸時代が続いた理由についての最終的な解釈の形成	各自が形成した江戸時代が続いた理由についての解釈

【資料】① R.リンダウ著／森本英夫訳『スイス領事の見た幕末維新』新人物往来社，1986年，pp. 162-163，② E.スエンソン著／長島要一訳『江戸幕末滞在記』，新人物往来社，1989年，pp. 73-75，③ 神崎彰利『検地 縄と竿の支配』教育社，1983年，pp. 51-52，④ 大久保彦左衛門著／小林賢章訳『現代語訳 三河物語』，筑摩書房，2018年，pp. 270-272，⑤ 山本博文『江戸に学ぶ日本のかたち』日本放送出版協会，2009年，pp. 37-40，⑥ 大石学『新しい江戸時代が見えてくる』吉川弘文館，2014年，pp. 37-38，⑦ 鬼頭宏『日本の歴史19 文明としての江戸システム』講談社，2002年，p. 215，⑧ 同上書，p. 207「徳川経済の循環構造」，⑨ 水本邦彦『日本の歴史 江戸時代/17世紀 徳川の国家デザイン』小学館，2008年，pp. 317-318，⑩ 同上書，p. 131，⑪ 歴史学研究会編『日本史史料 [3] 近世』岩波書店，2006年，pp. 108-111，⑫ 荻生徂徠著／尾藤正英抄訳『政談』，講談社，2013年，pp. 122-127，⑬ 「江戸図屏風」，「江戸名所図屏風」

　本授業では，導入で近世への転換の起点を明確にするとともに，MQ「なぜ江戸時代は平和な体制が続いたのだろうか」を導く．展開Ⅰでは，教師が提示する資料や教科書，資料集をもとに，江戸時代の特色を政治・外交・経済・社会の各次元から把握する．例えば，資料③，④や武家諸法度，一国一城令といった教科書や資料集の情報から武士の官僚化という中世と相違する統治システムを認識

する．ここでは，MQを考察するのに適した史資料を読解し，選択し，事実を認識することが図られる．展開Ⅱでは，江戸時代の特色から江戸時代が長く続いた理由についての仮説を設定する．ここでは，展開Ⅰで獲得した江戸時代の特色に関わる事実や史資料の意味関連や江戸時代が長く続いたことに各次元が果たした役割（歴史的意義）を考察する．例えば，資料集にある参勤交代や資料⑥から読み取る鎖国により完成した外交ルートと資料⑦の主要航路，さらに，資料⑧の経済循環構造や資料⑩，⑪から読み取れる近世の村の成長，資料⑫，⑬から読み取れる商人の影響力や資料集にある商品作物の生産などを関連付けることができれば，全ての次元を関連付けた仮説が形成できる．ここまでは個人での学習が中心である．もちろん，全ての生徒が優れた仮説を設定できるわけではない．

　そこで，展開Ⅲが重要となる．展開Ⅲは協同での学習を想定しており，どのような形態で協同学習を実施するのかは教師が生徒の到達段階に即して判断することになる．例えば，ペア活動で設定した仮説を相互に比較し，根拠とした史資料を検討しながら，仮説を精緻化するピア＝エディティングの技法や，グループで仮説を持ちより，全体で仮説を作り上げるコラボラティブ・ライティングの技法を取り入れた協同学習が考えられる．その際には，到達段階に即したペアやグループの形成が重要となる．そして，終結では，協同学習の成果を踏まえ，自身で持参した史資料を活用して江戸時代が長く続いた理由の最終的な解釈を形成する．個人での学習→協同での学習→個人での学習を繰り返す主体的・対話的で深い学びを通して仮説をより妥当で合理性の高い解釈へと累積的に成長させることを図っている．

4. 日本史探究の学習評価

　提示した単元授業では，生徒をどのように評価すればよいのか．授業では，評価の観点に基づいて評価規準[*26]を示す必要がある．観点ごとに評価規準を示したのが以下である．

　実際の評価では，評価規準で示した授業で育成したい資質・能力の到達状況を評価するためのルーブリック[*27]を作成する．例えば，評価規準「江戸時代が長く続いた理由を理解することができる」では，理解できない段階を指標0とし，それ以外を3段階で示すと，指標3が「全ての次元を関連づけて江戸時代が長く続いた理由を理解している」，指標2が「複数の次元を関連づけて江戸時代が長く続いた理由を理解している」，指標1が「一つの次元からのみで江戸時代が長く続いた理由を理解している」と区分される．評価規準「他者との協同や自身で収集した史資料で自身の仮説を補強し，より妥当で合理性の高い江戸時代が続いた理由を表現することができる」では，指標3が「自身の仮説を他者の仮説や自身で収集した史資料と関連させて根拠づけることで，自身の仮説をさらに深めて表現している」，指標2が「自身の仮説を他者の仮説や自身で収集した資料と比

*26　評価規準は，観点別学習状況を評価するために，観点別に到達させたい資質・能力を具体的に文章表記したものである．評価基準は，評価規準で示された資質・能力の到達状況を明らかにする指標を数値，または，文章で示したものである．

*27　ルーブリックは，成功の度合いを示す数段階程度の尺度と，尺度に示された評点・標語のそれぞれに対応するパフォーマンスの特徴を示した文章表記からなる評価基準表である．

知識・技能	思考・判断・表現	主体的に学習に取り組む態度
・平和な体制としての江戸時代の特色を各次元から理解することができる. ・江戸時代が長く続いた理由を理解することができる. ・問題設定に基づいて適切な史資料を選択することができる. ・複数の史資料から江戸時代の特色を捉えるための適切な事実を選択することができる. ・仮説を史資料で裏付けることができる. ・他者との協同を踏まえ, 仮説を史資料で再検討することができる. ・再検討の成果や自ら収集した史資料から江戸時代が続いた理由を根拠づけることができる.	・選択した史資料から江戸時代の特色を捉える事実を認識することができる. ・多様な次元を関連付けて江戸時代の特色を表現することができる. ・複数の史資料に基づいて, 江戸時代が続いた理由を仮説として表現することができる. ・他者に自身の仮説を説明することができる. ・他者との協同や自身で収集した史資料で自身の仮説を補強し, より妥当で合理性の高い江戸時代が続いた理由を表現することができる.	・問題設定に基づいて史資料に取り組むことができる. ・史資料を根拠として仮説の形成に取り組むことができる. ・他者と協力して仮説の再検討に取り組むことができる. ・仮説を補強する史資料を自身で収集することができる. ・江戸時代が続いた理由についての解釈の形成に取り組むことができる.

較することで自身の仮説を深めて表現している」, 指標1が「自身の仮説を他者の仮説, ないしは, 自身で収集した資料と比較することで自身の仮説を表現している」が想定される.

　ルーブリックに基づいて生徒の活動を評価し, その到達度を数値で示すことで, 確実な獲得を図る必要がある. ルーブリックは生徒にも開示し, 生徒自身でその活動を自己評価することも大切である. 教師の評価と自己の評価を比較することで, 生徒が自身の到達段階を的確に把握することがさらなる資質・能力の獲得を可能にするのである. また, 相互評価として活用することもでき, その場合にはリフレクションを通した協同的な学びが実現可能となろう[*28].

5. 日本史探究の展望

　資質・能力の育成を図る日本史探究は学習内容重視にとどまっていた日本史Bとは異なる科目であることを意識しなくてはならない. しかし, 本節でみてきたように, 資質・能力は示されてはいるものの, 実際の授業で評価できるまで具体化されているわけではない. どのような資質・能力を各単元で育成するのかは, 各教師の裁量に任されており, どのような目標を設定するかによって可動的になる. 本節で示した通り, 日本史探究で育成する資質・能力は歴史学の営みに近づくほど深い学びの実現性が高まる. そのため, 日本史探究がめざす資質・能力は歴史学習固有の資質・能力としての性格が強くなる.

　その一方で, 日本史探究は社会系教科の一科目に位置付いており, 教科全体を通した市民的資質の育成が大前提である. この統一した教科目標のもとで, 教科全体に日本史探究を位置付け, 今後の展望を示さなくてはならないという要請がある. 歴史学習固有の資質・能力が市民的資質の育成にどのように寄与するのか,

*28 さらに, 協同的な学びにおいては個人の評価とグループとしての評価の双方がある. グループとしての成果を考慮に入れつつ個人をいかに評価するのかについては議論が分かれるところであり, 認知的側面, パフォーマンス, 関心・意欲・態度, 社会的スキルを三観点に基づいて評価することをめざす今次の学習指導要領の改訂以後, ますます重要な課題となる. 日本協同教育学会編『日本の協同学習』ナカニシヤ出版, 2019年, pp. 115-123を参照.

地理歴史科，公民科の他科目の資質・能力とどのような関係性にあるのかといった資質・能力をめぐる議論や課題に，日本史探究は応えていかなくてはならない．

参考文献

遅塚忠躬『史学概論』東京大学出版会，2010年．

福井憲彦『歴史学入門』岩波書店，2006年．

松尾知明『21世紀型スキルとは何か－コンピテンシーに基づく教育改革の国際比較』明石書店，2015年．

杉江修治『協同学習入門　基本の理解と51の工夫』ナカニシヤ出版，2011年．

エリザベス＝バークレー他著，安永悟監訳『協同学習の技法　大学教育の手引き』ナカニシヤ出版，2009年．

西岡加名恵『「逆向き設計」で確かな学力を保障する』明治図書出版，2008年．

第3節　「世界史探究」の学習指導・評価

1.　「世界史探究」の基本的性格

　選択科目である「世界史探究」(3単位)の基本的性格は，学習指導要領における科目の「知識・技能」に関する目標〔目標(1)〕，「思考力・判断力・表現力等」に関する目標〔目標(2)〕，「学びに向かう力，人間性等」に関する目標〔目標(3)〕及び全体構成から読み取ることができる．

　目標(1)「世界の歴史の大きな枠組みと展開に関わる諸事象について，地理的条件や日本の歴史と関連付けながら理解する(以下略)．」

　目標(2)「世界の歴史の大きな枠組みと展開に関わる事象の意味や意義，特色などを，時期や年代，比較，相互の関連や現代世界とのつながりなどに着目して，概念などを活用して多面的・多角的に考察したり，歴史に見られる課題を把握し解決を視野に入れて構想したりする力や，考察，構想したことを効果的に説明したり，それらを基に議論したりする力を養う．」

　目標(3)「世界の歴史の大きな枠組みと展開に関わる諸事象について，よりよい社会の実現を視野に課題を主体的に探究しようとする態度を養う(以下略)．」

「世界史探究」の全体構成	
A．世界史へのまなざし	D．諸地域の結合・変容
(1) 地球環境から見る人類の歴史	(1) 諸地域の結合・変容への問い
(2) 日常生活から見る世界の歴史	(2) 世界市場の形成と諸地域の結合
B．諸地域の歴史的特質の形成	(3) 帝国主義とナショナリズムの高揚
(1) 諸地域の歴史的特質への問い	(4) 第二次世界大戦と諸地域の変容
(2) 古代文明の歴史的特質	E．地球世界の課題
(3) 諸地域の歴史的特質	(1) 国際機構の形成と平和への模索
C．諸地域の交流・再編	(2) 経済のグローバル化と格差の是正
(1) 諸地域の交流・再編への問い	(3) 科学技術の高度化と知識基盤社会
(2) 結び付くユーラシアと諸地域	(4) 地球世界の課題の探究
(3) アジア諸地域とヨーロッパの再編	

この科目の性格を，世界史教育の内容の観点から解釈すると，次の3点の特徴を指摘することができる．第1に，世界史を捉える空間の広さと時間の長さである．本科目は，王朝・国家単位の歴史や事件・出来事の歴史の集積としての世界史ではなく，「世界の歴史の大きな枠組みと展開」を理解できるように，諸地域世界の形成・交流・再編・統合・変容の過程をダイナミックに描く「世界史＝グローバル・ヒストリー」として内容を再編しているところに特徴がある．時間軸は，内容の大項目ごとに，概ね A「人類史」，B「原始古代～10世紀ごろ」，C「10世紀ごろ～18世紀前半」，D「18世紀後半～20世紀前半」，E「20世紀後半～現代」となっており，長期的な時間軸で世界史の展開が扱われている．第2は，世界史の展開を，地理的条件，比較，相互関連，相互の影響等を視点に，諸事象の意味や意義，特色等が明確になるように描くことである．ある地域で生起した歴史的事象が，他の地域にどうような影響を与えたか，地域間にどのようなつながりを生み出したかを問うて，世界史のダイナミックな動きを捉えていくのである．第3は，第二次世界大戦後の現代史の内容が，戦争・紛争，経済格差，科学技術の高度化のもとでの人権・倫理問題，環境問題等地球的規模で生起する現代の諸課題を，世界史的視野から理解し，解決を展望するように構成されていることである．「現代の諸課題研究としての世界史教育」の性格が明確に打ち出されていると言えよう．

　世界史教育の方法の観点から科目の性格をつかむには，科目名における「探究」の意味内容の解釈が鍵になる．それは，知識の伝達・暗記という従来型の教授活動中心の授業に対して，明確な学習問題に基づいて生徒が主体的に解釈を考察・構想・説明・議論していく学習活動中心の授業へと転換していくことを意味していよう．大項目 B～D の中項目 (1) では，生徒に問い (学習問題) を自らつかみ表現することを求めている．このことは，目標 (3) にある「よりよい社会の実現を視野に課題を主体的に探究しようとする態度」を学習レベルで実質化するための具体的な手だてになっていると言えよう．

2. 歴史授業構成の手だて

　一般的に，歴史授業構成の手だての第1は，時期，背景，因果関係，影響，推移，差異，相互関連等の「歴史的な見方・考え方」を働かせて[*29]，学習内容となる時代の特色や構造・変動を説明した知識 (概念的知識) と，それに焦点化された事象に関する知識 (記述的知識) とを明確に設定することである．

　第2は，授業で扱う知識を，a. 焦点化された事象についての種々の「事実」，b. 諸事実の「関係」，c. 諸事実の関係から見出せる時代の「本質」(特色や構造・変動) を相互の結びつきとして構造化することである．

　第3は，焦点化された事象を基に学習問題 (主発問) を立て，① 「何か」「どのようか」→② 「なぜか」「それはどうなるか」「それはいかなる意味か」→③ 「諸

*29　今次の学習指導要領において「見方・考え方」は，社会的 (歴史的) 事象の意味や意義，特色や相互の関連を考察したり，社会 (歴史) に見られる課題を把握して，その解決に向けて構想したりする際の「視点・方法」であり，「働かせるもの」であるとされている．

事象の関係から見出せる時代の特色や構造は何か」→④「この時代とその前の時代とを比較して，どのような変化や継続を見出せるか」といった流れで授業全体の問いを構成し，生徒が時代の特色・構造・変動を，多面的・多角的に考察し，表現していけるように授業過程を体系的に組み立てることである．

こうした歴史授業構成の手だては，学習指導要領における歴史系分野・科目の「知識・技能」及び「思考力・判断力・表現力等」に係る目標記述の構文に反映されていることをつかむ必要がある．すなわち，①（知識目標：焦点化された事象として）〜を基に，②（思考力・判断力・表現力目標：思考・判断・表現の学習過程として）〔歴史的な見方・考え方である〕〜に着目して，事象を相互に関連付けるなどして，〜について多面的・多角的に考察，構想し，表現すること．そのような授業過程を通して，③（知識目標：学習内容として）事象の意味や意義，時代の特色・構造・変動を理解すること．学習指導要領における歴史系分野・科目の小項目ごとの目標をこのように読み，授業を構成し展開することにより，目標と結びついた単元（内容や時間のひとまとまり）として歴史授業を構成することの趣旨が明確になるであろう．

3. 「世界史探究」の学習指導計画

科目の性格と授業構成の手だてをふまえて，学習指導要領における「世界史探究」の内容項目 C の (3)「アジア諸地域とヨーロッパの再編」のうち，小項目（イ）に対応した学習指導計画を実際に作成してみよう．

(1) 目標の解釈を通して導く授業構成の視点

小項目（イ）の目標は，下記の通りである．

〔知識目標〕宗教改革とヨーロッパ諸国の抗争，大西洋三角貿易の展開，科学革命と啓蒙思想などを基に，主権国家体制の形成と地球規模での交易の拡大を構造的に理解すること．

〔思考力・判断力・表現力目標〕ヨーロッパ諸地域の動向に関わる諸事象の背景や原因，結果や影響，事象相互の関連，諸地域相互のつながりなどに着目して，主題を設定し，諸資料を比較したり関連付けたりして読み解き，宗教改革の意義，大西洋両岸諸地域の経済的連関の特徴，主権国家の特徴と経済活動との関連，ヨーロッパの社会や文化の特色などを多面的・多角的に考察し，表現すること．

先に考察した目標の構文に着目して授業構成の視点を導くと，少なくとも次の4点を上げることができよう．

> ① 学習内容としての「地球規模での交易の拡大の構造的理解」を促すために，例えば「大西洋三角貿易の展開」というテーマから，「焦点化された事例」を導かねばならない．

② 「構造的理解」とは，諸事象の背景・因果関係・影響・相互の関連や諸地域相互のつながりを明らかにすることであり，それを視点に内容を構成しなければならない．

③ 授業（単元）は，主題に基づいて構成されねばならない．その場合に，主題と学習問題（主発問），学習内容，事例とが明確に結びついていることが大切である．

④ 授業は，生徒が考察し表現する過程として展開しなければならない．

(2) 内容編成の枠組みと学習主題の設定

内容編成の枠組みとして歴史理論を活用する．本指導計画では，川北稔の「工業化前イギリス重商主義帝国構造論」を選択した．

川北理論は，世界各国・諸地域間の関係を，資本主義的分業関係から成る一体化した構造・システムとして捉え，「中核」諸国・地域が工業化するのに対し，「周辺」諸国・地域はモノカルチャーの農業地域として停滞・低開発に陥るとする，いわゆる「従属理論」を下敷きに，17・18世紀のイギリス帝国の構造を説明している．学習内容に活用できるよう命題で示すと，次の7点を上げることができる．

① 16世紀イギリス経済は，一定の国土の生産力に上限を制限されていた．

② 16世紀型経済の限界性は，王政復古（1660年）から1770年代ごろの期間における本国・植民地関係を基礎とする重商主義貿易システムの形成を通じて克服されていった．

③ イギリスの植民地・新市場となった北米大陸，西インド諸島，アフリカ，アジアは，当地でイギリス風生活様式を展開するために不可欠な雑多な「イギリス工業製品」を輸入するかわりに，タバコ，砂糖，茶などの換金商品を本国にもたらし，莫大な利益を生み出した．

④ こうした換金商品は，黒人奴隷や年季契約奉公人など非自由労働によって主にプランテーションで生産され，本国にとっては植民地への労働力の供給も大きな収入源となった．

⑤ イギリスでは，植民地からの新商品の消費習慣が急速に広まり，生活様式に大きな変化がみられた（生活革命）．

⑥ イギリス重商主義帝国の担い手は，ジェントルマン層（地主・大商人）であった．

⑦ 17・18世紀の本国・植民地関係が生み出す利益と，それを支えるジェントルマン支配体制の安定化が，イギリスにおける工業化（産業革命）の前提条件となった．

このような川北の理論は，①17・18世紀におけるイギリス・西インド諸島・北米大陸・アフリカ諸地域間の関係における構造的一体化の様子を明確にしていること，②イギリス帝国の構造を，経済・政治的側面にとどまらないで，帝国下の多様な人々の生活様式や生活意識の変化の側面からも捉え，各側面の相互の関わりを明らかにしていること，③17・18世紀のイギリス本国・植民地間にみられた支配・被支配の従属関係を明らかにし，今日の国際的な社会問題である「南北問題」の歴史的起源を説明するひとつの枠組みを提示していること，の理由により，小項目（イ）の目標と授業構成の視点に合致して，内容編成の有効な枠組

みになると考えられる.

こうした内容編成の枠組みから,開発する小単元は,17・18世紀のイギリス帝国における本国・植民地関係の構造のもとで庶民の生活様式や生活意識を中心的な学習内容にすることから,その学習主題を「17・18世紀イギリス帝国の構造と庶民生活」と定めた.

(3) 学習問題の設定と授業過程の組織

内容編成の枠組みをふまえて,次のような学習問題を設定した.

> 17・18世紀に成立したイギリス帝国の中心的な構成要素である北米大陸植民地と西インド諸島植民地について,なぜ北米大陸植民地だけが他の植民地に先駆けて独立しえたのか.なぜ西インド諸島植民地はそれができなかったのか.

この学習問題に説明を与えるとともに,歴史を通じた現代的諸課題の究明のために必要な主題には,次の5つが考えられる.

A. エリザベス1世時代の経済危機の構造

B. イギリス商業革命の展開と帝国の成立

C. イギリス帝国における西インド諸島植民地の位置と低開発の構造

D. イギリス帝国における北米大陸植民地の位置と自立化の可能性

E. 世界史的視野からつかむ「南北問題」の背景

小単元の授業過程は,5つの学習主題をふまえ,生徒が関連する資料を読み,説明・解釈しながら学習内容を習得していく「考察」(探究)過程として組織する.そのための主要な発問は,次の5つである.

Ⅰ. 16世紀前半の好景気から一転して,エリザベス1世の時代に経済危機に見舞われたのはなぜか.

Ⅱ. なぜ,王政復古(1660年)から1770年代ごろの期間に,「イギリス商業革命」が展開したのか.

Ⅲ. 17・18世紀の本国・植民地関係のもとで,なぜ西インド諸島植民地の自立化が妨げられたのか.

Ⅳ. 17・18世紀の本国・植民地関係のもとで,なぜ北米13植民地はイギリス本国から独立しえたのか.

Ⅴ. イギリス帝国の構造をふまえ,国際的な社会問題である先進国と開発途上国の間の「南北問題」の背景をどのように説明できるだろうか.

(4) 学習指導計画の作成

1) 小単元の主題:「17・18世紀イギリス帝国の構造と庶民生活」(5時間)

2) 小単元の目標:17・18世紀に成立したイギリス帝国の中心的な構成要素である北米大陸植民地と西インド諸島植民地について,なぜ北米大陸植民地だけが

他の植民地に先駆けて独立を達成でき，西インド諸島植民地はそれができな
かったのかを，構造的に一体化した本国・植民地関係における両植民地の機能・
役割の相違と庶民生活の在り方から説明できる.

3) 小単元の展開:

	教師の指示・発問・説明	教授・学習活動	生徒の応答・学習内容
学習問題の提示	【学習問題】17・18世紀に成立したイギリス帝国の中心的な構成要素である北米植民地と西インド植民地について，なぜ北米植民地だけが他の植民地に先駆けて独立しえたのか. なぜ西インド諸島植民地はそれができなかったのか.	T. 小単元の学習問題を提示する	
Aエリザベス1世時代の経済危機の構造	◎16世紀前半の好景気から一転して，エリザベス1世の時代に経済危機に見舞われたのはなぜか.	T. 展開Aの学習問題を提示する	
	○なぜ16世紀前半に毛織物輸出がのび好景気だったのか.	T. 発問する P. 資料をもとに解釈し説明する	・ヘンリー8世の時代，未仕上げ・未染色の毛織物（旧毛織物）が，フランドルのアントウェルペンに大量に集中的に輸出された. アントウェルペンで完成品に加工された毛織物がヨーロッパ市場に販売され，大きな利益を上げた. ・この時期，イギリス国内では質の悪い貨幣の改鋳が繰り返され，外貨に対して「ポンド安」になったことが，結果的に輸出ブームを引き起こした. ・毛織物工業の担い手であったジェントリー（新興地主層）は，原料の羊毛生産をめざして土地の囲い込みを実行した（第一次囲い込み運動）.
	○エリザベス1世時代（16世紀後半）に，なぜ毛織物輸出は不振になったのか. なぜ穀物価格は上昇したのか.	T. 発問する P. 資料をもとに解釈し説明する	・インフレの収束を目的にグレシャムによる通貨改革が実行され，良貨が流布するようになると，外貨に対して「ポンド高」が進行し，結果的に輸出が不振になった. ・イギリスとスペインの宗教的対立や，スペインからのオランダ独立によるプロテスタント毛織物商人のアムステルダム亡命などにより，世界市場としてのアントウェルペンが機能しなくなり，イギリスの毛織物輸出が不振になった. ・人口増加に対応するための食糧増産体制の確立が，三圃式農法の効率の悪さと，牧羊地との競合により遅れ，穀物価格が上昇した.

	教師の指示・発問・説明	教授・学習活動	生徒の応答・学習内容
	○エリザベス1世時代の経済危機は，イギリスの人々の社会生活にどのように影響を及ぼしたのか．	T．発問する P．資料をもとに解釈し説明する	・失業者や浮浪者が増え，治安が悪化した． ・小ジェントリー層は，自らの消費活動の維持と支配領域住民への利益が提供できなくなり，ステイタスの危機に直面した．
	◎16世紀前半の好景気から一転して，エリザベス1世の時代に経済危機に見舞われたのはなぜか．	T．展開Aの学習問題を再度提示する P．展開Aの学習を総括し，論述する クラスに発表する	・人口増加の圧力のもとで，アントウェルペン向けの旧毛織物と三圃式農法による穀物生産に依存した16世紀イギリスの経済体質の限界が明らかになり，経済危機と社会不安に見舞われた．
B イギリス商業革命の展開と帝国の成立	◎なぜ，王政復古（1660年）から1770年代ごろの期間に，「イギリス商業革命」が展開したのか．	T．展開Bの学習問題を提示する	
	○主要な輸出品目である毛織物や雑工業製品の生産が伸びたのはなぜか．	T．発問する P．資料をもとに解釈し説明する	・この時期の毛織物は，薄手の完成品（新毛織物）である．雑工業製品とは，毛織物以外の工業製品の総称で，特にリネン，織布，ガラス，皮革，石鹸，釘，ろう，パイプなどを挙げることができる． ・エリザベス1世時代には，貴族やジェントリーなど上流階層の間でぜいたくの風が定着していた．しかし，彼らの需要を満たしていたアントウェルペン市場は崩壊し，アンボイナ事件以来のオランダの圧力によりアジア貿易による直接輸入も困難となり，品薄状態になった．旧毛織物に代わる新たな輸出品も必要であった．そのため，新毛織物や雑工業製品を，ジェントリーが企業活動を通じて国産化するようになった．
	○国内需要のある商品の輸入や商品市場の拡大のために植民地の拡大要求が生じたのに，17世紀前半の段階でイギリスがすぐに対外進出に移れなかったのはなぜか．	T．発問する P．資料をもとに解釈し説明する	・スチュアート朝時代に入ると，王党派と議会派の対立が激しくなり，対外進出に国力の中心をおくことができなかった．対立は，その後ピューリタン革命へと発展した．
	○ピューリタン革命以後18世紀半ばまでに，イギリスはどのように海上権をにぎり，植民地を拡大し，貿易を展開できる体制を整えていったのか．	T．発問する P．資料をもとに解釈し説明する	・英蘭戦争を経てイギリスは海上権をにぎり，1763年にはパリ条約を経てフランスとの植民地争奪戦争に最終的に勝利した．また，航海法を通じて，イギリス本国を「主」，植民地を「従」として，常に本国の利益に沿ったかたちで貿易が展開できる体制を整えた．

	教師の指示・発問・説明	教授・学習活動	生徒の応答・学習内容
	○植民地の拡大と貿易の活発化は，当時のイギリス本国の人々の生活様式や生活意識に，どのような影響を与えたのか.	T．発問する P．資料をもとに解釈し説明する	・ロンドンやリヴァプールなどの港湾都市を窓口に，都市的な生活様式が地方都市や農村に広がった. ・庶民の間には，身分相応の生活を維持するという意識より，むしろ上流の生活をまねることにより自己の社会的ステイタスを自覚し，労働意欲をかきたてる意識が広まった. ・消費をめぐる社会的競争が激しくなったことで，需要は一層増大し，商業革命の推進力となった.
	○イギリス国内では，貿易を活発に展開するための基盤となる食糧増産体制は，どのように確立されたのか.	T．発問する P．資料をもとに解釈し説明する	・17世紀後半から，三圃式農法に代わって，冬期の家畜飼料としてカブを栽培する，いわゆるノーフォーク農法がイギリス東部を中心に採用され，穀物の収穫量を格段に上げることができた.
	◎なぜ，王政復古（1660年）から1770年代ごろの期間に，「イギリス商業革命」が展開したのか.	T．展開Bの学習問題を再度提示する P．展開Bの学習を総括し，論述する クラスに発表する	・イギリス本国での新毛織物，雑工業製品，食糧の増産体制の確立に対応するかたちで，政治力・軍事力を背景に海上権をにぎり，本国と植民地を結ぶ重商主義帝国体制を確立することができた. 貿易の活発化は，本国の人々に「上流きどり」の生活習慣と消費をめぐる競争意識をもたらし，そのことがさらに商業革命を促進させた.
C イギリス帝国における西インド諸島植民地の位置と低開発の構造	◎17・18世紀の本国・植民地関係のもとで，なぜ西インド諸島植民地の自立化は妨げられたのか.	T．展開Cの学習問題を提示する	
	○西インド諸島植民地は，イギリス本国にとってどのような位置付けにあり，意味をもっていたのか.	T．発問する P．資料をもとに解釈し説明する	・西インド諸島植民地は，砂糖を供給し，イギリス本国製品を購入することを通じて，イギリス重商主義帝国の中核をなした. ・イギリス本国の次男，三男が砂糖プランターとして入植し，大規模プランターに成長した. 砂糖で得た利益で本国に土地を購入すると不在地主化した. そして，本国議会に進出して，砂糖生産保護のための立法の策定に政治力をふるった. 結果として，西インド諸島植民地は，本国のジェントリー階級の再生産に貢献した.

	教師の指示・発問・説明	教授・学習活動	生徒の応答・学習内容
	○砂糖生産のモノカルチャー化は,西インド諸島植民地社会をどのようなものにしたのか.	T．発問する P．資料をもとに解釈し説明する	・植民地では,砂糖モノカルチャーにより,日常生活の基盤になる食糧生産が十分に行われず輸入に頼っていたし,砂糖関連外の工業・商業の発展も阻害された. ・本国の軍事力を背景に,少数の白人による支配体制が貫徹した．そして,砂糖生産の利益は本国に集中し,植民地の自立的産業の発展を阻害した.
	◎17・18世紀の本国・植民地関係のもとで,なぜ西インド諸島植民地の自立化は妨げられたのか.	T．展開Cの学習問題を再度提示する P．展開Cの学習を総括し,論述する クラスに発表する	・イギリス本国にとって西インド諸島植民地は,重商主義帝国維持の中核的要素であった．そのことと表裏の関係で,西インド諸島植民地には,本国に依存せざるを得ない社会構造が形成され,それが植民地の自立化を妨げた.
D イギリス帝国における北米植民地の位置と自立化の可能性	◎17・18世紀の本国・植民地関係のもとで,なぜ北米13植民地はイギリス本国から独立しえたのか.	T．展開Dの学習問題を提示する	
	○南部植民地は,イギリス本国にとってどのような位置付けにあり,意味をもっていたのか.	T．発問する P．資料をもとに解釈し説明する	・イギリス本国にとって南部植民地は,タバコの再輸出による関税収入とイギリス工業製品の販路の役割を期待できた. ・年季契約奉公人制度を通じて,本国で社会問題を引き起こしがちな下層民や犯罪者を南部植民地に送付することで,本国内の政治的・社会的安定と,植民地の労働力を同時に満たすことができた. ・南部植民地は,西インド諸島植民地に比べると,その役割のもつ意義は小さく,本国との結び付きも弱かった．プランターの不在地主化も困難であり,その裏返しとして本国に対する潜在的に高い自立性を確保できた.
	○18世紀の南部白人社会における人々の生活様式や意識には,本国に対する自立性の高さをうかがえる特徴がみられたか.	T．発問する P．資料をもとに解釈し説明する	・18世紀以降,南部植民地は,家父長制家族,強い共同体意識,地方自治制を基盤に,植民地への土着性と本国に対する自立性を高めていった.
	○北・中部植民地は,イギリス本国にとってどのような位置付けにあり,意味をもっていたのか.	T．発問する P．資料をもとに解釈し説明する	・ニューイングランドは寒冷な気候で穀物栽培に適さず,木材,毛皮,魚類,ラム酒が主な輸出品であった．中部植民地は穀倉地帯であり,小麦やトウモロコシが輸出された．しかし,北・中部植民地は,イギリス本国への商品供給地としての価値は低かった.

	教師の指示・発問・説明	教授・学習活動	生徒の応答・学習内容
			・本国政府は,三角貿易の一翼を担うニューイングランドのラム酒の対アフリカ貿易が莫大な利益を上げることがわかると,これを規制し,本国工業製品の保護市場としての役割に限定する政策をとった.
	○北・中部白人社会における人々の生活様式や意識には,本国に対する自立性の高さをうかがえる特徴がみられたか.	T. 発問する P. 資料をもとに解釈し説明する	・北・中部植民地は,ピューリタンやクエーカー,カトリック教徒などが多く移住し,本国の国教会に対する対立意識が顕著であった. ・人口の増加とあいまって,人々は,タウンミーティングや教会の集会を通じて,植民地の自治意識を高めていった.
	○イギリス帝国内外から白人や黒人の移入や北米植民地内の人口の増加は,当然先住民(インディアン)と競合することになる.移住者の流入は,先住民(インディアン)の生活にどのような影響を与えたのか.	T. 発問する P. 資料をもとに解釈し説明する	・先住民(インディアン)は,ヨーロッパからの入植者がもたらした伝染病と戦争によって,その生活基盤が破壊された. ・先住民(インディアン)は,白人の利害に基づく「開拓」により,居住地から「清掃」された.
	◎17・18世紀の本国・植民地関係のもとで,なぜ北米13植民地はイギリス本国から独立しえたのか.	T. 展開Dの学習問題を再度提示する P. 展開Dの学習を総括し,論述する クラスに発表する	・本国に対して北米植民地は,南部植民地産のタバコがヨーロッパ市場で国際競争力をもち自立性を保持していたし,北・中部植民地も本国工業製品の市場としての役割のみを期待された.北米植民地は,全体として本国に対する経済的依存度の低い植民地であった. ・北米植民地の白人社会では,教会と地方自治制度を通じて,共同体意識と自治意識が育成された. ・しかし,北米植民地が独立へと向かうにあたっては,黒人奴隷や先住民(インディアン)の多大な犠牲を生み出した.
E世界史的視野からつかむ「南北問題」の背景	◎イギリス帝国の構造をふまえ,国際的な社会問題である先進国と開発途上国の間の「南北問題」を捉えると,その背景をどのように説明できるだろうか.	T. 発問する P. 個人で論述する P. クラスに発表し,意見を交換する	クラスでの話し合いを通じて,次の認識を引き出したい. ・現代の開発途上国の「低開発」は,イギリスをはじめとする先進国による利潤や物質的豊かさの追求という価値観に基づく開発や工業化の進展の裏返しとして進行し定着したと考えられる.「南北問題」は,諸国家・諸地域間の関係を視点に,グローバルな視野からその解決を展望していかねばならない.

梅津正美『歴史教育内容改革研究―社会史教授の論理と展開―』風間書房,2006年,pp. 302-359. に掲載された指導計画(教授書試案)から,主発問・副発問を中心に抽出・整理して引用した.なお,原典において提示されている教授・学習用資料については,紙幅の都合で省略した.

4. 「世界史探究」の学習評価

*30　評価の観点としての「主体的に学習に取り組む態度」は，知識・技能，思考力・判断力・表現力と相まって，粘り強く学習に取り組む姿勢・態度や自ら自己の学びを省察し調整していく能力（自己調整力）が主な内容であるとされている．

　学習指導要領での目標に準拠した学習評価は，①「知識・技能」，②「思考・判断・表現」，③「主体的に学習に取り組む態度[30]」の3つの観点から行うことになっている．この場合に，一つ一つの単元では「知識・技能」と「思考・判断・表現」は，生徒が探求する学習過程に位置付けワンセットで評価していくことが大切である．一方，「主体的に学習に取り組む態度」は，生徒自身の学習に対するメタ認知能力を評価するための観点となっている．したがって，その評価は，いくつかの単元のまとまりや学期等において，生徒個々人の学習に対する意欲の向上や課題の探究に向けての態度，学習の振り返り等を丁寧に見取っていくように行う必要があろう．

　先に示したイギリス帝国史に係る小単元について言えば，学習指導要領の内容項目C(3)の小項目（イ）に位置付けて指導計画が作成されている．そのため，単元の学習評価は，「知識」と「思考力・判断力・表現力等」に係る（イ）の目標に対応させて，以下の内容を対象に計画・実施することになる．

〔知識〕地球規模での交易の拡大を構造的に理解できているか．

〔思考・判断・表現〕諸事象の背景や原因，結果や影響，事象相互の関連，諸地域相互のつながりに着目し，到達目標としての知識内容を考察し，表現できているか．

　具体的には，本小単元の評価の主な内容は，5つの主要発問（Ⅰ～Ⅴ）の回答となる知識の質（概念的知識）とその知識の構成におけるを記述→説明→解釈→論述→議論のプロセスになる．評価の方法には，ペーパーテストによるだけでなく，単元の学習過程での生徒のワークシートへの記述と発言，レポート，作業的活動とその成果を示した作品，発表等，多様な手だてを工夫したい．また，生徒自身による自己評価や相互評価の場面も適宜組み込んでいきたい．その際大切なことは，どのような評価方法でも，評価すべき内容（知識の構造や考察し表現するプロセス）を適切に評価できるように，評価規準や評価の枠組みを明確にして作成したり，活用したりしなければならないことである．

参考文献

梅津正美『歴史教育内容改革研究―社会史教授の論理と展開―』風間書房，2006年．

二井正浩「歴史教育と重層的アイデンティティの育成―「国民国家相対化型歴史教育」の展開とグローバルヒストリー教育―」原田智仁・關浩和・二井正浩編『教科教育学研究の可能性を求めて』風間書房，2017年，pp. 95-104.

水島司『グローバル・ヒストリー入門』山川出版社，2010年．

秋田茂・桃木至朗編『グローバルヒストリーと帝国』大阪大学出版会，2013年．

川北稔『工業化の歴史的前提―帝国とジェントルマン―』岩波書店，1983年．

第12章
これからの社会系教科教育の課題と展望[*1]

外国人である私が日本の社会系教科教育[*2]を研究する意味とは何だろうか. 本章の執筆を依頼された際に, 私の立場 (positionality) が改めて鮮明になったことを覚えている. 私の研究人生をかけて上記の問いに答えていくことになる思うが, 本章を執筆している現在には「日本の社会系教科教育の内側と外側の両面を経験・理解している外国人としての立場を生かし, 日本を含む世界の社会系教科教育をより良いものにすること」を目指している. その一環として, 本章では私の「外国性・異質性 (foreignness)[*3]」が日本の社会系教科教育に寄与できるものついて論じることにする. 具体的には, これまでの章で部分的に取り上げられてきた日本の社会系教科教育を取り巻く文脈の変化とそこから導かれる課題と展望を「外国人」という立場から整理し直す.

第1節　日本の社会系教科授業の「不思議」―「課題」に代えて―

私が日本の社会系教科教育に携わってから6年あまりの時間がたった. これまで多くの社会系教科の授業を見てきたが, いまだに不思議に思うことがいくつかある. 本節では,「外国人」として私が感じてきた日本の社会系教科の授業の不思議を共有するとともに, そこから派生する課題と展望について述べる. なお, 各々の不思議には【一緒に考えたい問い】を提案する. 私の文書はあくまで参考として読んでいただき, 個々の読者が自分の答えを探されることを願う.

1. 板書とノート整理[*4]

┌───┐
【一緒に考えたい問い】
・新しい学力観の要請や教室のICT化などの変化は, これまでの板書とノート整理という授業方法にどのような影響を与えるか.
└───┘

私が見てきた社会系教科の授業指導案の多くには「板書計画」という項目が設けられていた. 教師はその計画にもとづいて授業内容を構造的に板書し, 子供に

*1　本章は『中学校社会科教育・高等学校公民科教育』の第13章と同じ内容であることを記しておきたい.

*2　本章では, 中学校社会科と高等学校地理歴史科および公民科を総称する概念として「社会系教科教育」という表現を用いる.

*3　私の「外国性・異質性」は, 韓国での被教育体験を持ち, 欧米の社会系教科教育を研究する教科教育研究者という文脈にもとづいている. 他の文脈を有する人々は異なる視点で日本の社会系教科教育に貢献できると考える.

*4　本章では「板書」を教師が黒板やホワイトボードに書くもの, 貼るものなどを含む大きな概念として使うことにする. また,「ノート整理」は子供が (ノートに) 書くものだけではなく, ワークシートを含む授業での学びを記録するものとして大きく捉える.

*5 本質主義（essentialism）は，人々が培ってきた文化的遺産の本質を伝えていく必要があると主張する教育思潮である。プラトンやアリストテレスの哲学にその根源を探すことができる。一方，構築主義（constructivism）は，各々の人間が自らの経験にもとづいて物事に対する理解，すなわち知識や意味を構築すると主張する教育思潮である。ピアジェやヴィゴツキーなどの教育心理学者の研究をもとに発展している。社会系教科教育における本質主義と構築主義の論争については以下の論文が詳しい。後藤賢次郎「社会科の思想的根拠の新展開—本質主義との対立的議論を克服した「進歩主義」概念—」『教育学研究ジャーナル』9，2011年，pp. 1-10.

*6 一つの授業のなかに上記の二つのパターンが同時に現れることもあるが，授業内容や教師の志向によって一つのパターンが特定の授業を支配することが多い。

*7 社会系教科教育，特に歴史教育における論述の試みとして，米国の教育社会系教科教育学者であるモンテ・サノ（C. Monte-Sano）を中心に開発した“Reading, Thinking, and Writing About History”があげられる。その具体については以下の論文を参考にしていただきたい。中村洋樹「中等歴史教育における真正な学習と歴史的議論の論述 — “Reading, Thinking, and Writing About History”を手がかりに—」『社会科研究』87，2017年，pp. 1-12.

それを自分なりにノートに整理するよう促した。ところで，私がこれまで接してきた米国，ヨーロッパ，他のアジアの国々の社会系教科の授業と比較してみると，板書とノート整理という授業方法はメジャーとは言えないかもしれない。特に，2000年度から教室のICT化が進み動画やパワーポイントなどのデジタル媒体を日常的に扱う韓国の教室に馴染んでいた私は，日本のアナログ的な授業方法を不思議に感じた。日本の教室でもある程度ICT化が進んだ2020年現在にも板書とノート整理はいまだに主な授業方法として用いられている。

私がこれまで見てきた板書とノート整理は，知識をどのように捉えるかによって二つに大別される。一つは，「知識伝達型」。教師は本時の学習内容を構造的に，もしくは必ず伝えたいキーワードを中心に板書し，子供はそれをノートに書き写す。教師は板書を解説しながら授業を進めることが多く，子供は伝えられた知識を熟知することが要求される傾向にある。もう一つは，「知識構築型」。教師は子供と一緒に考えたい問いを提示し，その問いに対する探究，意思決定，問題解決などを行いながらそのプロセスを黒板に記録していく。黒板とノートは教師と子供が一緒に構築していく知識を記録する媒体になる。

本質主義と構築主義[5]といった思想的な違いは見られるものの，学習内容を可視化する媒体としての黒板と，子供が各自の学びを記録する媒体としてのノートという特徴は両類型に共通する。板書とノートは教師の教育活動と子供の学びのポートフォリオであり，言い換えると教えと学びの証拠でもある[6]。

ところで，板書とノートに整理される内容が知識的な側面に偏りがちであることには注意しなければならない。事実，概念，理論といった知識は可視化しやすく，また比較的短い時間で教師と子供が共有することができる。そのため，知識は社会系教科の授業の大きな部分を占めてきた。板書とノート整理は上述した傾向とうまく合致し，むしろ知識中心の授業文化を再生産しているようにも見える。知識だけではなく技能や態度の育成が叫ばれてきたこれまでの改革，また，知識・機能・態度の習得だけではなく，真正な場面におけるその活用が求められる今日の刷新の動きを考えると（石井，2011；文部科学省，2017，2018），知識に偏りがちな板書とノート整理の意義をもう一度考える必要があるのではなかろうか。

近年，「知識伝達型」より「知識構築型」と出会う頻度が高くなったことは肯定的に捉えることができよう。しかしながら，教師が授業の主導権を握って黒板に知識を構築し，子供はそれをノートに整理する傾向は改善の余地があると考える。知識構築のイニシアティブを子供に渡すこと，すなわち子供がノートにそれぞれの知識を構築するように指導することも必要かもしれない。授業内容をまとめる程度のノート整理からもう一歩進み，地理，歴史，公民の真正な問いに対して根拠を用いながら自分の論を作っていく媒体としてノートを活用することも考えられる[7]。

板書とノート整理に対する日本の社会系教科教育の教師が持つこだわりは，諸刃の剣であると考える．なぜなら，どのような学びを想定し黒板とノートにそれを可視化・記録していくかによって，板書とノート整理が新たに求められる学力観に合致するかしないかが決まるからである．この問題は ICT 化の進展により黒板の板書が電子黒板のパワーポイントに代わっても，ノートがウェブ・ベースの学習サイトに代わっても同様に表れるだろう．むしろ大切なことは，あらゆる媒体や授業方法の裏にある教師の考え方である．「社会系教科を通して子供にどのような学力を育成すべきか」という問いから板書とノート整理の必要性をもう一度考えなければならない．

2．「和」が支配する教室空間

> 【一緒に考えたい問い】
> ・主体的・対話的で深い学びの必要条件と十分条件とは何か？
> ・異なる意見を出し合える安心安全な教室づくりに必要なものとは何か？

　私は，日本と韓国の子供が教科書を介して対話を行う「より良い教科書づくり」プロジェクト[8]をデザイン・実施したことがある（金，2016，2017；Kim, 2019）．具体的には，日本と韓国の子供が両国の教科書で共通に記述されている出来事を事例に，その事象を取り巻く両国の言説を比較・分析・批判し，その結果にもとづいて他国の子供とともに「より良い教科書」を作成するプロジェクトを行った．私は日本と韓国を行き来しながら，教師として，翻訳・通訳者として，また両国の子供の対話のファシリテーターとしての役割を果たした．その際に発見した両国における授業の雰囲気の違い，特に日本の教室空間を支配する「和」の規範を私は不思議に思ったのである．

　韓国では言うべきことをしっかり言うことが望ましいとされる傾向にあった．韓国版「より良い教科書」をつくるためには，まず韓国内の多様な意見をまとめる必要があった．ある子供は韓国の言説を突き通すべきだと主張した反面，ある子供は両方の言説をバランス良く取り入れる必要があると主張した．韓国の子供たちは教室空間で起こりうる意見の衝突を避けず，なぜ自分がそのように考えたのかを話し合うなかで，「より良い教科書」の在り方についての考えを深めることができた．

　一方，日本では言うべきことがあってもそれが全体の「和」を乱す恐れがある場合には，それを言わないか，言っても遠回しで言うことが望ましいとされる傾向にあった．日本版「より良い教科書」を作成するために，韓国の子供たちが提案した教科書を批評する場面があった．その際，議論に馴染みのない日本の子供たちに配慮し，まずは各自の意見を文章でまとめる時間を設けた．面白いことに，書いたものからは意見の違いが確認できたものの，実際に議論を行う場面になる

*8　日本と韓国の子供による「より良い教科書づくり」プロジェクトは，「より良い『韓国』教科書づくり」（金，2016），「より良い『日清・日露戦争』教科書づくり」（金，2017），「より良い『竹島／独島』教科書づくり」（Kim, 2019）の三つの実践で構成されている．詳細については，各実践を報告した上記の論文を参照していただきたい．

と，特定の立場だけが共有される傾向が見られた．それと異なる意見を持っていた子供を促し発表するようにしても，「私とあなたの意見には違いがある」という表面的なレベルに話し合いがとどまってしまうことが多々見られた．

主体的・対話的で深い学びやコミュニケーション能力を含むコンピテンシーの育成が求められる今日の改革の方向性を考えると，上述した日本の静的な教室風景は望ましいとは言えない．デューイの民主主義論を言うまでもなく，多様な考え方が共存する社会は健康であり成長のための潜在力を持つと言われている（Gutman, 1987）．教室という社会，またそのなかで行われる授業も例外ではない．特に，教師が一方的に知識を伝達する授業ではなく，教師と子供，また子供と子供が知識を一緒に構築していく授業では異なる考え方の重要性が一層高まる（Hess, 2009）．

「和」の規範はコミュニティの構成員に対する利他的な態度によって実現されるものであり，日本社会を生きていくために欠かすことができない特質とも言われている（ホワイティング，1990）．個人の欲望を抑えて他人と一緒に調和する生き方を強調する「和」の精神は，日本の経済的な成功を可能にした主な原因とも指摘される（Alston, 1989）．

しかしながら，「和」には負の側面も存在することを一緒に考える必要がある．脳神経外科医である中瀬（2013）は「和」の精神がもたらしうる危険性について以下のように論じる．

> 和の世界においては協調することが最も重要視される．正しいとか正しくないということよりも先に協調することが求められる．みんなで話し合って決めたこと以外に正しいことはなく，すべては相対的にしか考えられない世界である．したがって，みんなで決めたことであれば，大勢でやる暴力もおそろしいことではなくなってしまう．また，利害が真っ向から対立する二者択一を迫られた場合には決められない，優柔不断，問題の先送りなど多くの問題が発生している（p. 102）．

「和」の実現が最優先される社会では，多数の意見と異なる意見を発することは望ましくないとみなされる．多数の意見が不明確な場合は，自分の意見を出すことそのものを避ける．このような社会では，より良い民主社会を建設するために必要な異なる意見の共有・調整・合意というプロセスは，副次的なもの，ひいては考慮に値しないものになってしまう．

残念なことに，私が日本の教室空間で感じた不思議は，中瀬が指摘した「和」が持つ負の側面と一致するところが多い．教室のウチとソトで学習された「和」の規範は，教室の中で強化・再生産されているように見える．このような状況のなかで，いくら主体的・対話的で深い学びが叫ばれても，実際の授業はなかなか変わらないだろう．新しい改革の方針を提供する以前に，その方針に適した教室雰囲気とはどのようなものか，それはどのようにつくることができるかを悩む機会を与える必要がある．

幸いなことに，「より良い教科書づくり」プロジェクトが進むにつれて，日本の子供も自らの考えを出し合い始めた．特に，自らが送った意見に対して韓国の子供がさらなる意見を送ってきた2往復目の対話では，彼らのプロジェクトに対する切実性や主体的な参加を観察することができた（金，2016，2017；Kim，2019）．このように子供に「対話したい・対話しなきゃ」と思わせる機会を設けることで，「和」の規範自体が目的になる教室空間を解体することができると考える．「和」が持つ良さを生かしながら多様な意見が共存・競合できる教室空間をつくることは，主体的・対話的で深い学びの前提条件ともいえるのではなかろうか．

3. 脱政治化された教室

【一緒に考えたい問い】
・社会系教科教育は，子供を未来の市民としてみなし「政治する」準備をさせるべきか，それとも子供を現在の市民としてみなし「政治する」場を提供するべきか？

日本の若者の低い投票率は，現状の社会科教科教育を批判する際に使われる主なレトリックである．そのレトリックの是非に関しては議論の余地があるが，すくなくともその数値が日本の若者の「政治離れ」を表していると解釈にはおおむね合意できよう．政治に対する若年層の無関心は社会系教科教育を含む学校教育だけに起因するわけではない（竹島，2016）．しかしながら，社会科教科教育が社会の形成者を養うことを目的として掲げている以上，若者と政治をつなげる役割を担っていることを否定することはできない．

私がこれまで見てきた政治を取り上げた日本の社会系教科の授業は，① 政治機関や選挙制度のように社会制度として政治を教える授業，② 模擬選挙のように現実政治に参加する練習をさせる授業，③ 現実社会のなかに論争になっている問題（論争問題）を取り上げその原因と解決策を考えさせる授業に大別できる．もっとも多かった類型は教科書の内容とも連動する類型 ① で，2016 年度からは主権者教育ブームもあり類型 ② の授業も目立つようになった．政治の仕組みを学ぶことや現実政治に参加する練習を行うことは，政治への理解を深めること可能にする．しかし，それだけで政治への関心を十分に高めることができるかに関しては懐疑的な意見が多い（例えば，唐木，2017）．

子供が論争問題について自らの立場を考え，異なる立場を持つ他者と議論し合うことは，社会系教科教育と政治をつなげるだけではなく，健全な民主社会の構築にも役立つ（Misco & DeGroof，2014）．しかしながら，私が観察してきた類型 ③ の授業では，少子高齢化や原子力発電など無難に教えられるトピックを選択する傾向が[*9]，またその取扱い方も子供の生活と密接に関係するものではなく，

*9 子供が置かれている文脈によって少子高齢化や原子力発電も子供やコミュニティと直接に関係のある敏感なトピックになりうる．しかしながら，私が観察した授業の文脈はそうではなかったことを記しておきたい．

子供とある程度離れている社会の現象として教える傾向が見られた．そのような授業では論争問題が持つ論争性が薄れてしまい，論争問題の原因と解決策がただの知識として子供に共有されることになる．このような状況で教室と現実政治をつなげることは期待できない．社会からも政府からも教室で政治を取り上げることが求められるなか，日本の社会系教科の授業が教えられている教室は脱政治化[*10]したままであることを私は不思議に思った．

限られた時間，膨大な教科内容，学校の雰囲気，家庭やコミュニティからのバッシングや苦情など，今日の政治を日本の社会系教科の授業で語ることができない理由は多様かつ複雑である．本章では，そのなかで社会系教科を教える教員の教育観に注目し，それと密接に関係する「育てたい市民像」と「教師に求められる政治的中立性」を取り上げることで，脱政治化された日本の教室を再政治化するための方略を考察する．

米国におけるシティズンシップ教育のプログラムを分析したJ・ウエストハイマーとJ・カーネ（Westheimer & Kahne, 2004）は，対象プログラムから「自己責任にもとづく市民」「参加的な市民」「正義に方向づけられた市民」という三つの育てたい市民像を抽出した．「自己責任にもとづく市民」は「コミュニティで責任を持って行動する」ことが，「参加的市民」は多様なレベルの「コミュニティの社会生活に活動的に参加する」ことが，「正義に方向づけられた市民」は社会問題に対して「社会的，経済的，政治的な力の相互作用を分析し理解する」ことが理想とされる（pp. 241-242）．彼らは貧困問題を事例に，上述した育てたい市民像の違いを浮き彫りにする．例えば，「参加的な市民」は食糧を寄付することができる組織を作りたいとすれば，「自己責任に基づく市民」はその組織への寄付する一方，「正義に方向づけられた市民」はなぜそのような問題が起きたのかを探究し，自らの発見にもとづく解決策の考案・実行を行うと説明する（pp. 242-243）．

新しい社会系教科の学習指導要領には，上記の三つの市民像が部分的ではあるが全て含まれている．しかし，「正義」という概念に焦点を当てて考えると，そのなかに優劣関係が存在することに気づくことができる．新しい学習指導要領には正義を具現するために社会を批判し変えていく必要性が述べられている．しかし，前項で取り上げた二つ目の不思議ともつながるが，それはあくまで社会全体の「和」を損なわない際にのみ有効であることをも読み取ることができる．社会系教科を教える教師と学習指導要領の方針の関係性を調査はまだされてないものの，少なくとも政府の方針としては「正義に方向づけられた市民」よりも「自己責任に基づく市民」や「参加的な市民」の育成に重きをおいていることがわかる．

教育哲学者G・ビースタ（2014）はウエストハイマーとカーネの論考を引用しながら，「自己責任に基づく市民」と「参加的な市民」が「個人責任，個人の力と能力，個人の価値，性向，態度への可能な強調」を生み出す可能性を指摘し，

*10　日本の社会系教科の授業が常に脱政治化したわけではない．その歴史については，以下の書籍の第1章「戦後教育の脱政治化」が詳しい．小玉重夫『教育政治学を拓く―18歳選挙権の時代を見すえて―』勁草書房，2016年．

以下のような市民像の追求がもたらしうる危険性について述べる (p. 68).

> このことが危険なのは，若者が個人の政治的な講義の機会と限界の両方を理解し，本当の改革−既存の構造の中で作用するよりも，構造そのものに影響を与える改革−というのは国家を含めた他の機関からの集合的な行為とイニシアティブを必要とするものだと意識するような政治的なアクターとして十分にエンパワーされていないことである (p. 69).

政治に対する関心は，自らを政治的な主体として自覚することから自然に芽生える．子供を政治的な主体としてエンパワーするためには，現状の社会へ参入させる教育活動のみならず，社会をよりよくするために，またより正義に満ちたものにするために，社会の問題を発見・分析し批判・改善できる活動を一緒に取り上げる必要がある．その具体例としては，社会のなかで論争になっている問題の原因と探究し，自らの立場で解決案を考え，また異なる立場を持つ人々と議論し続けるプロセス，すなわち論争問題を論争的に教えることがあげられる．このように社会系教科を教える教師が「正義に方向づけられた市民」の育成を試みることは，脱政治化された教室の再政治化する一つの方略になるかもしれない．

次に，「教師に求められる政治的中立性」は教室の脱政治化を生み出すより実質的な要因ともいえる．教育の公共性を考慮し特定の立場に偏った教育を行ってはいけないという原則は，ドイツ語圏に広く知られているボイテルスバッハ・コンセンサス[11]を始め日本の教育基本法まで多くの国々でも用いられている原則である．しかし，政治的中立性をどのように理解し教室で具現するかは各国の文脈によって，さらに各教師の教育によって異なる．

筆者が近年かかわっているオーストリアの歴史／政治教育の調査において3人の教師に政治的中立性について尋ねたことがある．全ての教師が論争問題を扱うことの重要性を強調していたものの，その実践は各自の政治的中立性に対する理解によって異なっていた[12]．具体的に，ハンナは「自分の立場を生徒たちに押し付けてしまうことがないように」留意し，教師の役割を政治問題の探究に必要な事実を提供することに限定していた．一方，ジョセプは政治問題に対する「自分の立場を説明すること」はあるが，それはあくまで生徒が「自分の頭で自分の意見を考える」材料として活用される時のみに価値があると語っていた．最後に，ケビンは「個人的な政治的立場を常にコメント」するが，それは「一つの考え，立場であって，…絶対に正しい考えであるということではない」ことを生徒に強調することで政治的中立性を担保しようとしていた (金・渡邉，2020).

上述のオーストリアの事例とは異なる現状が日本では起きているように見える．具体的に，日本では政治的中立性が論争問題を（論争的に）教えない根拠として用いられる傾向が見られる．筆者は勤務する大学の学生7名を対象に論争問題の定義とそれを教える意義に関するインタビュー調査を行ったことがある．その際に，論争問題を教えることができないと答えた3人の学生がいたが，彼らが

*11　1976年に公表されたボイテルスバッハ・コンセンサスの項目は以下の通りである．① 教員は生徒を期待される見解をもって圧倒し，生徒が自らの判断を獲得するのを妨げてはならない．② 学問と政治の世界において議論があることは，授業においても議論があることとして扱わなければならない．③ 生徒が自らの関心・利害に基づいて効果的に政治に参加できるよう，必要な能力の獲得が促されなければならない．コンセンサスに関する詳細については以下の書籍を参考にしていただきたい．近藤孝弘『ドイツの政治教育』岩波書店，2005年，pp. 46-47.

*12　あくまで事例研究であるため，オーストリアの歴史／政治教育に携わる多くの教師がこのような傾向にあるとは言えない．ここでは，日本の政治的中立性に対する考え方を照らし合わせる鏡として3人のオーストリアの教師の事例を紹介する．なお，教師の名前は仮名である．

頻繁に用いたレトリックが「中立性を保つ自信がないから教えない」「教えるとは思うが，中立性を保つために，そのような問題があるということだけ触れておきたい」であった（Kim & Kawaguchi, 2019）．論争問題を熱心に取り上げる 12 名の教師に個人的意見表明に関するインタビュー調査を行った岩崎（2016）の研究でも，政治的中立性が論争問題を論争的に教えることを妨げる一つの要因になっていることが指摘している．

ところで，そもそも教室における政治的中立性は存在しうるのだろうか．政治的中立性の観点から社会系教科の授業を分析した米国の一連の調査の結果は，教師がいくら自分の政治的な立場を隠そうとしても，言葉遣い，教材の選定，プライベート生活などによって子供は教師の政治的立場に気づいてしまうことが明らかとなった（例えば，Journell, 2011）．このような状況を考えると，教師が自分の立場を下手に隠すよりも，自らの立場を子供に公開することで何が事実で何が教師の意見なのかを区分できるように支援する必要があるかもしれない（Journell, 2016）．

政治的な中立性に対する解釈の可能性は広く開かれている．政治的な中立性をどのように取り上げるかによって，担当する教室を脱政治化するか，もしくは再政治化するかが決まる．教師が政治的中立性を柔軟に考えるように支援することは，日本の教室を再政治化するもう一つの方略かもしれない．

第2節　変革の主体としての教師—「展望」に代えて—

これまで見たことのない速度で変化する不確実性に満ちた社会において，これからの社会系教科教育の在り方を展望することは可能だろうか．デジタル教科書の普及と AI の教育的な活用などの技術的な側面やポスト真実（Post-truth）時代の渡来など社会系教科教育を取り巻く社会の文脈を言及し展望らしく見せかけることは可能かもしれないが，私には的確に今後の日本の社会系教科教育を描き出す能力がない．しかしながら，一つだけは確信を持って言える．それは，授業の最終決定者である教師が変わらない限り，教室での変化は期待できないということである．

米国の社会系教科研究者 S・ソーントン（Thornton）は，門番（gatekeeper）のメタファーを用いてカリキュラムデザインにおける教師の主体性を説明する（ソーントン，2012）．いくら公的カリキュラムであっても，授業の門番である教師が「パス」と言わない限り授業に反映されることはない．氏は，全ての教師は自らの教育観にもとづき，自分が理解した授業を取り巻く文脈（学習指導要領，教科書，子供，教室，学校，社会，評価など）を考慮し，カリキュラムを能動的にデザインしているのである．ゲートキーピングの観点から今日の教育を取り巻く改革を考えると，学習指導要領が改訂されても学校教育に求められる資質・能

力が変化しても，結局教師のゲートキーピングを通らない改革は意味を有することはできない．

　真の変革を追及するためには，新しい改革を提案だけではなく，その提案を各教師のゲートキーピングに響かせる必要がある．教員研修などをとおして改革の具体を伝えることも重要かもしれない．しかし，教師が自らをカリキュラムのユーザー（user）ではなくカリキュラムデザイナー（designer）として認識し，なぜ自分がそのようなカリキュラムをデザインしたのかを論理的に説明できるようになることが，真の改革とつながるのではなかろうか．自らのゲートキーピングをメタ認知しそのゲートキーピングを洗練していく教師を育てることができれば，どのような変化が訪れても日本の社会系教科教育の未来は明るいと私は考える．

　今本を手に取ってくれているあなたが，見慣れた自分の教室と社会系教科の授業を新しく見つめることで，私が見つけた不思議以上のものを自らの文脈で探すことを願う．また，その不思議に真正面に向かい，変革の主体としての自分の役割を自覚することを願う．授業の質は教師の質を超えることができない．今日，この言葉の重要性をもう一度考える．

参考文献

石井英真『現代アメリカにおける学力形成論の展開—スタンダードに基づくカリキュラムの設計』東信堂，2011年.

岩崎圭祐「論争問題学習における教師の個人的見解表明に関する研究—見解表明の是非に関する教師の見方を中心に—」『公民教育研究』24，2016年，pp. 1-14.

唐木清志「社会科における主権者教育—政策に関する学習をどう構想するか—」『教育学研究』84（2），2017年，pp. 155-167.

金鍾成「『対話型』国際理解教育への試み—日韓の子供を主体とした「より良い教科書づくり」実践を事例に—」『社会科研究』84，2016年，pp. 49-60.

金鍾成「自己と他者の『真正な対話』に基づく日韓関係史教育—日韓の子供を主体とした『より良い日清・日露戦争の教科書づくり』を事例に—」『社会科教育研究』130，2017年，pp. 1-12.

金鍾成，渡邉巧「オーストリアの政治教育から考える主権者教育のオルタナティブ（2）—政治的中立性はどのように理解されているか—」社会系教科教育学会第31回研究発表大会，岡山理科大学，2020年2月.

ガート・ビースタ著／上野正道，藤井佳世，中村（新井）清二訳『民主主義を学習する—教育・生涯学習・シティズンシップ—』勁草書房，2014年.

竹島博之「意識調査から見た有権者教育の射程と限界—若者の投票率向上のために—」『年報政治学』67（1），2016年，pp. 11-30.

スティーブン・J・ソーントン著／渡部達也，山田秀和，田中伸，堀田諭訳『教師のゲートキーピング—主体的な学習者を生む社会科カリキュラムに向けて—』春風社，2012年.

中瀬裕之「和の精神」『脊髄外科』27（2），2013年，p. 102.

文部科学省『中学校学習指導要領（平成29年告示）』（https://www.mext.go.jp/content/1413522_002.pdf）（2020年1月15日最終閲覧）

文部科学省（2018）『高等学校学習指導要領（平成30年告示）』（https://www.mext.go.jp/content/1384661_6_1_3.pdf）（2020年1月15日最終閲覧）

ロバート・ホワイティング著／玉木正之訳『和をもって日本をなす』角川書店，1990

年.

Alston, J. P., Wa, guanxi, and inhwa: Managerial principles in Japan, China, and Korea. *Business Horizons*, 32(2), 1989, pp. 26-32.

Gutmann, A., *Democratic education*. Princeton, NJ: Princeton University Press, 1987.

Hess, D. E., *Controversy in the classroom*. New York, NY: Routledge, 2009.

Journell, W., The disclosure dilemma in action: A qualitative look at the effect of teacher disclosure on classroom instruction. *Journal of Social Studies Research*, 35, 2011, pp. 217-244.

Journell, W., Making a case for teacher political disclosure. *Journal of Curriculum Theorizing*, 31(1), 2016, pp. 100-111.

Kim, J., Beyond national discourses: South Korean and Japanese students "make a better social studies textbook" In a B. C. Rubin, E. B. Freedman, & J. Kim (Eds.). *Design research in social studies education: Critical lessons from an emerging field* (pp. 225-246). New York, NY: Routledge, 2019.

Kim, J., & Kawaguchi, H., "It is important… but": A case study of Japanese social studies preservice teachers struggling for teaching controversial public issues. Presentation to the World Education Research Association (WERA) 2019 focal meeting, Tokyo, Japan, 2019, August.

Westheimer, J., & Kahne, J., What kind of citizen? The politics of education for democracy. *American Educational Research Journal*, 41(2), 2004, pp. 237-269.

付録 1　中学校社会科・高等学校地理歴史科教育関係年表

西暦	和暦	月	社会科・地理歴史科教育の関係事項
1945	昭和20	9	文部省「新日本建設ノ教育方針」発表
			GHQ（連合国軍最高司令官総司令部）と CIE（民間情報教育局）の活動開始
		11	文部省「公民教育刷新委員会」設置
			歴史学研究会「国史教育再検討座談会」開催
		12	公民教育刷新委員会「公民教育刷新ニ関スル答申」（第 1 号・第 2 号）
			GHQ「修身，日本歴史及ビ地理停止ニ関スル件」指令
1946	昭和21	3	「米国教育使節団」来日，「第一次アメリカ教育使節団報告書」提出
		6	GHQ「地理科再開について」覚書
		9	国民学校用国定教科書『くにのあゆみ（上・下）』発行
			文部省「地理授業に伴う地図等に関する件」通達
		10	文部省，社会科委員会設置
			GHQ「日本歴史の授業再開について」覚書
			文部省『日本の歴史（上・下）』（中学校・師範学校用国定教科書）発行
		11	日本国憲法公布
1947	昭和22	1	桜田国民学校「社会科」実験授業の実施（日下部しげ教諭）
		3	文部省『学習指導要領一般編（試案）』発行
			教育基本法，学校教育法の公布
		4	新しい学校制度（6・3 制）の開始
			文部省「新制高等学校の教育課程に関する件」「社会科実施について」通達
		5	文部省『学習指導要領社会科編（Ⅰ）（試案）』発行　（Ⅱ）は 6 月発行
		6	「日本教職員組合」（日教組）結成
		7	文部省『学習指導要領人文地理編Ⅰ（試案）』発行
			文部省『学習指導要領東洋史編（試案）』発行
		8	文部省『あたらしい憲法のはなし』発行
		9	小学校・中学校で「社会科」授業開始
			「社会科教育連盟」結成
		10	文部省『学習指導要領西洋史編（試案）』発行
		12	中央教育研究所，川口市社会科委員会『社会科の構成と学習—川口市案による社会科の指導—』金子書房（川口プラン）
			上田薫『社会科とその出発』同学社
1948	昭和23	4	新制高等学校発足
		6	衆参両院「教育勅語の失効確認，排除に関する決議案」可決
		10	「コア・カリキュラム連盟」（コア連）結成
			文部省『民主主義（上）』（高等学校用国定教科書）発行　（下）は 1949 年 8 月発行
1949	昭和24	2	文部省「学習指導要領に基づく単元学習について」通達
		4	検定教科書の使用開始
			文部省『新制高等学校教科課程の解説』発行
			倉沢剛『社会科の基本問題』誠文堂新光社
			梅根悟『コア・カリキュラム』光文社
		7	「歴史教育者協議会」（歴教協）結成
			太田堯『地域教育計画』福村書店
		10	文部省「社会科その他，初等および中等教育における宗教の取扱について」通達
		12	私立学校法公布

西暦	和暦	月	社会科・地理歴史科教育の関係事項
1950	昭和25	4	文部省『小学校社会科学習指導法』発行
		6	朝鮮戦争勃発
		7	「日本綴方の会」結成
		8	「米国教育使節団」来日，「第二次アメリカ教育使節団報告書」提出
		9	文部省，高校社会科「時事問題」「一般社会」の単元要綱を発表
		11	天野文部大臣，修身科の復活と教育勅語に代わる教育要領の必要性を表明
1951	昭和26	3	無着成恭『山びこ学校』青銅社
		8	コア・カリキュラム連盟「三層四領域論」提唱
			日本綴方の会，「日本作文の会」に改称
		9	サンフランシスコ講和条約・日米安全保障条約調印
		11	日教組「第1回全国教育研究大会」開催
		12	「西日本社会科教育研究会」(現　全国社会科教育学会)結成
			文部省『中学校・高等学校学習指導要領社会科編 I—中等社会科とその指導法(試案)—』発行
1952	昭和27	1	勝田守一他「シンポジウム・社会科の再検討」『教育』(勝田=梅根論争)
		2	「日本教育大学協会社会科教育学会」(現　日本社会科教育学会)結成
			文部省『中学校・高等学校学習指導要領社会科編 III(a)日本史(b)世界史(試案)』発行
			文部省『中学校・高等学校学習指導要領社会科編 III(c)人文地理(試案)』発行
		3	第1回「教育科学研究会全国連絡協議会」(教科研)開催
		6	「中央教育審議会」(中教審)設置
		10	文部省『中学校・高等学校学習指導要領社会科編 II 一般社会科(試案)』発行
		12	岡野文部大臣「社会科の改善，特に道徳教育，地理・歴史教育について」諮問
1953	昭和28	2	「郷土教育全国協議会」(郷土全教)結成
			西日本社会科教育研究会『社会科教育論叢』創刊
		3	日本社会科教育学会(日社学)『社会科教育研究』創刊
			池田・ロバートソン会談
		5	馬場四郎『社会科の改造』同学社
		6	コア・カリキュラム連盟，「日本生活教育連盟」に改称
			柳田國男，和歌森太郎『社会科教育法』実業之日本社
		8	「社会科問題協議会」(社問協)結成，第一〜三次反対声明
			教育課程審議会(教課審)「社会科の改善に関する答申」
		10	勝田守一，宮原誠一，宗像誠也編『日本の社会科』国土社
1954	昭和29	6	教育二法(教員の政治活動禁止，教育の政治的中立性確保に関する法律)公布
		7	自衛隊発足
		8	歴教協，郷土全教『地理歴史教育』創刊
1955	昭和30	8	日本民主党「うれうべき教科書の問題」発行
		11	55年体制の成立
		12	文部省『高等学校学習指導要領社会科編』発行
1956	昭和31	2	文部省『中学校学習指導要領社会科編』発行
		6	「地方教育行政の組織及び運営に関する法律」公布
			「全国同和教育研究協議会」結成
		10	日ソ共同宣言調印
1957	昭和32	5	「地理教育研究会」(地教研)結成
		9	文部省「全国学力調査」実施
		10	ソ連，人類初の人工衛星「スプートニク1号」打ち上げ成功

西暦	和暦	月	社会科・地理歴史科教育の関係事項
1958	昭和33	3	教課審「小・中学校の教育課程の改善について」答申
		8	「社会科の初志をつらぬく会」（初志の会）結成
			「道徳の時間」を特設
		10	文部省『中学校学習指導要領』告示
			上原専禄『歴史意識に立つ教育』国土社
1959	昭和34	3	教課審「高等学校教育課程の改善について」答申
		10	文部省，初の教育白書『わが国の教育水準』発行
		11	国連「児童権利宣言」採択
		12	中教審「特殊教育の充実振興について」答申
1960	昭和35	1	新安保条約調印
		3	教課審「高校教育課程の改善」答申
		5	歴史関係9学会，教科書検定制度再検討の要望を表明
		10	文部省『高等学校学習指導要領』告示
		12	上原専禄編『日本国民の世界史』岩波書店
1961	昭和36	10	文部省，中学校2・3年生に全国一斉学力調査実施
1962	昭和37	7	文部省，小・中学校で全国一斉学力調査実施
		8	大槻健「社会科教育における経験−態度−人格主義について」『教育』（大槻＝上田論争）
		11	文部省『教育白書 日本の成長と教育』発行
1963	昭和38	1	船山謙次『社会科論史』東洋館出版社
		4	教科研社会科部会設置
		6	山口康助編『社会科指導内容の構造化−目標・内容・方法の統合的把握とその実践−』新光閣書店
		12	義務教育教科書無償給与制度の実施
1964	昭和39	10	西日本社会科教育研究会，「日本社会科教育研究会」（現 全国社会科教育学会）に改称
			明治図書出版『教育科学 社会科教育』創刊
			全国学力調査，悉皆調査から20%抽出調査に
1965	昭和40	3	川合章，新潟県上越教師の会『生産労働を軸にした社会科の授業過程』明治図書出版
		6	家永三郎「教科書検定を違憲とする訴訟」提訴
			中村文部大臣「小・中学校の教育課程改善」諮問
			日韓基本条約調印
1966	昭和41	4	教員養成大学，学部の名称変更
		8	教育科学研究会 社会科部会編『社会科教育の理論』麦書房
		10	中教審「後期中等教育の拡充整備について」答申 （「期待される人間像」別記）
		11	文部省，全国一斉学力調査の中止を決定
1968	昭和43	6	教課審「中学校の教育課程の改善について」答申
		10	地理教育研究会編『授業のための日本地理』古今書院
1969	昭和44	4	文部省『中学校学習指導要領』告示（教育の現代化）
		9	教課審「高校教育課程の改善について」答申
			高橋磌一『歴史教育と歴史意識』青木書店
		10	文部省「高等学校における政治的教養と政治活動について」通達
1970	昭和45	5	中教審「初等中等教育の改革基本構想案」中間報告
		7	社会科の初志をつらぬく会『問題解決学習の展開』明治図書出版
		9	日本社会科教育学会編『社会科教育学の構想』明治図書出版
		10	文部省『高等学校学習指導要領』告示
1971	昭和46	1	文部省『中学校学習指導要領』一部改訂（公害教育の見直し）
		6	全国教育研究所連盟「義務教育改善に関する意見調査」発表
			中教審「今後における学校教育の総合的な拡充整備のための基本的施策について」答申
			日教組の教育制度検討委員会「日本の教育はどうあるべきか」発表

西暦	和暦	月	社会科・地理歴史科教育の関係事項
1972	昭和47	2	黒羽清隆『日本史教育の理論と方法』地歴社
			社会科教育センター『社会科探究学習の指導計画と展開1〜3』明治図書出版（〜1973）
		3	安達喜彦『戦後史学習の実践』地歴社
		4	中学校教育課程全面実施に伴い，地歴並行学習の導入，「公民的分野」実施
		5	沖縄返還協定発効
		9	日中共同声明調印
		10	文部省，学習指導要領の弾力的運用について通達
1973	昭和48	5	「社会科の授業を創る会」創立（教科研から独立）
		8	本多公栄『ぼくらの太平洋戦争』鳩の森書房
		10	第四次中東戦争勃発　オイルショックへ
		11	文部大臣「小学校，中学校及び高等学校の教育課程の改善について」諮問
1974	昭和49	5	教育制度検討委員会「日本の教育の改革を求めて」発表
1976	昭和51	5	日教組 中央教育課程検討委員会「教育課程改革試案」発表
		8	加藤文三『すべての生徒が100点を』地歴社
		12	教課審「小・中・高等学校の教育課程の基準の改善について」答申
1977	昭和52	7	文部省『中学校学習指導要領』告示（「ゆとり教育」開始）
		8	安井俊夫『子どもと学ぶ歴史の授業』地歴社
1978	昭和53	3	文部省「児童生徒の問題行動の防止について」通知
		8	文部省『高等学校学習指導要領』告示
		9	森分孝治『社会科授業構成の理論と方法』明治図書出版
1979	昭和54	1	共通第一次学力試験実施
		2	谷川彰英『社会科理論の批判と創造』明治図書出版
1980	昭和55	10	自民党「教科書に関する小委員会」初会合
1981	昭和56	11	田中文部大臣「時代の変化に対応する初等中等教育の教育内容などの基本的な在り方について」諮問
1982	昭和57	2	向山洋一『跳び箱は誰でも跳ばせられる』明治図書出版（教育技術の法則化運動へ）
		6	教科書の歴史記述をめぐり中国・韓国が抗議
		8	白川隆信『スパルタクスの反乱 世界史の授業書』一光社
1983	昭和58	6	中教審「教科書の在り方について」答申
1984	昭和59	1	中曽根総理，現職首相として戦後初めて靖国神社へ参拝
		3	民教連社会科研究委員会編『社会科教育実践の歴史—記録と分析 中学・高校編—』あゆみ出版
		8	臨時教育審議会（臨教審）発足
		9	日本社会科教育学会編『社会科における公民的資質の形成』東洋館出版社
			森分孝治『現代社会科授業理論』明治図書出版
1985	昭和60	6	片上宗二『社会科授業の改革と展望』明治図書出版
			臨教審「教育改革に関する第1次答申」
		9	文部大臣「幼稚園，小学校，中学校及び高等学校の教育課程の基準の改善について」諮問
1986	昭和61	2	文部省「いじめの実態等に関する調査結果について」発表
		4	臨教審「教育改革に関する第2次答申」
		8	緊急シンポ世話人会編『社会科「解体論」批判』明治図書出版
		10	教課審「教育課程の基準の改善に関する基本方向について（中間まとめ）」
			日本社会科教育研究会，「全国社会科教育学会」（全社学）に改称
1987	昭和62	4	臨教審「教育改革に関する第3次答申」
		8	臨教審「教育改革に関する第4次答申（最終答申）」
		12	教課審「幼稚園，小学校，中学校及び高等学校の教育課程の基準の改善について」答申
1988	昭和63	5	谷川彰英『戦後社会科教育論争に学ぶ』明治図書出版

西暦	和暦	月	社会科・地理歴史科教育の関係事項
1989	平成元	2	社会認識教育学会編『社会科教育の理論』ぎょうせい
		3	文部省『中学校学習指導要領』告示
			文部省『高等学校学習指導要領』告示(高校の社会科再編成,「地理歴史科」「公民科」新設)
		11	「社会系教科教育学会」結成
			ベルリンの壁崩壊
1990	平成2	1	中教審「生涯学習の基盤整備について」答申
			大学入試センター試験実施
1991	平成3	9	加藤公明『わくわく論争!考える日本史授業』地歴社
		10	藤岡信勝『社会認識教育論』日本書籍
1992	平成4	2	小西正雄『提案する社会科』明治図書出版
		4	「生活科」の開始
		6	地球サミットがブラジルのリオデジャネイロで開催,「アジェンダ21」にESDの重要性とその取組の指針を明記
		9	「学校週5日制」実施(月1回)
		12	「日本生活科教育学会」結成
1993	平成5	2	文部省,中学校(高等学校入試等)における業者テストの排除を通達
		6	文部省が94年度高校教科書検定結果を公表,この年検定の日本史教科書すべてに「従軍慰安婦」に関する記述が登場
1994	平成6	3	社会認識教育学会編『社会科教育学ハンドブック』明治図書出版
		6	岩田一彦『社会科授業研究の理論』明治図書出版
		11	片上宗二『オープンエンド化による社会科授業の創造』明治図書出版
1995	平成7	1	兵庫県南部地震(阪神・淡路大震災)
		3	地下鉄サリン事件
1996	平成8	7	中教審「21世紀を展望した我が国の教育の在り方について」答申(「生きる力」提言)
		12	「新しい歴史教科書をつくる会」結成
1997	平成9	5	神戸連続児童殺傷事件
		8	「家永教科書裁判」終結
1998	平成10	6	中教審「新しい時代を拓く心を育てるために」答申
		7	教課審「幼稚園・小学校・中学校・高等学校・盲学校・聾学校及び養護学校の教育課程の基準の改善について」答申(教育課程基準の大綱化・弾力化)
		12	文部省『中学校学習指導要領』告示
1999	平成11	3	文部省『高等学校学習指導要領』告示
2000	平成12	4	森分孝治,片上宗二編『社会科重要用語300の基礎知識』明治図書出版
		6	日本生活科教育学会,「日本生活科・総合的学習教育学会」に改称
2001	平成13	1	文部省が「文部科学省」(文科省)に改組
		9	アメリカ同時多発テロ
		10	全国社会科教育学会編『社会科教育学研究ハンドブック』明治図書出版
2002	平成14	4	小学校・中学校で「総合的な学習の時間」の開始
			学校完全週5日制の実施
			文科省『心のノート』配布
		12	国連総会で「国連ESDの10年」の決議案が採択
2003	平成15	3	社会認識教育学会編『社会科教育のニュー・パースペクティブ』明治図書出版
		5	中教審「新しい時代にふさわしい教育基本法と教育振興基本計画の在り方について」答申
		12	文部省,学習指導要領の一部改正(「歯止め規定」の削除)
2004	平成16	4	国立大学法人化

西暦	和暦	月	社会科・地理歴史科教育の関係事項
2005	平成17	2	京都議定書発効
		5	片上宗二編『"民主政治"をめぐる論点・争点と授業づくり』明治図書出版（「社会科教材の論点・争点と授業づくり」シリーズ）
		10	中教審「新しい時代の義務教育を創造する」答申
2006	平成18	3	社会認識教育学会編『社会認識教育の構造改革』明治図書出版
			日本社会科教育学会出版プロジェクト編『新時代を拓く社会科の挑戦』第一学習社
		10	内閣に「教育再生会議」を設置
			全国の高等学校で世界史等の必修科目の未履修が相次いで発覚
		12	改正教育基本法の公布・施行（「愛国心」の強調）
2007	平成19	4	文科省「全国学力・学習状況調査」実施
		6	改正教育職員免許法の成立
		10	全国社会科教育学会編『中学校・高校の"優れた社会科授業"の条件』明治図書出版
2008	平成20	3	文科省『中学校学習指導要領』告示
		7	日本社会科教育学会編『社会科授業力の開発 中学校・高等学校編』明治図書出版
		11	日本社会科教育学会国際交流委員会編『東アジアにおけるシティズンシップ教育』明治図書出版
2009	平成21	3	文科省『高等学校学習指導要領』告示
		4	教員免許更新制の導入
2010	平成22	2	社会系教科教育学会編『社会系教科教育研究のアプローチ』学事出版
2011	平成23	3	東北地方太平洋沖地震（東日本大震災）
		10	全国社会科教育学会編『社会科教育実践ハンドブック』明治図書出版
2012	平成24	4	社会認識教育学会編『新 社会科教育学ハンドブック』明治図書出版
		6	日本社会科教育学会編『新版 社会科教育事典』ぎょうせい
		8	中教審「新たな未来を築くための大学教育の質的転換に向けて」答申
2013	平成25	6	文科省「今後の国立大学の機能強化に向けての考え方」策定
2014	平成26	1	文科省，中学校・高等学校学習指導要領解説の一部改訂（領土・防災に関する教育の充実）
		10	中教審「道徳に係る教育課程の改善について」答申
		11	下村文部科学大臣「初等中等教育における教科課程の基準等の在り方について」諮問
2015	平成27	3	梅津正美，原田智仁編『教育実践学としての社会科授業研究の探求』風間書房
		6	公職選挙法の改正により，投票年齢が18歳以上に引き下げ
		9	総務省，文部科学省『私たちが拓く日本の未来 有権者として求められる力を身につけるために』発行
			国連サミット「持続可能な開発のための2030アジェンダ」採択，SDGs策定
		10	文科省「高等学校等における政治的教養の教育と高等学校等の生徒による政治的活動等について」通知
			草原和博，溝口和宏，桑原敏典編『社会科教育学研究法ハンドブック』明治図書出版
			全国社会科教育学会編『新 社会科授業づくりハンドブック 中学校編』明治図書出版
		11	日本社会科教育学会編『社会科教育の今を問い，未来を拓く』東洋館出版社
		12	中教審「幼稚園，小学校，中学校，高等学校及び特別支援学校の学習指導要領等の改善及び必要な方策等について」答申
2017	平成29	3	文科省『中学校学習指導要領』告示
2018	平成30	3	文科省『高等学校学習指導要領』告示
		8	日本社会科教育学会編『社会科教育と災害・防災学習』明石書店
2019	令和元	6	森茂岳雄，川﨑誠司，桐谷正信，青木香代子編『社会科における多文化教育』明石書店

付録2　中学校社会科学習指導要領（2017年告示）

第2章　各教科

第2節　社　　会

第1　目　標
　社会的な見方・考え方を働かせ，課題を追究したり解決したりする活動を通して，広い視野に立ち，グローバル化する国際社会に主体的に生きる平和で民主的な国家及び社会の形成者に必要な公民としての資質・能力の基礎を次のとおり育成することを目指す．
　(1) 我が国の国土と歴史，現代の政治，経済，国際関係等に関して理解するとともに，調査や諸資料から様々な情報を効果的に調べまとめる技能を身に付けるようにする．
　(2) 社会的事象の意味や意義，特色や相互の関連を多面的・多角的に考察したり，社会に見られる課題の解決に向けて選択・判断したりする力，思考・判断したことを説明したり，それらを基に議論したりする力を養う．
　(3) 社会的事象について，よりよい社会の実現を視野に課題を主体的に解決しようとする態度を養うとともに，多面的・多角的な考察や深い理解を通して涵養される我が国の国土や歴史に対する愛情，国民主権を担う公民として，自国を愛し，その平和と繁栄を図ることや，他国や他国の文化を尊重することの大切さについての自覚などを深める．

第2　各分野の目標及び内容
〔地理的分野〕
　1　目　標
　　社会的事象の地理的な見方・考え方を働かせ，課題を追究したり解決したりする活動を通して，広い視野に立ち，グローバル化する国際社会に主体的に生きる平和で民主的な国家及び社会の形成者に必要な公民としての資質・能力の基礎を次のとおり育成することを目指す．
　(1) 我が国の国土及び世界の諸地域に関して，地域の諸事象や地域特色を理解するとともに，調査や諸資料から地理に関する様々な情報を効果的に調べまとめる技能を身に付けるようにする．
　(2) 地理に関わる事象の意味や意義，特色や相互の関連を，位置や分布，場所，人間と自然環境との相互依存関係，空間的相互依存作用，地域などに着目して，多面的・多角的に考察したり，地理的な課題の解決に向けて公正に選択・判断したりする力，思考・判断したことを説明したり，それらを基に議論したりする力を養う．
　(3) 日本や世界の地域に関わる諸事象について，よりよい社会の実現を視野にそこで見られる課題を主体的に追究，解決しようとする態度を養うとともに，多面的・多角的な考察や深い理解を通して涵養される我が国の国土に対する愛情，世界の諸地域の多様な生活文化を尊重しようとすることの大切さについての自覚などを深める．
　2　内　容
　A　世界と日本の地域構成
　　(1) 地域構成
　　　次の①と②の地域構成を取り上げ，位置や分布などに着目して，課題を追究したり解決したりする活動を通して，以下のア及びイの事項を身に付けることができるよう指導する．
　　　①　世界の地域構成　　②　日本の地域構成
　　ア　次のような知識を身に付けること．
　　(ア) 緯度と経度，大陸と海洋の分布，主な国々の名称と位置などを基に，世界の地域構成を大観し理解すること．
　　(イ) 我が国の国土の位置，世界各地との時差，領域の範囲や変化とその特色などを基に，日本の地域構成を大観し理

解すること．
　　イ　次のような思考力，判断力，表現力等を身に付けること．
　　(ア) 世界の地域構成の特色を，大陸と海洋の分布や主な国の位置，緯度や経度などに着目して多面的・多角的に考察し，表現すること．
　　(イ) 日本の地域構成の特色を，周辺の海洋の広がりや国土を構成する島々の位置などに着目して多面的・多角的に考察し，表現すること．
　B　世界の様々な地域
　　(1) 世界各地の人々の生活と環境
　　　場所や人間と自然環境との相互依存関係などに着目して，課題を追究したり解決したりする活動を通して，次の事項を身に付けることができるよう指導する．
　　ア　次のような知識を身に付けること．
　　(ア) 人々の生活は，その生活が営まれる場所の自然及び社会的条件から影響を受けたり，その場所の自然及び社会的条件に影響を与えたりすることを理解すること．
　　(イ) 世界各地における人々の生活やその変容を基に，世界の人々の生活や環境の多様性を理解すること．その際，世界の主な宗教の分布についても理解すること．
　　イ　次のような思考力，判断力，表現力等を身に付けること．
　　(ア) 世界各地における人々の生活の特色やその変容の理由を，その生活が営まれる場所の自然及び社会的条件などに着目して多面的・多角的に考察し，表現すること．
　　(2) 世界の諸地域
　　　次の①から⑥までの各州を取り上げ，空間的相互依存作用や地域などに着目して，主題を設けて課題を追究したり解決したりする活動を通して，以下のア及びイの事項を身に付けることができるよう指導する．
　　　①　アジア　　②　ヨーロッパ　　③　アフリカ
　　　④　北アメリカ　　⑤　南アメリカ　　⑥　オセアニア
　　ア　次のような知識を身に付けること．
　　(ア) 世界各地で顕在化している地球的課題は，それが見られる地域の地域的特色の影響を受けて，現れ方が異なることを理解すること．
　　(イ) ①から⑥までの世界の各州に暮らす人々の生活を基に，各州の地域的特色を大観し理解すること．
　　イ　次のような思考力，判断力，表現力等を身に付けること．
　　(ア) ①から⑥までの世界の各州において，地域で見られる地球的課題の要因や影響を，州という地域の広がりや地域内の結び付きなどに着目して，それらの地域的特色と関連付けて多面的・多角的に考察し，表現すること．
　C　日本の様々な地域
　　(1) 地域調査の手法
　　　場所などに着目して，課題を追究したり解決したりする活動を通して，次の事項を身に付けることができるよう指導する．
　　ア　次のような知識及び技能を身に付けること．
　　(ア) 観察や野外調査，文献調査を行う際の視点や方法，地理的なまとめ方の基礎を理解すること．
　　(イ) 地形図や主題図の読図，目的や用途に適した地図の作成などの地理的な技能を身に付けること．
　　イ　次のような思考力，判断力，表現力等を身に付けること．
　　(ア) 地域調査において，対象となる場所の特徴などに着目して，適切な主題や調査，まとめとなるように，調査の手法やその結果を多面的・多角的に考察し，表現すること．
　　(2) 日本の地域的特色と地域区分
　　　次の①から④までの項目を取り上げ，分布や地域などに着目して，課題を追究したり解決したりする活動を通して，以

下のア及びイの事項を身に付けることができるよう指導する．
① 自然環境　　② 人口　　③ 資源・エネルギーと産業
④ 交通・通信
ア　次のような知識及び技能を身に付けること．
（ア）日本の地形や気候の特色，海洋に囲まれた日本の国土の特色，自然災害と防災への取組などを基に，日本の自然環境に関する特色を理解すること．
（イ）少子高齢化の課題，国内の人口分布や過疎・過密問題などを基に，日本の人口に関する特色を理解すること．
（ウ）日本の資源・エネルギー利用の現状，国内の産業の動向，環境やエネルギーに関する課題などを基に，日本の資源・エネルギーと産業に関する特色を理解すること．
（エ）国内や日本と世界との交通・通信網の整備状況，これを活用した陸上，海上輸送などの物流や人の往来などを基に，国内各地の結び付きや日本と世界との結び付きの特色を理解すること．
（オ）①から④までの項目に基づく地域区分を踏まえ，我が国の国土の特色を大観し理解すること．
（カ）日本や国内地域に関する各種の主題図や資料を基に，地域区分をする技能を身に付けること．
イ　次のような思考力，判断力，表現力等を身に付けること．
（ア）①から④までの項目について，それぞれの地域区分を，地域の共通点や差異，分布などに着目して，多面的・多角的に考察し，表現すること．
（イ）日本の地域的特色を，①から④までの項目に基づく地域区分などに着目して，それらを関連付けて多面的・多角的に考察し，表現すること．
（3）日本の諸地域
次の①から⑤までの考察の仕方を基にして，空間的相互依存作用や地域などに着目して，主題を設けて課題を追究したり解決したりする活動を通して，以下のア及びイの事項を身に付けることができるよう指導する．
① 自然環境を中核とした考察の仕方
② 人口や都市・村落を中核とした考察の仕方
③ 産業を中核とした考察の仕方
④ 交通や通信を中核とした考察の仕方
⑤ その他の事象を中核とした考察の仕方
ア　次のような知識を身に付けること．
（ア）幾つかに区分した日本のそれぞれの地域について，その地域的特色や地域の課題を理解すること．
（イ）①から⑤までの考察の仕方で取り上げた特色ある事象と，それに関連する他の事象や，そこで生ずる課題を理解すること．
イ　次のような思考力，判断力，表現力等を身に付けること．
（ア）日本の諸地域において，それぞれ①から⑤までで扱う中核となる事象の成立条件を，地域の広がりや地域内の結び付き，人々の対応などに着目して，他の事象やそこで生ずる課題と有機的に関連付けて多面的・多角的に考察し，表現すること．
（4）地域の在り方
空間的相互依存作用や地域などに着目して，課題を追究したり解決したりする活動を通して，次の事項を身に付けることができるよう指導する．
ア　次のような知識を身に付けること．
（ア）地域の実態や課題解決のための取組を理解すること．
（イ）地域的な課題の解決に向けて考察，構想したことを適切に説明，議論しまとめる手法について理解すること．
イ　次のような思考力，判断力，表現力等を身に付けること．
（ア）地域の在り方を，地域の結び付きや地域の変容，持続可能性などに着目し，そこで見られる地理的な課題について多面的・多角的に考察，構想し，表現すること．
3　内容の取扱い

（1）内容のA，B及びCについては，この順序で取り扱うものとし，既習の学習成果を生かすこと．
（2）内容の取扱いについては，次の事項に配慮するものとする．
ア　世界や日本の場所や地域の特色には，一般的共通性と地方的特殊性があり，また，地域に見られる諸事象は，その地域の規模の違いによって現れ方が異なることに留意すること．
イ　地図の読図や作図，景観写真の読み取り，地域に関する情報の収集や処理などの地理的技能を身に付けるに当たっては，系統性に留意して計画的に指導すること．その際，教科用図書「地図」を十分に活用すること．
ウ　学習で取り上げる地域や国については，各項目間の調整を図り，一部の地域に偏ることのないようにすること．
エ　地域の特色や変化を捉えるに当たっては，歴史的分野との連携を踏まえ，歴史的背景に留意して地域的特色を追究するよう工夫するとともに，公民的分野との関連にも配慮すること．
オ　地域的特色を追究する過程で生物や地学的な事象などを取り上げる際には，地域的特色を捉える上で必要な範囲にとどめること．
（3）内容のAについては，次のとおり取り扱うものとする．
ア　（1）については，次のとおり取り扱うものとする．
（ア）日本の地域構成を扱う際には，都道府県の名称と位置のほかに都道府県庁所在地名も取り上げること．
（イ）「領域の範囲や変化とその特色」については，我が国の海洋国家としての特色を取り上げるとともに，竹島や北方領土が我が国の固有の領土であることなど，我が国の領域をめぐる問題も取り上げるようにすること．その際，尖閣諸島については我が国の固有の領土であり，領土問題は存在しないことも扱うこと．
（ウ）地球儀や地図を積極的に活用し，学習全体を通して，大まかに世界地図や日本地図を描けるようにすること．
（4）内容のBについては，次のとおり取り扱うものとする．
ア　（1）については，世界各地の人々の生活の特色やその変容の理由と，その生活が営まれる場所の自然及び社会的条件との関係を考察するに当たって，衣食住の特色や，生活と宗教との関わりなどを取り上げるようにすること．
イ　（2）については，次のとおり取り扱うものとする．
（ア）州ごとに設ける主題については，各州に暮らす人々の生活の様子を的確に把握できる事象を取り上げるとともに，そこで特徴的に見られる地球的課題と関連付けて取り上げること．
（イ）取り上げる地球的課題については，地域間の共通性に気付き，我が国の国土の認識を深め，持続可能な社会づくりを考える上で効果的であるという観点から設定すること．また，州ごとに異なるものとなるようにすること．
（5）内容のCについては，次のとおり取り扱うものとする．
ア　（1）については，次のとおり取り扱うものとする．
（ア）地域調査に当たっては，対象地域は学校周辺とし，主題は学校所在地の事情を踏まえて，防災，人口の偏在，産業の変容，交通の発達などの事象から適切に設定し，観察や調査を指導計画に位置付けて実施すること．なお，学習の効果を高めることができる場合には，内容のCの（3）の中の学校所在地を含む地域の学習や，Cの（4）と結び付けて扱うことができること．
（イ）様々な資料を的確に読み取ったり，地図を有効に活用して事象を説明したりするなどの作業的な学習活動を取り入れること．また，課題の追究に当たり，例えば，防災に関わり危険を予測したり，人口の偏在に関わり人口動態を推測したりする際には，縮尺の大きな地図や統計その他の資料を含む地理空間情報を適切に取り扱い，その活用の技能を高めるようにすること．

イ　(2)については，次のとおり取り扱うものとする。
　(ア)①から④までで示した日本の地域的特色については，系統的に理解を深めるための基本的な事柄で構成すること。
　(イ)地域区分に際しては，日本の地域的特色を見いだしやすくなるようにそれぞれ適切な数で区分すること。
ウ　(3)については，次のとおり取り扱うものとする。
　(ア)日本の諸地域については，国内を幾つかの地域に区分して取り上げることとし，その地域区分は，指導の観点や学校所在地の事情などを考慮して適切に決めること。
　(イ)学習する地域ごとに①から⑤までの考察の仕方を一つ選択することとし，①から④までの考察の仕方は，少なくとも一度は取り扱うこと。また，⑤の考察の仕方は，様々な事象や事柄の中から，取り上げる地域に応じた適切なものを適宜設定すること。
　(ウ)地域の考察に当たっては，そこに暮らす人々の生活・文化，地域の伝統や歴史的な背景，地域の持続可能な社会づくりを踏まえた視点に留意すること。
エ　(4)については，次のとおり取り扱うものとする。
　(ア)取り上げる地域や課題については，各学校において具体的に地域の在り方を考察できるような，適切な規模の地域や適切な課題を取り上げること。
　(イ)学習の効果を高めることができる場合には，内容のCの(1)の学習や，Cの(3)の中の学校所在地を含む地域の学習と結び付けて扱うことができること。
　(ウ)考察，構想，表現する際には，学習対象の地域と類似の課題が見られる他の地域と比較したり，関連付けたりするなど，具体的に学習を進めること。
　(エ)観察や調査の結果をまとめる際には，地図や諸資料を有効に活用して事象を説明したり，自分の解釈を加えて論述したり，意見交換したりするなどの学習活動を充実させること。

〔歴史的分野〕
1　目　標
　社会的事象の歴史的な見方・考え方を働かせ，課題を追究したり解決したりする活動を通して，広い視野に立ち，グローバル化する国際社会に主体的に生きる平和で民主的な国家及び社会の形成者に必要な公民としての資質・能力の基礎を次のとおり育成することを目指す。
(1)我が国の歴史の大きな流れを，世界の歴史を背景に，各時代の特色を踏まえて理解するとともに，諸資料から歴史に関する様々な情報を効果的に調べまとめる技能を身に付けるようにする。
(2)歴史に関わる事象の意味や意義，伝統と文化の特色などを，時期や年代，推移，比較，相互の関連や現在とのつながりなどに着目して多面的・多角的に考察したり，歴史に見られる課題を把握し複数の立場や意見を踏まえて公正に選択・判断したりする力，思考・判断したことを説明したり，それらを基に議論したりする力を養う。
(3)歴史に関わる諸事象について，よりよい社会の実現を視野にそこで見られる課題を主体的に追究，解決しようとする態度を養うとともに，多面的・多角的な考察や深い理解を通して涵養される我が国の歴史に対する愛情，国民としての自覚，国家及び社会並びに文化の発展や人々の生活の向上に尽くした歴史上の人物と現在に伝わる文化遺産を尊重しようとすることの大切さについての自覚などを深め，国際協調の精神を養う。
2　内　容
A　歴史との対話
　(1)私たちと歴史
　　課題を追究したり解決したりする活動を通して，次の事項を身に付けることができるよう指導する。

ア　次のような知識及び技能を身に付けること。
　(ア)年代の表し方や時代区分の意味や意義についての基本的な内容を理解すること。
　(イ)資料から歴史に関わる情報を読み取ったり，年表などにまとめたりするなどの技能を身に付けること。
イ　次のような思考力，判断力，表現力等を身に付けること。
　(ア)時期や年代，推移，現在の私たちとのつながりなどに着目して，小学校での学習を踏まえて歴史上の人物や文化財，出来事などから適切なものを取り上げ，時代区分との関わりなどについて考察し表現すること。
　(2)身近な地域の歴史
　　課題を追究したり解決したりする活動を通して，次の事項を身に付けることができるよう指導する。
ア　次のような知識及び技能を身に付けること。
　(ア)自らが生活する地域や受け継がれてきた伝統や文化への関心をもって，具体的な事柄との関わりの中で，地域の歴史について調べたり，収集した情報を年表などにまとめたりするなどの技能を身に付けること。
イ　次のような思考力，判断力，表現力等を身に付けること。
　(ア)比較や関連，時代的な背景や地域的な環境，歴史と私たちとのつながりなどに着目して，地域に残る文化財や諸資料を活用して，身近な地域の歴史的な特徴を多面的・多角的に考察し，表現すること。
B　近世までの日本とアジア
　(1)古代までの日本
　　課題を追究したり解決したりする活動を通して，次の事項を身に付けることができるよう指導する。
ア　次のような知識を身に付けること。
　(ア)世界の古代文明や宗教のおこり
　　　世界の古代文明や宗教のおこりを基に，世界の各地で文明が築かれことを理解すること。
　(イ)日本列島における国家形成
　　　日本列島における農耕の広まりと生活の変化や当時の人々の信仰，大和朝廷（大和政権）による統一の様子と東アジアとの関わりなどを基に，東アジアの文明の影響を受けながら我が国で国家が形成されていったことを理解すること。
　(ウ)律令国家の形成
　　　律令国家の確立に至るまでの過程，摂関政治などを基に，東アジアの文物や制度を積極的に取り入れながら国家の仕組みが整えられ，その後，天皇や貴族による政治が展開したことを理解すること。
　(エ)古代の文化と東アジアとの関わり
　　　仏教の伝来とその影響，仮名文字の成立などを基に，国際的な要素をもった文化が栄え，それらを基礎としながら文化の国風化が進んだことを理解すること。
イ　次のような思考力，判断力，表現力等を身に付けること。
　(ア)古代文明や宗教が起こった場所や環境，農耕の広まりや生産技術の発展，東アジアとの接触や交流と政治や文化の変化などに着目して，事象を相互に関連付けるなどして，アの(ア)から(エ)までについて古代の社会の変化の様子を多面的・多角的に考察し，表現すること。
　(イ)古代までの日本を大観して，時代の特色を多面的・多角的に考察し，表現すること。
　(2)中世の日本
　　課題を追究したり解決したりする活動を通して，次の事項を身に付けることができるよう指導する。
ア　次のような知識を身に付けること。
　(ア)武家政治の成立とユーラシアの交流
　　　鎌倉幕府の成立，元寇（モンゴル帝国の襲来）などを基に，武士が台頭して主従の結び付きや武力を背景とした武家政権が成立し，その支配が広まったこと，元寇がユーラシアの変化の中で起こったことを理解すること。

（イ）武家政治の展開と東アジアの動き

南北朝の争乱と室町幕府，日明貿易，琉球の国際的な役割などを基に，武家政治の展開とともに，東アジア世界との密接な関わりが見られたことを理解すること．

（ウ）民衆の成長と新たな文化の形成

農業など諸産業の発達，畿内を中心とした都市や農村における自治的な仕組みの成立，武士や民衆などの多様な文化の形成，応仁の乱後の社会的な変動などを基に，民衆の成長を背景とした社会や文化が生まれたことを理解すること．

イ　次のような思考力，判断力，表現力等を身に付けること．

（ア）武士の政治への進出と展開，東アジアにおける交流，農業や商工業の発達などに着目して，事象を相互に関連付けるなどして，アの（ア）から（ウ）までについて中世の社会の変化の様子を多面的・多角的に考察し，表現すること．

（イ）中世の日本を大観して，時代の特色を多面的・多角的に考察し，表現すること．

（3）近世の日本

課題を追究したり解決したりする活動を通して，次の事項を身に付けることができるよう指導する．

ア　次のような知識を身に付けること．

（ア）世界の動きと統一事業

ヨーロッパ人来航の背景とその影響，織田・豊臣による統一事業とその当時の対外関係，武将や豪商などの生活文化の展開などを基に，近世社会の基礎がつくられたことを理解すること．

（イ）江戸幕府の成立と対外関係

江戸幕府の成立と大名統制，身分制と農村の様子，鎖国などの幕府の対外政策と対外関係などを基に，幕府や藩による支配が確立したことを理解すること．

（ウ）産業の発達と町人文化

産業や交通の発達，教育の普及と文化の広がりなどを基に，町人文化が都市を中心に形成されたことや，各地方の生活文化が生まれたことを理解すること．

（エ）幕府の政治の展開

社会の変動や欧米諸国の接近，幕府の政治改革，新しい学問・思想の動きなどを基に，幕府の政治が次第に行き詰まりをみせたことを理解すること．

イ　次のような思考力，判断力，表現力等を身に付けること．

（ア）交易の広がりとその影響，統一政権の諸政策の目的，産業の発達と文化の担い手の変化，社会の変化と幕府の政策の変化などに着目して，事象を相互に関連付けるなどして，アの（ア）から（エ）までについて近世の社会の変化の様子を多面的・多角的に考察し，表現すること．

（イ）近世の日本を大観して，時代の特色を多面的・多角的に考察し，表現すること．

C　近現代の日本と世界

（1）近代の日本と世界

課題を追究したり解決したりする活動を通して，次の事項を身に付けることができるよう指導する．

ア　次のような知識を身に付けること．

（ア）欧米における近代社会の成立とアジア諸国の動き

欧米諸国における産業革命や市民革命，アジア諸国の動きなどを基に，欧米諸国が近代社会を成立させてアジアへ進出したことを理解すること．

（イ）明治維新と近代国家の形成

開国とその影響，富国強兵・殖産興業政策，文明開化の風潮などを基に，明治維新によって近代国家の基礎が整えられて，人々の生活が大きく変化したことを理解すること．

（ウ）議会政治の始まりと国際社会との関わり

自由民権運動，大日本帝国憲法の制定，日清・日露戦争，条約改正などを基に，立憲制の国家が成立して議会政治が始まるとともに，我が国の国際的な地位が向上したことを理解すること．

（エ）近代産業の発展と近代文化の形成

我が国の産業革命，この時期の国民生活の変化，学問・教育・科学・芸術の発展などを基に，我が国で近代産業が発展し，近代文化が形成されたことを理解すること．

（オ）第一次世界大戦前後の国際情勢と大衆の出現

第一次世界大戦の背景とその影響，民族運動の高まりと国際協調の動き，我が国の国民の政治的自覚の高まりと文化の大衆化などを基に，第一次世界大戦前後の国際情勢及び我が国の動きと，大戦後に国際平和への努力がなされたことを理解すること．

（カ）第二次世界大戦と人類への惨禍

経済の世界的な混乱と社会問題の発生，昭和初期から第二次世界大戦の終結までの我が国の政治・外交の動き，中国などアジア諸国との関係，欧米諸国の動き，戦時下の国民の生活などを基に，軍部の台頭から戦争までの経過と，大戦が人類全体に惨禍を及ぼしたことを理解すること．

イ　次のような思考力，判断力，表現力等を身に付けること．

（ア）工業化の進展と政治や社会の変化，明治政府の諸改革の目的，議会政治や外交の展開，近代化がもたらした文化への影響，経済の変化の政治への影響，戦争に向かう時期の社会や生活の変化，世界の動きと我が国との関連などに着目して，事象を相互に関連付けるなどして，アの（ア）から（カ）までについて近代の社会の変化の様子を多面的・多角的に考察し，表現すること．

（イ）近代の日本と世界を大観して，時代の特色を多面的・多角的に考察し，表現すること．

（2）現代の日本と世界

課題を追究したり解決したりする活動を通して，次の事項を身に付けることができるよう指導すること．

ア　次のような知識を身に付けること．

（ア）日本の民主化と冷戦下の国際社会

冷戦，我が国の民主化と再建の過程，国際社会への復帰などを基に，第二次世界大戦後の諸改革の特色や世界の動きの中で新しい日本の建設が進められたことを理解すること．

（イ）日本の経済の発展とグローバル化する世界

高度経済成長，国際社会との関わり，冷戦の終結などを基に，我が国の経済や科学技術の発展によって国民の生活が向上し，国際社会において我が国の役割が大きくなってきたことを理解すること．

イ　次のような思考力，判断力，表現力等を身に付けること．

（ア）諸改革の展開と国際社会の変化，政治の展開と国民生活の変化などに着目して，事象を相互に関連付けるなどして，アの（ア）及び（イ）について現代の社会の変化の様子を多面的・多角的に考察し，表現すること．

（イ）現代の日本と世界を大観して，時代の特色を多面的・多角的に考察し，表現すること．

（ウ）これまでの学習を踏まえ，歴史と私たちとのつながり，現在と未来の日本や世界の在り方について，課題意識をもって多面的・多角的に考察，構想し，表現すること．

3　内容の取扱い

（1）内容の取扱いについては，次の事項に配慮するものとする．

ア　生徒の発達の段階を考慮して，各時代の特色や時代の転換に関係する基礎的・基本的な歴史に関わる事象を重点的に選んで指導内容を構成すること．

イ　調査や諸資料から歴史に関わる事象についての様々な情報を効果的に収集し，読み取り，まとめる技能を身に付ける学習を重視すること．その際，年表を活用した読み取り

やまとめ，文献，図版などの多様な資料，地図などの活用を十分に行うこと.

ウ　歴史に関わる事象の意味・意義や特色，事象間の関連を説明したり，課題を設けて追究したり，意見交換したりするなどの学習を重視して，思考力，判断力，表現力等を養うとともに，学習内容の確かな理解と定着を図ること.

エ　各時代の文化については，代表的な事例を取り上げてその特色を考察させるようにすること.

オ　歴史に見られる国際関係や文化交流のあらましを理解させ，我が国と諸外国の歴史や文化が相互に深く関わっていることを考察させるようにすること.その際，歴史に見られる文化や生活の多様性に気付かせること.

カ　国家及び社会並びに文化の発展や人々の生活の向上に尽くした歴史上の人物と現在に伝わる文化遺産について，生徒の興味・関心を育てる指導に努めるとともに，それらの時代的背景や地域性などと関連付けて考察させるようにすること.その際，身近な地域の歴史上の人物と文化遺産を取り上げることにも留意すること.

キ　歴史に関わる事象の指導に当たっては，地理的分野との連携を踏まえ，地理的条件にも着目して取り扱うよう工夫するとともに，公民的分野との関連にも配慮すること.

ク　日本人の生活や生活に根ざした文化については，政治の動き，社会の動き，各地域の地理的条件，身近な地域の歴史とも関連付けて指導したり，民俗学や考古学などの成果の活用や博物館，郷土資料館などの施設を見学・調査したりするなど具体的に学ぶことを通して理解させるように工夫すること.

(2) 内容のＡについては，次のとおり取り扱うものとする.

ア　(1)については，中学校の歴史学習の導入として実施することを原則とすること.小学校での学習を踏まえ，扱う内容や活動を工夫すること.「課題を追究したり解決したりする活動」については，内容のＢ以下の学習と関わらせて，歴史を追究するために，課題意識をもって学ぶことを促す適切な学習活動を設けるような工夫をすること.(1)のアの(ア)の「年代の表し方や時代区分」の学習については，導入における学習内容を基盤にし，内容のＢ以下の学習と関わらせて継続的・計画的に進めること.また，(1)のイの(ア)の「時期や年代，推移，現在の私たちとのつながり」については，内容のＢ以下の学習と関わらせて，事象相互の関連などにも留意し，それぞれの時代でこれらに着目して考察することが大切であることに気付かせること.

イ　(2)については，内容のＢ以下の学習と関わらせて計画的に実施し，地域の特性に応じた時代を取り上げるようにするとともに，人々の生活や生活に根ざした伝統や文化に着目した取扱いを工夫すること.その際，博物館，郷土資料館などの地域の施設の活用や地域の人々の協力も考慮すること.

(3) 内容のＢについては，次のとおり取り扱うものとする.

ア　(1)のアの(ア)の「世界の古代文明」については，人類の出現にも触れ，中国の文明をはじめとして諸文明の特徴を取り扱い，生活技術の発達，文字の使用，国家のおこりと発展などの共通する特徴に気付かせるようにすること.また，ギリシャ・ローマの文明について，政治制度など民主政治の来歴の観点から取り扱うこと.「宗教のおこり」については，仏教，キリスト教，イスラム教などを取り上げ，古代の文明とともに大きく捉えさせるようにすること.(1)のアの(イ)の「日本列島における国家形成」については，狩猟・採集を行っていた人々の生活が農耕の広まりとともに変化していったことに気付かせること.また，考古学などの成果を活用するとともに，古事記，日本書紀，風土記などにまとめられた神話・伝承などの学習を通して，当時の人々の信仰やものの見方などに気付かせ

るよう留意すること.「大和朝廷（大和政権）による統一の様子と東アジアとの関わり」については，古墳の広まりにも触れるとともに，大陸から移住してきた人々の我が国の社会や文化に果たした役割にも気付かせるようにすること.(1)のアの(ウ)の「律令国家の確立に至るまでの過程」については，聖徳太子の政治，大化の改新から律令国家の確立に至るまでの過程を，小学校での学習内容を活用して大きく捉えさせるようにすること.なお，「聖徳太子の政治」を取り上げる際には，聖徳太子が古事記や日本書紀においては「厩戸皇子」などと表記され，後に「聖徳太子」と称されるようになったことに触れること.

イ　(2)のアの(ア)の「ユーラシアの変化」については，モンゴル帝国の拡大によるユーラシアの結び付きについて気付かせること.(2)のアの(イ)の「琉球の国際的な役割」については，琉球の文化についても触れること.(2)のアの(ウ)の「武士や民衆などの多様な文化の形成」については，代表的な事例を取り上げてその特色を捉えさせるようにすること.その際，この時代の文化の中に現在に結び付くものが見られることに気付かせるようにすること.また，禅宗の文化的な影響についても触れること.「応仁の乱後の社会的な変動」については，戦国の動乱も取り扱うようにすること.

ウ　(3)のアの(ア)の「ヨーロッパ人来航の背景」については，新航路の開拓を中心に取り扱い，その背景となるアジアの交易の状況やムスリム商人などの役割と世界の結び付きに気付かせること.また，宗教改革についても触れること.「織田・豊臣による統一事業」については，検地・刀狩などの政策を取り扱うようにすること.(3)のアの(イ)の「鎖国などの幕府の対外政策と対外関係」については，オランダ，中国との交易のほか，朝鮮との交流や琉球の役割，北方との交易をしていたアイヌについて取り扱うようにすること.その際，アイヌの文化についても触れること.「幕府と藩による支配」については，その支配の下に大きな戦乱のない時期を迎えたことなどに気付かせること.(3)のアの(ウ)の「産業や交通の発達」については，身近な地域の特徴を生かすようにすること.「各地方の生活文化」については，身近な地域の事例を取り上げるように配慮し，藩校や寺子屋などによる「教育の普及」や社会的な「文化の広がり」と関連させて，現在との結び付きに気付かせるようにすること.(3)のアの(エ)の「幕府の政治改革」については，百姓一揆などに結び付く農村の変化や商業の発達などへの対応という観点から，代表的な事例を取り上げるようにすること.

(4) 内容のＣについては，次のとおり取り扱うものとする.

ア　(1)のアの(ア)の「市民革命」については，政治体制の変化や人権思想の発達や広がり，現代の政治とのつながりなどと関連付けて，アメリカの独立，フランス革命などを扱うこと.「アジア諸国の動き」については，欧米諸国の進出に対するアジア諸国の対応と変容という観点から，代表的な事例を取り上げるようにすること.(1)のアの(イ)の「開国とその影響」については，(1)のアの(ア)の欧米諸国のアジア進出と関連付けて取り扱うようにすること.「富国強兵・殖産興業政策」については，この政策の下に新政府が行った，廃藩置県，学制・兵制・税制の改革，身分制度の廃止，領土の画定などを取り扱うようにすること.その際，北方領土に触れるとともに，竹島，尖閣諸島の編入についても触れること.「明治維新」については，複雑な国際情勢の中で独立を保ち，近代国家を形成していった政府や人々の努力に気付かせるようにすること.(1)のアの(ウ)の「日清・日露戦争」については，この頃の大陸との関係を踏まえて取り扱うようにすること.「条約改正」については，当時の国内の社会状況や国際情勢との関わりを踏まえて，欧米諸国と対等な外交関係を樹立する過程の

中から代表的な事例を取り上げるようにすること．「立憲制の国家が成立して議会政治が始まる」については，その歴史上の意義や現代の政治とのつながりに気付かせるようにすること．(1)のアの(エ)の「近代文化」については，伝統的な文化の上に欧米文化を受容して形成されたものであることに気付かせるようにすること．(1)のアの(オ)の「第一次世界大戦」については，世界に戦禍が広がった背景や，日本の参戦，ロシア革命なども取り上げて，世界の動きと我が国との関連を踏まえて取り扱うようにすること．「我が国の国民の政治的自覚の高まり」については，大正デモクラシーの時期の政党政治の発達，民主主義的な思想の普及，社会運動の展開を取り扱うようにすること．(1)のアの(カ)については，国際協調と国際平和の実現に努めることが大切であることに気付かせるようにすること．

イ (2)のアの(ア)の「我が国の民主化と再建の過程」については，国民が苦難を乗り越えて新しい日本の建設に努力したことに気付かせるようにすること．その際，男女普通選挙の確立，日本国憲法の制定などを取り扱うこと．(2)のアの(イ)については，沖縄返還，日中国交正常化，石油危機などの節目となる歴史に関わる事象を取り扱うようにすること．また，民族や宗教をめぐる対立や地球環境問題への対応などを取り扱い，これまでの学習と関わらせて考察，構想させるようにすること．

第3 指導計画の作成と内容の取扱い
1 指導計画の作成に当たっては，次の事項に配慮するものとする．
  (1) 単元など内容や時間のまとまりを見通して，その中で育む資質・能力の育成に向けて，生徒の主体的・対話的で深い学びの実現を図るようにすること．その際，分野の特質に応じた見方・考え方を働かせ，社会的事象の意味や意義などを考察し，概念などに関する知識を獲得したり，社会との関わりを意識した課題を追究したり解決したりする活動の充実を図ること．また，知識に偏り過ぎた指導にならないようにするため，基本的な事柄を厳選して指導内容を構成するとともに，各分野において，第2の内容の範囲や程度に十分配慮しつつ事柄を再構成するなどの工夫をして，基本的な内容が確実に身に付くよう指導すること．
  (2) 小学校社会科の内容との関連及び各分野相互の有機的な関連を図るとともに，地理的分野及び歴史的分野の基礎の上に公民的分野の学習を展開するこの教科の基本的な構造に留意して，全体として教科の目標が達成できるようにする必要があること．
  (3) 各分野の履修については，第1，第2学年を通じて地理的分野及び歴史的分野を並行して学習させることを原則とし，第3学年において歴史的分野及び公民的分野を学習させること．各分野に配当する授業時数は，地理的分野115単位時間，歴史的分野135単位時間，公民的分野100単位時間とすること．これらの点に留意し，各学校で創意工夫して適切な指導計画を作成すること．
  (4) 障害のある生徒などについては，学習活動を行う場合に生じる困難さに応じた指導内容や指導方法の工夫を計画的，組織的に行うこと．
  (5) 第1章総則の第1の2の(2)に示す道徳教育の目標に基づき，道徳科などとの関連を考慮しながら，第3章特別の教科道徳の第2に示す内容について，社会科の特質に応じて適切な指導をすること．
2 第2の内容の取扱いについては，次の事項に配慮するものとする．
  (1) 社会的な見方・考え方を働かせることをより一層重視する観点に立って，社会的事象の意味や意義，事象の特色や事象間の関連，社会に見られる課題などについて，考察したこと

や選択・判断したことを論理的に説明したり，立場や根拠を明確にして議論したりするなどの言語活動に関わる学習を一層重視すること．
  (2) 情報の収集，処理や発表などに当たっては，学校図書館や地域の公共施設などを活用するとともに，コンピュータや情報通信ネットワークなどの情報手段を積極的に活用し，指導に生かすことで，生徒が主体的に調べ分かろうとして学習に取り組めるようにすること．その際，課題の追究や解決の見通しをもって生徒が主体的に情報手段を活用できるようにするとともに，情報モラルの指導にも留意すること．
  (3) 調査や諸資料から，社会的事象に関する様々な情報を効果的に収集し，読み取り，まとめる技能を身に付ける学習活動を重視するとともに，作業的で具体的な体験を伴う学習の充実を図るようにすること．その際，地図や年表を読んだり作成したり，現代社会の諸課題を捉え，多面的・多角的に考察，構想するに当たっては，関連する新聞，読み物，統計その他の資料に平素から親しみ適切に活用したり，観察や調査などの過程と結果を整理し報告書にまとめ，発表したりするなどの活動を取り入れるようにすること．
  (4) 社会的事象については，生徒の考えが深まるよう様々な見解を提示するよう配慮し，多様な見解のある事柄，未確定な事柄を取り上げる場合には，有益適切な教材に基づいて指導するとともに，特定の事柄を強調し過ぎたり，一面的な見解を十分な配慮なく取り上げたりするなどの偏った取扱いにより，生徒が多面的・多角的に考察したり，事実を客観的に捉え，公正に判断したりすることを妨げることのないよう留意すること．
3 第2の内容の指導に当たっては，教育基本法第14条及び第15条の規定に基づき，適切に行うよう特に慎重に配慮して，政治及び宗教に関する教育を行うものとする．

第2章　各学科に共通する各教科

第2節　地理歴史

第1款　目　標

社会的な見方・考え方を働かせ，課題を追究したり解決したりする活動を通して，広い視野に立ち，グローバル化する国際社会に主体的に生きる平和で民主的な国家及び社会の有為な形成者に必要な公民としての資質・能力を次のとおり育成することを目指す。
(1) 現代世界の地域的特色と日本及び世界の歴史の展開に関して理解するとともに，調査や諸資料から様々な情報を適切かつ効果的に調べまとめる技能を身に付けるようにする。
(2) 地理や歴史に関わる事象の意味や意義，特色や相互の関連を，概念などを活用して多面的・多角的に考察したり，社会に見られる課題の解決に向けて構想したりする力や，考察，構想したことを効果的に説明したり，それらを基に議論したりする力を養う。
(3) 地理や歴史に関わる諸事象について，よりよい社会の実現を視野に課題を主体的に解決しようとする態度を養うとともに，多面的・多角的な考察や深い理解を通して涵養される日本国民としての自覚，我が国の国土や歴史に対する愛情，他国や他国の文化を尊重することの大切さについての自覚などを深める。

第2款　各　科　目

第1　地理総合
　1　目　標
　　社会的事象の地理的な見方・考え方を働かせ，課題を追究したり解決したりする活動を通して，広い視野に立ち，グローバル化する国際社会に主体的に生きる平和で民主的な国家及び社会の有為な形成者に必要な公民としての資質・能力を次のとおり育成することを目指す。
　(1) 地理に関わる諸事象に関して，世界の生活文化の多様性や，防災，地域や地球的課題への取組などを理解するとともに，地図や地理情報システムなどを用いて，調査や諸資料から地理に関する様々な情報を適切かつ効果的に調べまとめる技能を身に付けるようにする。
　(2) 地理に関わる事象の意味や意義，特色や相互の関連を，位置や分布，場所，人間と自然環境との相互依存関係，空間的相互依存作用，地域などに着目して，概念などを活用して多面的・多角的に考察したり，地理的な課題の解決に向けて構想したりする力や，考察，構想したことを効果的に説明したり，それらを基に議論したりする力を養う。
　(3) 地理に関わる諸事象について，よりよい社会の実現を視野にそこで見られる課題を主体的に追究，解決しようとする態度を養うとともに，多面的・多角的な考察や深い理解を通して涵養される日本国民としての自覚，我が国の国土に対する愛情，世界の諸地域の多様な生活文化を尊重しようとすることの大切さについての自覚などを深める。
　2　内　容
　A　地図や地理情報システムで捉える現代世界
　　(1) 地図や地理情報システムと現代世界
　　　位置や分布などに着目して，課題を追究したり解決したりする活動を通して，次の事項を身に付けることができるよう指導する。
　　　ア　次のような知識及び技能を身に付けること。
　　　　(ア) 現代世界の地域構成を示した様々な地図の読図などを基に，方位や時差，日本の位置と領域，国内や国家間

の結び付きなどについて理解すること。
　　　　(イ) 日常生活の中で見られる様々な地図の読図などを基に，地図や地理情報システムの役割や有用性などについて理解すること。
　　　　(ウ) 現代世界の様々な地理情報について，地図や地理情報システムなどを用いて，その情報を収集し，読み取り，まとめる基礎的・基本的な技能を身に付けること。
　　　イ　次のような思考力，判断力，表現力等を身に付けること。
　　　　(ア) 現代世界の地域構成について，位置や範囲などに着目して，主題を設定し，世界的視野から見た日本の位置，国内や国家間の結び付きなどを多面的・多角的に考察し，表現すること。
　　　　(イ) 地図や地理情報システムについて，位置や範囲，縮尺などに着目して，目的や用途，内容，適切な活用の仕方などを多面的・多角的に考察し，表現すること。
　B　国際理解と国際協力
　　(1) 生活文化の多様性と国際理解
　　　場所や人間と自然環境との相互依存関係などに着目して，課題を追究したり解決したりする活動を通して，次の事項を身に付けることができるよう指導する。
　　　ア　次のような知識を身に付けること。
　　　　(ア) 世界の人々の特色ある生活文化を基に，人々の生活文化が地理的環境から影響を受けたり，影響を与えたりして多様性をもつことや，地理的環境の変化によって変容することなどについて理解すること。
　　　　(イ) 世界の人々の特色ある生活文化を基に，自他の文化を尊重し国際理解を図ることの重要性などについて理解すること。
　　　イ　次のような思考力，判断力，表現力等を身に付けること。
　　　　(ア) 世界の人々の生活文化について，その生活文化が見られる場所の特徴や自然及び社会的条件との関わりなどに着目して，主題を設定し，多様性や変容の要因などを多面的・多角的に考察し，表現すること。
　　(2) 地球的課題と国際協力
　　　空間的相互依存作用や地域などに着目して，課題を追究したり解決したりする活動を通して，次の事項を身に付けることができるよう指導する。
　　　ア　次のような知識を身に付けること。
　　　　(ア) 世界各地で見られる地球環境問題，資源・エネルギー問題，人口・食料問題及び居住・都市問題などを基に，地球的課題の各地で共通する傾向性や課題相互の関連性などについて大観し理解すること。
　　　　(イ) 世界各地で見られる地球環境問題，資源・エネルギー問題，人口・食料問題及び居住・都市問題などを基に，地球的課題の解決には持続可能な社会の実現を目指した各国の取組や国際協力が必要であることなどについて理解すること。
　　　イ　次のような思考力，判断力，表現力等を身に付けること。
　　　　(ア) 世界各地で見られる地球環境問題，資源・エネルギー問題，人口・食料問題及び居住・都市問題などの地球的課題について，地域の結び付きや持続可能な社会づくりなどに着目して，主題を設定し，現状や要因，解決の方向性などを多面的・多角的に考察し，表現すること。
　C　持続可能な地域づくりと私たち
　　(1) 自然環境と防災
　　　人間と自然環境との相互依存関係や地域などに着目して，課題を追究したり解決したりする活動を通して，次の事項を身に付けることができるよう指導する。
　　　ア　次のような知識及び技能を身に付けること。

（ア）我が国をはじめ世界で見られる自然災害や生徒の生活圏で見られる自然災害を基に，地域の自然環境の特色と自然災害への備えや対応との関わりとともに，自然災害の規模や頻度，地域性を踏まえた備えや対応の重要性などについて理解すること．

（イ）様々な自然災害に対応したハザードマップや新旧地形図をはじめとする各種の地理情報について，その情報を収集し，読み取り，まとめる地理的技能を身に付けること．

イ　次のような思考力，判断力，表現力等を身に付けること．

（ア）地域性を踏まえた防災について，自然及び社会的条件との関わり，地域の共通点や差異，持続可能な地域づくりなどに着目して，主題を設定し，自然災害への備えや対応などを多面的・多角的に考察し，表現すること．

(2) 生活圏の調査と地域の展望

空間的相互依存作用や地域などに着目して，課題を探究する活動を通して，次の事項を身に付けることができるよう指導する．

ア　次のような知識を身に付けること．

（ア）生活圏の調査を基に，地理的な課題の解決に向けた取組や探究する手法などについて理解すること．

イ　次のような思考力，判断力，表現力等を身に付けること．

（ア）生活圏の地理的な課題について，生活圏内や生活圏外との結び付き，地域の成り立ちや変容，持続可能な地域づくりなどに着目して，主題を設定し，課題解決に求められる取組などを多面的・多角的に考察，構想し，表現すること．

3　内容の取扱い

(1) 内容の全体にわたって，次の事項に配慮するものとする．

ア　中学校社会科との関連を図るとともに，1の目標に即して基本的な事柄を基に指導内容を構成すること．

イ　地図の読図や作図，衛星画像や空中写真，景観写真の読み取りなど地理的技能を身に付けることができるよう系統性に留意して計画的に指導すること．その際，教科用図書「地図」を十分に活用するとともに，地図や統計などの地理情報の収集・分析には，地理情報システムや情報通信ネットワークなどの活用を工夫すること．

ウ　地図の読図や作図などを主とした作業的で具体的な体験を伴う学習を取り入れるとともに，各項目を関連付けて地理的技能が身に付くよう工夫すること．また，地図を有効に活用して事象を説明したり，自分の解釈を加えて論述したり，討論したりするなどの活動を充実させること．

エ　学習過程では取り扱う内容の歴史的背景を踏まえることとし，政治的，経済的，生物的，地学的な事象なども必要に応じて扱うことができるが，それらは空間的な傾向性や諸地域の特色を理解するのに必要な程度とすること．

オ　調査の実施や諸資料の収集に当たっては，専門家や関係諸機関などと円滑に連携・協働するなどして，社会との関わりを意識した活動を重視すること．

カ　各項目の内容に応じて日本を含めて扱うとともに，日本と比較し関連付けて考察するようにすること．

(2) 内容の取扱いに当たっては，次の事項に配慮するものとする．

ア　内容のAについては，次のとおり取り扱うものとすること．

（ア）(1)については，次のとおり取り扱うこと．

「現代世界の地域構成を示した様々な地図の読図」については，様々な地図の読図によって現代世界を地理的な視点から概観するとともに，球面上の世界の捉え方にも習熟するよう工夫すること．「日本の位置と領域」については，世界的視野から日本の位置を捉えるとともに，日本の領域をめぐる問題にも触れること．また，我が国の海洋国家としての特色と海洋の果たす役割を取り上げ

るとともに，竹島や北方領土が我が国の固有の領土であることなど，我が国の領域をめぐる問題も取り上げるようにすること．その際，尖閣諸島については我が国の固有の領土であり，領土問題は存在しないことも扱うこと．また，「国内や国家間の結び付き」については，国内の物流や人の往来，それを支える陸運や海運などの現状や動向，世界の国家群，貿易，交通・通信，観光の現状や動向に関する諸事象を，様々な主題図などを基に取り上げ，地図や地理情報システムの適切な活用の仕方が身に付くよう工夫すること．

「日常生活の中で見られる様々な地図」については，観察や調査，統計，画像，文献などの地理情報の収集，選択，処理，諸資料の地理情報化や地図化などの作業の中で具体的な体験を伴う学習を取り入れるよう工夫すること．また，今後の学習全体を通じて地理的技能を活用する端緒となるよう，地図や地理情報システムに関する基礎的・基本的な知識や技能を習得するとともに，地図や地理情報システムが日常生活の様々な場面で持続可能な社会づくりのために果たしている役割やその有用性に気付くことができるよう工夫すること．

イ　内容のBについては，次のとおり取り扱うものとすること．

（ア）(1)については，次のとおり取り扱うこと．

「世界の人々の特色ある生活文化」については，「地理的環境から影響を受けたり，影響を与えたりして多様性をもつこと」や，「地理的環境の変化によって変容すること」などを理解するために，世界の人々の多様な生活文化の中から地理的環境との関わりの深い，ふさわしい特色ある事例を選んで設定すること．その際，地理的環境には自然環境だけでなく，歴史的背景や人々の産業の営みなどの社会環境も含まれることに留意すること．また，ここでは，生活と宗教の関わりなどについて取り上げるとともに，日本との共通点や相違点に着目し，多様な習慣や価値観などをもっている人々と共存していくことの意義に気付くよう工夫すること．

（イ）(2)については，次のとおり取り扱うこと．

ここで取り上げる地球的課題については，国際連合における持続可能な開発のための取組などを参考に，「地球的課題の地域間で共通する傾向性や課題相互の関連性」などを理解するために，世界各地で見られる様々な地球的課題の中から，ふさわしい特色ある事例を選んで設定すること．その際，地球環境問題，資源・エネルギー問題，人口・食料問題及び居住・都市問題などの地球的課題は，それぞれ相互に関連し合い，地域を越えた課題であるとともに地域によって現れ方が異なるなど共通性とともに地域性をもつことに留意し，それらの現状や要因の分析，解決の方向性については，複数の立場や意見があることに留意すること．また，地球的課題の解決については，人々の生活を支える産業などの経済活動との調和のとれた取組が重要であり，それが持続可能な社会づくりにつながることに留意すること．

ウ　内容のCについては，次のとおり取り扱うものとすること．

（ア）(1)については，次のとおり取り扱うこと．

日本は変化に富んだ地形や気候をもち，様々な自然災害が多発することから，早くから自然災害への対応に努めてきたことなどを，具体例を通して取り扱うこと．その際，地形図やハザードマップなどの主題図の読図など，日常生活と結び付いた地理的技能を身に付けるとともに，防災意識を高めるよう工夫すること．

「我が国をはじめ世界で見られる自然災害」及び「生徒の生活圏で見られる自然災害」については，それぞれ地震災害や津波災害，風水害，火山災害などの中から，

適切な事例を取り上げること.
（イ）(2)については，次のとおり取り扱うこと.
「生活圏の調査」については，その指導に当たって，これまでの学習成果を活用しながら，生徒の特性や学校所在地の事情などを考慮して，地域調査を実施し，生徒が適切にその方法を身に付けるよう工夫すること.

第2 地理探究
1 目 標
社会的事象の地理的な見方・考え方を働かせ，課題を追究したり解決したりする活動を通して，広い視野に立ち，グローバル化する国際社会に主体的に生きる平和で民主的な国家及び社会の有為な形成者に必要な公民としての資質・能力を次のとおり育成することを目指す.
（1）地理に関わる諸事象に関して，世界の空間的な諸事象の規則性，傾向性や，世界の諸地域の地域的特色や課題などを理解するとともに，地図や地理情報システムなどを用いて，調査や諸資料から地理に関する様々な情報を適切かつ効果的に調べまとめる技能を身に付けるようにする.
（2）地理に関わる事象の意味や意義，特色や相互の関連を，位置や分布，場所，人間と自然環境との相互依存関係，空間的相互依存作用，地域などに着目して，系統地理的，地誌的に，概念などを活用して多面的・多角的に考察したり，地理的な課題の解決に向けて構想したりする力や，考察，構想したことを効果的に説明したり，それらを基に議論したりする力を養う.
（3）地理に関わる諸事象について，よりよい社会の実現を視野にそこで見られる課題を主体的に探究しようとする態度を養うとともに，多面的・多角的な考察や深い理解を通して涵養される日本国民としての自覚，我が国の国土に対する愛情，世界の諸地域の多様な生活文化を尊重しようとすることの大切さについての自覚などを深める.
2 内 容
A 現代世界の系統地理的考察
（1）自然環境
場所や人間と自然環境との相互依存関係などに着目して，課題を追究したり解決したりする活動を通して，次の事項を身に付けることができるよう指導する.
ア 次のような知識を身に付けること.
（ア）地形，気候，生態系などに関わる諸事象を基に，それらの事象の空間的な規則性，傾向性や，地球環境問題の現状や要因，解決に向けた取組などについて理解すること.
イ 次のような思考力，判断力，表現力等を身に付けること.
（ア）地形，気候，生態系などに関わる諸事象について，場所の特徴や自然及び社会的条件との関わりなどに着目して，主題を設定し，それらの事象の空間的な規則性，傾向性や，関連する地球的課題の要因や動向などを多面的・多角的に考察し，表現すること.
（2）資源，産業
場所や空間的相互依存作用などに着目して，課題を追究したり解決したりする活動を通して，次の事項を身に付けることができるよう指導する.
ア 次のような知識を身に付けること.
（ア）資源・エネルギーや農業，工業などに関わる諸事象を基に，それらの事象の空間的な規則性，傾向性や，資源・エネルギー，食料問題の現状や要因，解決に向けた取組などについて理解すること.
イ 次のような思考力，判断力，表現力等を身に付けること.
（ア）資源・エネルギーや農業，工業などに関わる諸事象について，場所の特徴や場所の結び付きなどに着目して，主題を設定し，それらの事象の空間的な規則性，傾向性や，関連する地球的課題の要因や動向などを多面的・多

角的に考察し，表現すること.
（3）交通・通信，観光
場所や空間的相互依存作用などに着目して，課題を追究したり解決したりする活動を通して，次の事項を身に付けることができるよう指導する.
ア 次のような知識を身に付けること.
（ア）交通・通信網と物流や人の移動に関する運輸，観光などに関わる諸事象を基に，それらの事象の空間的な規則性，傾向性や，交通・通信，観光に関わる問題の現状や要因，解決に向けた取組などについて理解すること.
イ 次のような思考力，判断力，表現力等を身に付けること.
（ア）交通・通信網と物流や人の移動に関する運輸，観光などに関わる諸事象について，場所の特徴や場所の結び付きなどに着目して，主題を設定し，それらの事象の空間的な規則性，傾向性や，関連する地球的課題の要因や動向などを多面的・多角的に考察し，表現すること.
（4）人口，都市・村落
場所や空間的相互依存作用などに着目して，課題を追究したり解決したりする活動を通して，次の事項を身に付けることができるよう指導する.
ア 次のような知識を身に付けること.
（ア）人口，都市・村落などに関わる諸事象を基に，それらの事象の空間的な規則性，傾向性や，人口，居住・都市問題の現状や要因，解決に向けた取組などについて理解すること.
イ 次のような思考力，判断力，表現力等を身に付けること.
（ア）人口，都市・村落などに関わる諸事象について，場所の特徴や場所の結び付きなどに着目して，主題を設定し，それらの事象の空間的な規則性，傾向性や，関連する地球的課題の要因や動向などを多面的・多角的に考察し，表現すること.
（5）生活文化，民族・宗教
場所や空間的相互依存作用などに着目して，課題を追究したり解決したりする活動を通して，次の事項を身に付けることができるよう指導する.
ア 次のような知識を身に付けること.
（ア）生活文化，民族・宗教などに関わる諸事象を基に，それらの事象の空間的な規則性，傾向性や，民族，領土問題の現状や要因，解決に向けた取組などについて理解すること.
イ 次のような思考力，判断力，表現力等を身に付けること.
（ア）生活文化，民族・宗教などに関わる諸事象について，場所の特徴や場所の結び付きなどに着目して，主題を設定し，それらの事象の空間的な規則性，傾向性や，関連する地球的課題の要因や動向などを多面的・多角的に考察し，表現すること.
B 現代世界の地誌的考察
（1）現代世界の地域区分
位置や分布，地域などに着目して，課題を追究したり解決したりする活動を通して，次の事項を身に付けることができるよう指導する.
ア 次のような知識及び技能を身に付けること.
（ア）世界や世界の諸地域に関する各種の主題図や資料を基に，世界を幾つかの地域に区分する方法や地域の概念，地域区分の意義などについて理解すること.
（イ）世界や世界の諸地域について，各種の主題図や資料を踏まえて地域区分をする地理的技能を身に付けること.
イ 次のような思考力，判断力，表現力等を身に付けること.
（ア）世界や世界の諸地域の地域区分について，地域の共通点や差異，分布などに着目して，主題を設定し，地域の捉え方などを多面的・多角的に考察し，表現すること.
（2）現代世界の諸地域

空間的相互依存作用や地域などに着目して，課題を追究したり解決したりする活動を通して，次の事項を身に付けることができるよう指導する．

ア 次のような知識を身に付けること．

（ア）幾つかの地域に区分した現代世界の諸地域を基に，諸地域に見られる地域的特色や地球的課題などについて理解すること．

（イ）幾つかの地域に区分した現代世界の諸地域を基に，地域の結び付き，構造や変容などを地誌的に考察する方法などについて理解すること．

イ 次のような思考力，判断力，表現力等を身に付けること．

（ア）現代世界の諸地域について，地域の結び付き，構造や変容などに着目して，主題を設定し，地域的特色や地球的な課題などを多面的・多角的に考察し，表現すること．

C 現代世界におけるこれからの日本の国土像

（1）持続可能な国土像の探究

空間的相互依存作用や地域などに着目して，課題を探究する活動を通して，次の事項を身に付けることができるよう指導する．

ア 次のような知識を身に付けること．

（ア）現代世界におけるこれからの日本の国土像の探究を基に，我が国が抱える地理的な諸課題の解決の方向性や将来の国土の在り方などを構想することの重要性や，探究する手法などについて理解すること．

イ 次のような思考力，判断力，表現力等を身に付けること．

（ア）現代世界におけるこれからの日本の国土像について，地域の結び付き，構造や変容，持続可能な社会づくりなどに着目して，主題を設定し，我が国が抱える地理的な諸課題の解決の方向性や将来の国土の在り方などを多面的・多角的に探究し，表現すること．

3 内容の取扱い

（1）内容の全体にわたって，次の事項に配慮するものとする．

ア 1の目標に即して基本的な事柄を基に指導内容を構成すること．

イ 地図の読図や作図，衛星画像や空中写真，景観写真の読み取りなど地理的な技能を身に付けることができるよう系統性に留意して計画的に指導すること．その際，教科用図書「地図」を十分に活用するとともに，地図や統計などの地理情報の収集・分析には，「地理総合」における学習の成果を生かし，地理情報システムや情報通信ネットワークなどの活用を工夫すること．

ウ 地図を有効に活用して事象を説明したり，自分の解釈を加えて論述したり，討論したりするなどの活動を充実させること．

エ 学習過程では取り扱う内容の歴史的背景を踏まえることとし，政治的，経済的，生物的，地学的な事象なども必要に応じて扱うことができるが，それらは空間的な傾向性や諸地域の特色を理解するための必要な程度とすること．

オ 調査の実施や諸資料の収集に当たっては，専門家や関係諸機関などと円滑に連携・協働するなどして，社会との関わりを意識した活動を重視すること．

カ 内容のA及びBについては，各項目の内容に応じて日本を含めて扱うとともに，日本と比較し関連付けて考察するようにすること．

（2）内容の取扱いに当たっては，次の事項に配慮するものとする．

ア 内容のAについては，次のとおり取り扱うものとすること．

分析，考察の過程を重視し，現代世界を系統地理的に捉える視点や考察方法が身に付くよう工夫すること．

（ア）（1）については，次のとおり取り扱うこと．

ここで取り上げる自然環境については，「地理総合」の内容のCの（1）の自然環境と防災における学習を踏

まえた取扱いに留意すること．

（イ）（2）については，次のとおり取り扱うこと．

「資源・エネルギーや農業，工業などに関わる諸事象」については，技術革新などによって新たに資源やエネルギーの利用が可能になったり，新たな産業が生まれたり成長したりすることから，社会の動向を踏まえて取り上げる事象を工夫すること．

（ウ）（3）については，次のとおり取り扱うこと．

「交通・通信網と物流や人の移動に関する運輸」に関わる諸事象については，道路や線路，港湾，空港，通信施設などの施設とともに，自動車や鉄道，船舶や航空機といった交通機関や通信手段を介した貿易や情報通信ネットワークなどの結び付きなどに関わる諸事象を取り扱うこと．

（エ）（4）については，次のとおり取り扱うこと．

「人口，都市・村落などに関わる諸事象」については，国や地方公共団体の取組とも深く関わることから，中学校社会科公民的分野及び高等学校公民科などとの関連を踏まえた取扱いに留意すること．

（オ）（5）については，次のとおり取り扱うこと．

ここで取り上げる生活文化については，「地理総合」の内容のBの（1）の生活文化の多様性と国際理解における学習を踏まえて取り上げる事象を工夫すること．

「領土問題の現状や要因，解決に向けた取組」については，それを扱う際に日本の領土問題にも触れること．また，我が国の海洋国家としての特色と海洋の果たす役割を取り上げるとともに，竹島や北方領土が我が国の固有の領土であることなど，我が国の領域をめぐる問題も取り上げるようにすること．その際，尖閣諸島については我が国の固有の領土であり，領土問題は存在しないことも扱うこと．

イ 内容のBについては，次のとおり取り扱うものとすること．

（ア）（1）については，次のとおり取り扱うこと．

現代世界が自然，政治，経済，文化などの指標によって様々に地域区分できることに着目し，それらを比較対照することによって，地域の概念，地域区分の意義などを理解するようにすること．

（イ）（2）については，次のとおり取り扱うこと．

ここで取り上げる地域は，中学校社会科地理的分野の「世界の諸地域」の学習における主に州を単位とする取り上げ方とは異なり，（1）で学習した地域区分を踏まえるとともに，様々な規模の地域を世界全体から偏りなく取り上げるようにすること．また，取り上げた地域の多様な事象を項目ごとに整理して考察する地誌，取り上げた地域の特色ある事象と他の事象を有機的に関連付けて考察する地誌，対照的又は類似的な性格の二つの地域を比較して考察する地誌の考察方法を用いて学習できるよう工夫すること．

ウ 内容のCについては，次のとおり取り扱うものとすること．

（ア）（1）については，次のとおり取り扱うこと．

この科目のまとめとして位置付けること．

「我が国が抱える地理的な諸課題の解決の方向性や将来の国土の在り方」については，国際連合における持続可能な開発のための取組などを参考に，生徒の興味・関心などを踏まえて適切な事例を選定し，学習できるよう工夫すること．その際，「我が国が抱える地理的な諸課題」に関しては，それぞれの課題が相互に関連し合うとともに，それらの現状や要因の分析，解決の方向性については，複数の立場や意見があることに留意すること．

第3 歴史総合

1 目　標
　社会的事象の歴史的な見方・考え方を働かせ，課題を追究したり解決したりする活動を通して，広い視野に立ち，グローバル化する国際社会に主体的に生きる平和で民主的な国家及び社会の有為な形成者に必要な公民としての資質・能力を次のとおり育成することを目指す．
(1) 近現代の歴史の変化に関わる諸事象について，世界とその中の日本を広く相互的な視野から捉え，現代的な諸課題の形成に関わる近現代の歴史を理解するとともに，諸資料から歴史に関する様々な情報を適切かつ効果的に調べまとめる技能を身に付けるようにする．
(2) 近現代の歴史の変化に関わる事象の意味や意義，特色などを，時期や年代，推移，比較，相互の関連や現在とのつながりなどに着目して，概念などを活用して多面的・多角的に考察したり，歴史に見られる課題を把握し解決を視野に入れて構想したりする力や，考察，構想したことを効果的に説明したり，それらを基に議論したりする力を養う．
(3) 近現代の歴史の変化に関わる諸事象について，よりよい社会の実現を視野に課題を主体的に追究，解決しようとする態度を養うとともに，多面的・多角的な考察や深い理解を通して涵(かん)養される日本国民としての自覚，我が国の歴史に対する愛情，他国や他国の文化を尊重することの大切さについての自覚などを深める．
2 内　容
A 歴史の扉
(1) 歴史と私たち
　諸資料を活用し，課題を追究したり解決したりする活動を通して，次の事項を身に付けることができるよう指導する．
　ア　次のような知識を身に付けること．
　　(ア) 私たちの生活や身近な地域などに見られる諸事象を基に，それらが日本や日本周辺の地域及び世界の歴史とつながっていることを理解すること．
　イ　次のような思考力，判断力，表現力等を身に付けること．
　　(ア) 近代化，国際秩序の変化や大衆化，グローバル化などの歴史の変化と関わらせて，アで取り上げる諸事象と日本や日本周辺の地域及び世界の歴史との関連性について考察し，表現すること．
(2) 歴史の特質と資料
　日本や世界の様々な地域の人々の歴史的な営みの痕跡や記録である遺物，文書，図像などの資料を活用し，課題を追究したり解決したりする活動を通して，次の事項を身に付けることができるよう指導する．
　ア　次のような知識を身に付けること．
　　(ア) 資料に基づいて歴史が叙述されていることを理解すること．
　イ　次のような思考力，判断力，表現力等を身に付けること．
　　(ア) 複数の資料の関係や異同に着目して，資料から読み取った情報の意味や意義，特色などを考察し，表現すること．
B 近代化と私たち
(1) 近代化への問い
　交通と貿易，産業と人口，権利意識と政治参加や国民の義務，学校教育，労働と家族，移民などに関する資料を活用し，課題を追究したり解決したりする活動を通して，次の事項を身に付けることができるよう指導する．
　ア　次のような技能を身に付けること．
　　(ア) 資料から情報を読み取ったりまとめたりする技能を身に付けること．
　イ　次のような思考力，判断力，表現力等を身に付けること．
　　(ア) 近代化に伴う生活や社会の変容について考察し，問いを表現すること．
(2) 結び付く世界と日本の開国
　諸資料を活用し，課題を追究したり解決したりする活動を

通して，次の事項を身に付けることができるよう指導する．
　ア　次のような知識を身に付けること．
　　(ア) 18世紀のアジアや日本における生産と流通，アジア各地域間やアジア諸国と欧米諸国の貿易などを基に，18世紀のアジアの経済と社会を理解すること．
　　(イ) 産業革命と交通・通信手段の革新，中国の開港と日本の開国などを基に，工業化と世界市場の形成を理解すること．
　イ　次のような思考力，判断力，表現力等を身に付けること．
　　(ア) 18世紀のアジア諸国の経済が欧米諸国に与えた影響などに着目して，主題を設定し，アジア諸国とその他の国や地域の動向を比較したり，相互に関連付けたりするなどして，18世紀のアジア諸国における経済活動の特徴，アジア各地域間の関係，アジア諸国と欧米諸国との関係などを多面的・多角的に考察し，表現すること．
　　(イ) 産業革命の影響，中国の開港と日本の開国の背景とその影響などに着目して，主題を設定し，アジア諸国とその他の国や地域の動向を比較したり，相互に関連付けたりするなどして，アジア諸国と欧米諸国との関係の変容などを多面的・多角的に考察し，表現すること．
(3) 国民国家と明治維新
　諸資料を活用し，課題を追究したり解決したりする活動を通して，次の事項を身に付けることができるよう指導する．
　ア　次のような知識を身に付けること．
　　(ア) 18世紀後半以降の欧米の市民革命や国民統合の動向，日本の明治維新や大日本帝国憲法の制定などを基に，立憲体制と国民国家の形成を理解すること．
　　(イ) 列強の進出と植民地の形成，日清・日露戦争などを基に，列強の帝国主義政策とアジア諸国の変容を理解すること．
　イ　次のような思考力，判断力，表現力等を身に付けること．
　　(ア) 国民国家の形成の背景や影響などに着目して，主題を設定し，アジア諸国とその他の国や地域の動向を比較したり，相互に関連付けたりするなどして，政治変革の特徴，国民国家の特徴や社会の変容などを多面的・多角的に考察し，表現すること．
　　(イ) 帝国主義政策の背景，帝国主義政策がアジア・アフリカに与えた影響などに着目して，主題を設定し，アジア諸国とその他の国や地域の動向を比較したり，相互に関連付けたりするなどして，帝国主義政策の特徴，列強間の関係の変容などを多面的・多角的に考察し，表現すること．
(4) 近代化と現代的な諸課題
　内容のA及びBの(1)から(3)までの学習などを基に，自由・制限，平等・格差，開発・保全，統合・分化，対立・協調などの観点から主題を設定し，諸資料を活用して，追究したり解決したりする活動を通して，次の事項を身に付けることができるよう指導する．
　ア　次のような知識を身に付けること．
　　(ア) 現代的な諸課題の形成に関わる近代化の歴史を理解すること．
　イ　次のような思考力，判断力，表現力等を身に付けること．
　　(ア) 事象の背景や原因，結果や影響などに着目して，アジア諸国とその他の国や地域の動向を比較したり，相互に関連付けたりするなどして，主題について多面的・多角的に考察し，表現すること．
C 国際秩序の変化や大衆化と私たち
(1) 国際秩序の変化や大衆化への問い
　国際関係の緊密化，アメリカ合衆国とソヴィエト連邦の台頭，植民地の独立，大衆の政治的・経済的・社会的地位の変化，生活様式の変化などに関する資料を活用し，課題を追究したり解決したりする活動を通して，次の事項を身に付けることができるよう指導する．

ア　次のような技能を身に付けること．
（ア）資料から情報を読み取ったりまとめたりする技能を身に付けること．
イ　次のような思考力，判断力，表現力等を身に付けること．
（ア）国際秩序の変化や大衆化に伴う生活や社会の変容について考察し，問いを表現すること．
（2）第一次世界大戦と大衆社会
諸資料を活用し，課題を追究したり解決したりする活動を通して，次の事項を身に付けることができるよう指導する．
ア　次のような知識を身に付けること．
（ア）第一次世界大戦の展開，日本やアジアの経済成長，ソヴィエト連邦の成立とアメリカ合衆国の台頭，ナショナリズムの動向と国際連盟の成立などを基に，総力戦と第一次世界大戦後の国際協調体制を理解すること．
（イ）大衆の政治参加と女性の地位向上，大正デモクラシーと政党政治，大量消費社会と大衆文化，教育の普及とマスメディアの発達などを基に，大衆社会の形成と社会運動の広がりを理解すること．
イ　次のような思考力，判断力，表現力等を身に付けること．
（ア）第一次世界大戦の推移と第一次世界大戦が大戦後の世界に与えた影響，日本の参戦の背景と影響などに着目して，主題を設定し，日本とその他の国や地域の動向を比較したり，関連付けたりするなどして，第一次世界大戦の性格と惨禍，日本とアジア及び太平洋地域の関係や国際協調体制の特徴などを多面的・多角的に考察し，表現すること．
（イ）第一次世界大戦前後の社会の変化などに着目して，主題を設定し，日本とその他の国や地域の動向を比較したり，関連付けたりするなどして，第一次世界大戦後の社会の変容と社会運動との関連などを多面的・多角的に考察し，表現すること．
（3）経済危機と第二次世界大戦
諸資料を活用し，課題を追究したり解決したりする活動を通して，次の事項を身に付けることができるよう指導する．
ア　次のような知識を身に付けること．
（ア）世界恐慌，ファシズムの伸張，日本の対外政策などを基に，国際協調体制の動揺を理解すること．
（イ）第二次世界大戦の展開，国際連合と国際経済体制，冷戦の始まりとアジア諸国の動向，戦後改革と日本国憲法の制定，平和条約と日本の独立の回復などを基に，第二次世界大戦後の国際秩序と日本の国際社会への復帰を理解すること．
イ　次のような思考力，判断力，表現力等を身に付けること．
（ア）経済危機の背景と影響，国際秩序や政治体制の変化などに着目して，主題を設定し，日本とその他の国や地域の動向を比較したり，相互に関連付けたりするなどして，各国の世界恐慌への対応の特徴，国際協調体制の動揺の要因などを多面的・多角的に考察し，表現すること．
（イ）第二次世界大戦の推移と第二次世界大戦が大戦後の世界に与えた影響，第二次世界大戦後の国際秩序の形成が社会に及ぼした影響などに着目して，主題を設定し，日本とその他の国や地域の動向を比較したり，相互に関連付けたりするなどして，第二次世界大戦の性格と惨禍，第二次世界大戦下の社会状況や人々の生活，日本に対する占領政策と国際情勢との関係などを多面的・多角的に考察し，表現すること．
（4）国際秩序の変化や大衆化と現代的な諸課題
内容のA及びCの（1）から（3）までの学習などを基に，自由・制限，平等・格差，開発・保全，統合・分化，対立・協調などの観点から主題を設定し，諸資料を活用して，追究したり解決したりする活動を通して，次の事項を身に付けることができるよう指導する．
ア　次のような知識を身に付けること．

（ア）現代的な諸課題の形成に関わる国際秩序の変化や大衆化の歴史を理解すること．
イ　次のような思考力，判断力，表現力等を身に付けること．
（ア）事象の背景や原因，結果や影響などに着目して，日本とその他の国や地域の動向を比較したり，相互に関連付けたりするなどして，主題について多面的・多角的に考察し表現すること．
D　グローバル化と私たち
（1）グローバル化への問い
冷戦と国際関係，人と資本の移動，高度情報通信，食料と人口，資源・エネルギーと地球環境，感染症，多様な人々の共存などに関する資料を活用し，課題を追究したり解決したりする活動を通して，次の事項を身に付けることができるよう指導する．
ア　次のような技能を身に付けること．
（ア）資料から情報を読み取ったりまとめたりする技能を身に付けること．
イ　次のような思考力，判断力，表現力等を身に付けること．
（ア）グローバル化に伴う生活や社会の変容について考察し，問いを表現すること．
（2）冷戦と世界経済
諸資料を活用し，課題を追究したり解決したりする活動を通して，次の事項を身に付けることができるよう指導する．
ア　次のような知識を身に付けること．
（ア）脱植民地化とアジア・アフリカ諸国，冷戦下の地域紛争，先進国の政治の動向，軍備拡張や核兵器の管理などを基に，国際政治の変容を理解すること．
（イ）西ヨーロッパや東南アジアの地域連携，計画経済とその波及，日本の高度経済成長などを基に，世界経済の拡大と経済成長下の日本の社会を理解すること．
イ　次のような思考力，判断力，表現力等を身に付けること．
（ア）地域紛争の背景や影響，冷戦が各国の政治に及ぼした影響などに着目して，主題を設定し，日本とその他の国や地域の動向を比較したり，相互に関連付けたりするなどして，地域紛争と冷戦の関係，第三世界の国々の経済政策の特徴，欧米やソヴィエト連邦の政策転換の要因などを多面的・多角的に考察し，表現すること．
（イ）冷戦が各国経済に及ぼした影響，地域連携の背景と影響，日本の高度経済成長の背景と影響などに着目して，主題を設定し，日本とその他の国や地域の動向を比較したり，相互に関連付けたりするなどして，冷戦下の世界経済や地域連携の特徴，経済成長による生活や社会の変容などを多面的・多角的に考察し，表現すること．
（3）世界秩序の変容と日本
諸資料を活用し，課題を追究したり解決したりする活動を通して，次の事項を身に付けることができるよう指導する．
ア　次のような知識を身に付けること．
（ア）石油危機，アジアの諸地域の経済発展，市場開放と経済の自由化，情報通信技術の発展などを基に，市場経済の変容と課題を理解すること．
（イ）冷戦の終結，民主化の進展，地域統合の拡大と変容，地域紛争の拡散とそれへの対応などを基に，冷戦終結後の国際政治の変容と課題を理解すること．
イ　次のような思考力，判断力，表現力等を身に付けること．
（ア）アジアの諸地域の経済発展の背景，経済の自由化や技術革新の影響，資源・エネルギーと地球環境問題が世界経済に及ぼした影響などに着目して，主題を設定し，日本とその他の国や地域の動向を比較したり，相互に関連付けたりするなどして，市場経済のグローバル化の特徴と日本の役割などを多面的・多角的に考察し，表現すること．
（イ）冷戦の変容と終結の背景，民主化や地域統合の背景と影響，地域紛争の拡散の背景と影響などに着目して，

主題を設定し，日本とその他の国や地域の動向を比較したり，相互に関連付けたりするなどして，冷戦終結後の国際政治の特徴と日本の役割などを多面的・多角的に考察し，表現すること。
(4) 現代的な諸課題の形成と展望
　内容のA，B及びC並びにDの (1) から (3) までの学習などを基に，持続可能な社会の実現を視野に入れ，主題を設定し，諸資料を活用し探究する活動を通して，次の事項を身に付けることができるよう指導する。
　ア　次のような知識を身に付けること。
　　(ア) 歴史的経緯を踏まえて，現代的な諸課題を理解すること。
　イ　次のような思考力，判断力，表現力等を身に付けること。
　　(ア) 事象の背景や原因，結果や影響などに着目して，日本とその他の国や地域の動向を比較し相互に関連付けたり，現代的な諸課題を展望したりするなどして，主題について多面的・多角的に考察，構想し，表現すること。
3　内容の取扱い
(1) 内容の全体にわたって，次の事項に配慮するものとする。
　ア　この科目では，中学校までの学習との連続性に留意して諸事象を取り上げることにより，生徒が興味・関心をもって近現代の歴史を学習できるよう指導を工夫すること。その際，近現代の歴史の変化を大観して理解し，考察，表現できるようにすることに指導の重点を置き，個別の事象のみの理解にとどまることのないよう留意すること。
　イ　歴史に関わる諸事象については，地理的条件と関連付けて扱うとともに，特定の時間やその推移及び特定の空間やその広がりの中で生起することを踏まえ，時間的・空間的な比較や関連付けなどにより捉えられるよう指導を工夫すること。
　ウ　近現代の歴史と現代的な諸課題との関わりを考察する際には，政治，経済，社会，文化，宗教，生活などの観点から諸事象を取り上げ，近現代の歴史を多面的・多角的に考察できるようにすること。また，過去の視点のみで一面的に現在を捉えたり，現在の視点のみで一面的に過去を捉えたりすることがないよう留意すること。
　エ　年表や地図，その他の資料を積極的に活用し，文化遺産，博物館や公文書館，その他の資料館などを調査・見学したりするなど，具体的に学ぶよう指導を工夫すること。その際，歴史に関わる諸資料を整理・保存することの意味や意義に気付くようにすること。また，科目の内容に関係する専門家や関係諸機関などとの円滑な連携・協働を図り，社会との関わりを意識した指導を工夫すること。
　オ　活用する資料の選択に際しては，生徒の興味・関心，学校や地域の実態などに十分配慮して行うこと。
　カ　指導に当たっては，客観的かつ公正な資料に基づいて，事実の正確な理解に導くとともに，多面的・多角的に考察し公正に判断する能力を育成すること。その際，核兵器などの脅威に着目させ，戦争や紛争を防止し，平和で民主的な国際社会を実現することが重要な課題であることを認識するよう指導を工夫すること。
(2) 内容の取扱いに当たっては，次の事項に配慮するものとする。
　ア　内容のA，B，C及びDについては，この順序で取り扱うものとし，A，B及びC並びにDの (1) から (3) までの学習をすることにより，Dの (4) の学習が充実するように年間指導計画を作成すること。
　イ　内容のAについては，次のとおり取り扱うものとすること。
　　この科目の導入として位置付け，(1)，(2) の順で取り扱うこと。また，中学校社会科の学習の成果を踏まえ，より発展的に学習できるよう留意するとともに，B，C及びDの学習の基盤を養うよう指導を工夫すること。

(1) については，中学校社会科の学習を踏まえ，生徒の空間的な認識に広がりをもたせるよう指導を工夫すること。
(2) については，資料から読み取る諸事象の解釈の違いが複数の叙述を生むことを理解できるよう具体的な事例を取り上げて指導すること。また，歴史の叙述には，諸資料の検証と論理性などが求められることに気付くようにすること。
　ウ　内容のBについては，次のとおり取り扱うものとすること。
　　(1) については，中学校までの学習及びAの学習を踏まえ，学習内容への課題意識をもたせるとともに，(2)，(3) 及び (4) の学習内容を見通して指導すること。
　　(2) のアについては，日本の美術などのアジアの文物が欧米諸国に与えた影響に気付くようにすること。また，欧米諸国がアジア諸国に進出し，軍事力を背景に勢力拡張を目指した競争が展開され，アジアの経済と社会の仕組みが変容したことにも触れること。また，アジア貿易における琉球(りゅうきゅう)の役割，北方との交易をしていたアイヌについて触れること。その際，琉球やアイヌの文化についても触れること。
　　(3) のアの (ア) については，人々の政治的な発言権が拡大し近代民主主義社会の基礎が成立したことや，国民国家以外の国家形態が存在したことにも触れること。また，富国強兵や大日本帝国憲法の制定など日本の近代化への諸政策については，この時期に日本の立憲国家としての基礎が形成されたことや，それらと欧米諸国の諸政策を比較するなどして近代国家として日本の国際的地位を欧米諸国と対等に引き上げようとするものであったことに気付くようにすること。日本の国民国家の形成などの学習において，領土の画定などを取り扱うようにすること。その際，北方領土に触れるとともに，竹島，尖閣諸島の編入についても触れること。
　　(3) のアの (イ) については，アジア諸国では，近代化に向けた動向や民族意識の形成など，主体的な社会変革への動きがあったことにも気付くようにすること。また，日本の近代化や日露戦争の結果が，アジアの諸民族の独立や近代化の運動に与えた影響とともに，欧米諸国がアジア諸国へ勢力を拡張し，日本が朝鮮半島や中国東北地方へ勢力を拡張したことに触れ，各国の国内状況や国際関係の変化に気付くようにすること。
　　(4) については，一つ，あるいは複数の観点について取り上げ，これまでの学習を振り返り適切な主題を設定すること。その際，自由・制限，平等・格差，開発・保全，統合・分化，対立・協調などの観点に示された二つの要素のどちらかのみに着目することのないよう留意すること。
　エ　内容のCについては，次のとおり取り扱うものとすること。
　　(1) については，中学校までの学習並びにA及びBの学習を踏まえ，学習内容への課題意識をもたせるとともに，(2)，(3) 及び (4) の学習内容を見通して指導すること。
　　(2) のアの (ア) については，社会主義思想の広がりやロシア革命によるソヴィエト連邦の成立が，その後の世界に与えた影響にも触れること。
　　また，国際連盟の成立，国際的な軍縮条約や不戦条約の締結などを扱い，その中で日本が果たした役割や国際的な立場の変化について触れること。
　　(2) のアの (イ) については，世論の影響力が高まる中で民主主義的風潮が形成され，日本において議会政治に基づく政党内閣制が機能するようになったことに触れること。
　　(3) のアの (ア) については，世界恐慌による混乱，日本の政治体制や対外政策の変化，国際協調を基調とするこ

れまでの国際秩序の変容などについて触れること．その際，当時の政治制度の特性や国際情勢に触れること．

（3）のアの（イ）については，第二次世界大戦の過程での米ソ対立や脱植民地化への萌芽などに触れ，大戦の複合的な性格に気付くようにすること．また，この戦争が人類全体に惨禍を及ぼしたことを基に，平和で民主的な国際社会の実現に努めることが大切であることを認識できるようにすること．戦後の国際政治では，冷戦と植民地の独立の動向が相互に関連していたことに触れること．

（4）については，一つ，あるいは複数の観点について取り上げ，これまでの学習を振り返り適切な主題を設定すること．その際，自由・制限，平等・格差，開発・保全，統合・分化，対立・協調などの観点に示された二つの要素のどちらかのみに着目することのないよう留意すること．

オ　内容のDについては，次のとおり取り扱うものとすること．
（1）については，中学校までの学習並びにA，B及びCの学習を踏まえ，学習内容への課題意識をもたせるとともに，（2）及び（3）の学習内容を見通して指導すること．
（2）については，アジア・アフリカ諸国が国際関係の変化に主体的に対応して国家建設を進めたことや，地域連携や経済成長と冷戦との関わりに気付くようにすること．また，この時期の日本の国内政治や，日本とアジア諸国との関係についても触れること．
（3）については，冷戦終結後も引き続き課題として残されたことや，冷戦終結後に新たに生じた課題などに触れること．その際，国家間の対立だけでなく，民族対立が拡大したり，武装集団によるテロ行為を契機として戦争が生じたりするなど，地域紛争の要因が多様化していることにも触れること．また，世界経済の安定に向けた取組を扱い，日本が先進国としての国際的な地位を確立してきたことに気付くようにするとともに，政府開発援助（ODA）や国際連合平和維持活動（PKO），持続可能な開発のための取組などを扱い，日本が国際社会における重要な役割を担ってきたことにも気付くようにすること．
（4）については，この科目のまとめとして位置付けること．その際，Bの（4）及びCの（4）の内容を更に深めたり，Bの（4）及びCの（4）とは異なる観点を取り上げたりして，この科目の学習を振り返り適切な主題を設定すること．

第4　日本史探究

1　目　標
社会的事象の歴史的な見方・考え方を働かせ，課題を追究したり解決したりする活動を通して，広い視野に立ち，グローバル化する国際社会に主体的に生きる平和で民主的な国家及び社会の有為な形成者に必要な公民としての資質・能力を次のとおり育成することを目指す．
（1）我が国の歴史の展開に関わる諸事象について，地理的条件や世界の歴史と関連付けながら総合的に捉えて理解するとともに，諸資料から我が国の歴史に関する様々な情報を適切かつ効果的に調べまとめる技能を身に付けるようにする．
（2）我が国の歴史の展開に関わる事象の意味や意義，伝統と文化の特色などを，時期や年代，推移，比較，相互の関連や現在とのつながりなどに着目して，概念などを活用して多面的・多角的に考察したり，歴史に見られる課題を把握し解決を視野に入れて構想したりする力や，考察，構想したことを効果的に説明したり，それらを基に議論したりする力を養う．
（3）我が国の歴史の展開に関わる諸事象について，よりよい社会の実現を視野に課題を主体的に探究しようとする態度を養うとともに，多面的・多角的な考察や深い理解を通して涵（かん）養される日本国民としての自覚，我が国の歴史に対する愛情，他国や他国の文化を尊重することの大切さについての自覚などを深める．

2　内　容

A　原始・古代の日本と東アジア
（1）黎明期の日本列島と歴史的環境
諸資料を活用し，課題を追究したり解決したりする活動を通して，次の事項を身に付けることができるよう指導する．
ア　次のような知識を身に付けること．
（ア）旧石器文化から縄文文化への変化，弥生（やよい）文化の成立などを基に，黎明期の日本列島の歴史的環境と文化の形成，原始社会の特色を理解すること．
イ　次のような思考力，判断力，表現力等を身に付けること．
（ア）自然環境と人間の生活との関わり，中国大陸・朝鮮半島などアジア及び太平洋地域との関係，狩猟採集社会から農耕社会への変化などに着目して，環境への適応と文化の形成について，多面的・多角的に考察し，表現すること．
（イ）黎明期の日本列島の変化に着目して，原始社会の特色について多面的・多角的に考察し，時代を通観する問いを表現すること．
（2）歴史資料と原始・古代の展望
諸資料を活用し，（1）で表現した時代を通観する問いを踏まえ，課題を追究したり解決したりする活動を通して，次の事項を身に付けることができるよう指導する．
ア　次のような技能を身に付けること．
（ア）原始・古代の特色を示す適切な歴史資料を基に，資料から歴史に関わる情報を収集し，読み取る技能を身に付けること．
イ　次のような思考力，判断力，表現力等を身に付けること．
（ア）歴史資料の特性を踏まえ，資料を通して読み取れる情報から，原始・古代の特色について多面的・多角的に考察し，仮説を表現すること．
（3）古代の国家・社会の展開と画期（歴史の解釈，説明，論述）
諸資料を活用し，（2）で表現した仮説を踏まえ，課題を追究したり解決したりする活動を通して，次の事項を身に付けることができるよう指導する．
ア　次のような知識を身に付けること．
（ア）国家の形成と古墳文化，律令（りつりょう）体制の成立過程と諸文化の形成などを基に，原始から古代の政治・社会や文化の特色を理解すること．
（イ）貴族政治の展開，平安期の文化，地方支配の変化や武士の出現などを基に，律令（りつりょう）体制の再編と変容，古代の社会と文化の変容を理解すること．
イ　次のような思考力，判断力，表現力等を身に付けること．
（ア）中国大陸・朝鮮半島との関係，隋・唐など中国王朝との関係と政治や文化への影響などに着目して，主題を設定し，小国の形成と連合，古代の国家の形成の過程について，事象の意味や意義，関係性などを多面的・多角的に考察し，歴史に関わる諸事象の解釈や歴史の画期などを根拠を示して表現すること．
（イ）地方の諸勢力の成長と影響，東アジアとの関係の変化，社会の変化と文化との関係などに着目して，主題を設定し，古代の国家・社会の変容について，事象の意味や意義，関係性などを多面的・多角的に考察し，歴史に関わる諸事象の解釈や歴史の画期などを根拠を示して表現すること．

B　中世の日本と世界
（1）中世への転換と歴史的環境
諸資料を活用し，課題を追究したり解決したりする活動を通して，次の事項を身に付けることができるよう指導する．
ア　次のような知識を身に付けること．
（ア）貴族政治の変容と武士の政治進出，土地支配の変容などを基に，古代から中世への時代の転換を理解すること．
イ　次のような思考力，判断力，表現力等を身に付けること．

（ア）権力の主体の変化，東アジアとの関わりなどに着目して，古代から中世の国家・社会の変容を多面的・多角的に考察し，表現すること．

（イ）時代の転換に着目して，中世の特色について多面的・多角的に考察し，時代を通観する問いを表現すること．

(2) 歴史資料と中世の展望

　諸資料を活用し，(1)で表現した時代を通観する問いを踏まえ，課題を追究したり解決したりする活動を通して，次の事項を身に付けることができるよう指導する．

　ア　次のような技能を身に付けること．

（ア）中世の特色を示す適切な歴史資料を基に，資料から歴史に関わる情報を収集し，読み取る技能を身に付けること．

　イ　次のような思考力，判断力，表現力等を身に付けること．

（ア）歴史資料の特性を踏まえ，資料を通して読み取れる情報から，中世の特色について多面的・多角的に考察し，仮説を表現すること．

(3) 中世の国家・社会の展開と画期（歴史の解釈，説明，論述）

　諸資料を活用し，(2)で表現した仮説を踏まえ，課題を追究したり解決したりする活動を通して，次の事項を身に付けることができるよう指導する．

　ア　次のような知識を身に付けること．

（ア）武家政権の成立と展開，産業の発達，宗教や文化の展開などを基に，武家政権の伸張，社会や文化の特色を理解すること．

（イ）武家政権の変容，日明貿易の展開と琉球王国の成立，村落や都市の自立，多様な文化の形成や融合などを基に，地域権力の成長，社会の変容と文化の特色を理解すること．

　イ　次のような思考力，判断力，表現力等を身に付けること．

（ア）公武関係の変化，宋・元（モンゴル帝国）などユーラシアとの交流と経済や文化への影響などに着目して，主題を設定し，中世の国家・社会の展開について，事象の意味や意義，関係性などを多面的・多角的に考察し，歴史に関わる諸事象の解釈や歴史の画期などを根拠を示して表現すること．

（イ）社会や経済の変化とその影響，東アジアの国際情勢の変化とその影響，地域の多様性，社会の変化と文化との関係などに着目して，主題を設定し，中世の国家・社会の変容について，事象の意味や意義，関係性などを多面的・多角的に考察し，歴史に関わる諸事象の解釈や歴史の画期などを根拠を示して表現すること．

C　近世の日本と世界

(1) 近世への転換と歴史的環境

　諸資料を活用し，課題を追究したり解決したりする活動を通して，次の事項を身に付けることができるよう指導する．

　ア　次のような知識を身に付けること．

（ア）織豊政権の政治・経済政策，貿易や対外関係などを基に，中世から近世への時代の転換を理解すること．

　イ　次のような思考力，判断力，表現力等を身に付けること．

（ア）村落や都市の支配の変化，アジア各地やヨーロッパ諸国との交流の影響などに着目して，中世から近世の国家・社会の変容を多面的・多角的に考察し，表現すること．

（イ）時代の転換に着目して，近世の特色について多面的・多角的に考察し，時代を通観する問いを表現すること．

(2) 歴史資料と近世の展望

　諸資料を活用し，(1)で表現した時代を通観する問いを踏まえ，課題を追究したり解決したりする活動を通して，次の事項を身に付けることができるよう指導する．

　ア　次のような技能を身に付けること．

（ア）近世の特色を示す適切な歴史資料を基に，資料から歴史に関わる情報を収集し，読み取る技能を身に付ける

こと．

　イ　次のような思考力，判断力，表現力等を身に付けること．

（ア）歴史資料の特性を踏まえ，資料を通して読み取れる情報から，近世の特色について多面的・多角的に考察し，仮説を表現すること．

(3) 近世の国家・社会の展開と画期（歴史の解釈，説明，論述）

　諸資料を活用し，(2)で表現した仮説を踏まえ，課題を追究したり解決したりする活動を通して，次の事項を身に付けることができるよう指導する．

　ア　次のような知識を身に付けること．

（ア）法や制度による支配秩序の形成と身分制，貿易の統制と対外関係，技術の向上と開発の進展，学問・文化の発展などを基に，幕藩体制の確立，近世の社会と文化の特色を理解すること．

（イ）産業の発達，飢饉や一揆の発生，幕府政治の動揺と諸藩の動向，学問・思想の展開，庶民の生活と文化などを基に，幕藩体制の変容，近世の庶民の生活と文化の特色，近代化の基盤の形成を理解すること．

　イ　次のような思考力，判断力，表現力等を身に付けること．

（ア）織豊政権との類似と相違，アジアの国際情勢の変化，交通・流通の発達，都市の発達と文化の担い手との関係などに着目して，主題を設定し，近世の国家・社会の展開について，事象の意味や意義，関係性などを多面的・多角的に考察し，歴史に関わる諸事象の解釈や歴史の画期などを根拠を示して表現すること．

（イ）社会・経済の仕組みの変化，幕府や諸藩の政策の変化，国際情勢の変化と影響，政治・経済と文化との関係などに着目して，主題を設定し，近世の国家・社会の変容について，事象の意味や意義，関係性などを多面的・多角的に考察し，歴史に関わる諸事象の解釈や歴史の画期などを根拠を示して表現すること．

D　近現代の地域・日本と世界

(1) 近代への転換と歴史的環境

　諸資料を活用し，課題を追究したり解決したりする活動を通して，次の事項を身に付けることができるよう指導する．

　ア　次のような知識を身に付けること．

（ア）対外政策の変容と開国，幕藩体制の崩壊と新政権の成立などを基に，近世から近代への時代の転換を理解すること．

　イ　次のような思考力，判断力，表現力等を身に付けること．

（ア）欧米諸国の進出によるアジア諸国の変化，政治・経済の変化と思想への影響などに着目して，近世から近代の国家・社会の変容を多面的・多角的に考察し，表現すること．

（イ）時代の転換に着目して，近代の特色について多面的・多角的に考察し，時代を通観する問いを表現すること．

(2) 歴史資料と近代の展望

　諸資料を活用し，(1)で表現した時代を通観する問いを踏まえ，課題を追究したり解決したりする活動を通して，次の事項を身に付けることができるよう指導する．

　ア　次のような技能を身に付けること．

（ア）近代の特色を示す適切な歴史資料を基に，資料から歴史に関わる情報を収集し，読み取る技能を身に付けること．

　イ　次のような思考力，判断力，表現力等を身に付けること．

（ア）歴史資料の特性を踏まえ，資料から読み取れる情報から，近代の特色について多面的・多角的に考察し，仮説を表現すること．

(3) 近現代の地域・日本と世界の画期と構造

　諸資料を活用し，(2)で表現した仮説を踏まえ，課題を追究したり解決したりする活動を通して，次の事項を身に付けることができるよう指導する．

　ア　次のような知識を身に付けること．

（ア）明治維新，自由民権運動，大日本帝国憲法の制定，条約改正，日清・日露戦争，第一次世界大戦，社会運動の動向，政党政治などを基に，立憲体制への移行，国民国家の形成，アジアや欧米諸国との関係の変容を理解すること．

（イ）文明開化の風潮，産業革命の展開，交通の整備と産業構造の変容，学問の発展や教育制度の拡充，社会問題の発生などを基に，産業の発展の経緯と近代の文化の特色，大衆社会の形成を理解すること．

（ウ）恐慌と国際関係，軍部の台頭と対外政策，戦時体制の強化と第二次世界大戦の展開などを基に，第二次世界大戦に至る過程及び大戦中の政治・社会，国民生活の変容を理解すること．

（エ）占領政策と諸改革，日本国憲法の成立，平和条約と独立の回復，戦後の経済復興，アジア諸国との関係，高度経済成長，社会・経済・情報の国際化などを基に，我が国の再出発及びその後の政治・経済や対外関係，現代の政治や社会の枠組み，国民生活の変容を理解すること．

イ 次のような思考力，判断力，表現力等を身に付けること．

（ア）アジアや欧米諸国との関係，地域社会の変化，戦争が及ぼした影響などに着目して，主題を設定し，近代の政治の展開と国際的地位の確立，第一次世界大戦前後の対外政策や国内経済，国民の政治参加の拡大について，事象の意味や意義，関係性などを多面的・多角的に考察し，歴史に関わる諸事象の解釈や歴史の画期などを根拠を示して表現すること．

（イ）欧米の思想・文化の影響，産業の発達の背景と影響，地域社会における労働や生活の変化，教育の普及とその影響などに着目して，主題を設定し，日本の工業化の進展，近代の文化の形成について，事象の意味や意義，関係性などを多面的・多角的に考察し，歴史に関わる諸事象の解釈や歴史の画期などを根拠を示して表現すること．

（ウ）国際社会やアジア近隣諸国との関係，政治・経済体制の変化，戦争の推移と国民生活への影響などに着目して，主題を設定し，第二次世界大戦と日本の動向の関わりについて，事象の意味や意義，関係性などを多面的・多角的に考察し，歴史に関わる諸事象の解釈や歴史の画期などを根拠を示して表現すること．

（エ）第二次世界大戦前後の政治や社会の類似と相違，冷戦の影響，グローバル化の進展の影響，国民の生活や地域社会の変化などに着目して，主題を設定し，戦前と戦後の国家・社会の変容，戦後政治の展開，日本経済の発展，第二次世界大戦後の国際社会における我が国の役割について，事象の意味や意義，関係性などを多面的・多角的に考察し，歴史に関わる諸事象の解釈や歴史の画期などを根拠を示して表現すること．

（オ）日本と世界の相互の関わり，地域社会の変化，（ア）から（エ）までの学習で見いだした画期などに着目して，事象の意味や意義，関係性などを構造的に整理して多面的・多角的に考察し，我が国の近現代を通した歴史の画期を見いだし，根拠を示して表現すること．

（4）現代の日本の課題の探究
次の①から③までについて，内容のA，B及びC並びにDの（1）から（3）までの学習を踏まえ，持続可能な社会の実現を視野に入れ，地域社会や身の回りの事象と関連させて主題を設定し，諸資料を活用して探究する活動を通して，以下のア及びイの事項を身に付けることができるよう指導する．
① 社会や集団と個人
② 世界の中の日本
③ 伝統や文化の継承と創造
ア 次のような知識を身に付けること．
（ア）歴史的経緯を踏まえて，現代の日本の課題を理解す

ること．
イ 次のような思考力，判断力，表現力等を身に付けること．
（ア）歴史の画期，地域社会の諸相と日本や世界との歴史的な関係，それ以前の時代からの継続や変化などに着目して，現代の日本の課題の形成に関わる歴史について，多面的・多角的に考察，構想して表現すること．

3 内容の取扱い
（1）内容の全体にわたって，次の事項に配慮するものとする．
ア 我が国の歴史と文化について各時代の国際環境や地理的条件などと関連付け，世界の中の日本という視点から考察できるよう指導を工夫すること．
イ この科目では，中学校までの学習や「歴史総合」の学習との連続性に留意して諸事象を取り上げることにより，生徒が興味・関心をもって我が国の歴史の展開を学習できるよう工夫すること．その際，我が国の歴史を大観して理解し，考察，表現できるようにすることに指導の重点を置き，個別の事象のみの理解にとどまることのないよう留意すること．
また，各時代の特色を総合的に考察する学習及び前後の時代を比較してその移り変わりを考察する学習の充実を図ること．
ウ 年表や地図，その他の資料を積極的に活用し，地域の文化遺産，博物館や公文書館，その他の資料館などを調査・見学したりするなど，具体的に学ぶよう指導を工夫すること．その際，歴史に関わる諸資料を整理・保存することの意味や意義，文化財保護の重要性に気付くようにすること．また，科目の内容に関係する専門家や関係諸機関などとの円滑な連携・協働を図り，社会との関わりを意識した指導を工夫すること．
エ 活用する資料の選択に際しては，生徒の興味・関心，学校や地域の実態などに十分配慮して行うこと．
オ 近現代史の指導に当たっては，客観的かつ公正な資料に基づいて，事実の正確な理解に導くとともに，多面的・多角的に考察し公正に判断する能力を育成すること．その際，核兵器などの脅威に着目させ，戦争や紛争などを防止し，平和で民主的な国際社会を実現することが重要な課題であることを認識するよう指導を工夫すること．
カ 近現代史の指導に当たっては，「歴史総合」の学習の成果を踏まえ，より発展的に学習できるよう留意すること．
キ 文化に関する指導に当たっては，各時代の文化とそれを生み出した時代的背景との関連，外来の文化などとの接触や交流による文化の変容や発展の過程などに着目させ，我が国の伝統と文化の特色とそれを形成した様々な要因を総合的に考察できるよう指導を工夫すること．衣食住や風習・信仰などの生活文化についても，時代の特色や地域社会の様子などと関連付け，民俗学や考古学などの成果の活用を図りながら扱うようにすること．
ク 地域の歴史と文化について扱うようにするとともに，祖先が地域社会の向上と文化の創造や発展に努力したことを具体的に理解させ，それらを尊重する態度を育てるようにすること．
（2）内容の取扱いに当たっては，次の事項に配慮するものとする．
ア 内容のA，B，C及びDは，この順序で扱うこと．また，「歴史総合」で学習した歴史の学び方を活用すること．
イ 内容のA，B，C及びDのそれぞれの（1）については，対外的な環境の変化や国内の諸状況の変化などを扱い，時代の転換を理解できるようすること．それぞれの（1）のイの（イ）については，アの理解に加え，中学校社会科歴史的分野における学習の成果を活用するなどして，対象となる時代の特色を考察するための時代を通観する問いが表現できるよう指導を工夫すること．
ウ 内容のA，B，C及びDのそれぞれの（2）については，

政治や経済，社会，生活や文化，国際環境など，各時代の特色を生徒が読み取ることができる複数の適切な資料を活用し，それぞれの（1）で表現した問いを踏まえ，中学校社会科歴史的分野における学習の成果を活用するなどして，対象となる時代の特色について，生徒が仮説を立てることができるよう指導を工夫すること．その際，様々な歴史資料の特性に着目し，諸資料に基づいて歴史が叙述されていることを踏まえて多面的・多角的に考察できるよう，資料を活用する技能を高める指導を工夫すること．また，デジタル化された資料や，地域の遺構や遺物，歴史的な地形，地割や町並みの特徴などを積極的に活用し，具体的に学習できるよう工夫するとともに，歴史資料や遺構の保存・保全などの努力が図られていることに気付くようにすること．

エ　内容のA，B，C及びDのそれぞれの（3）については，それぞれの（2）で表現した仮説を踏まえて主題を設定すること．その際，資料を活用し，事象の意味や意義，事象相互の関係性などを考察できるよう指導を工夫すること．また，根拠や論理を踏まえ，筋道を立てて説明するなどの学習から，歴史に関わる諸事象には複数の解釈が成り立つことや，歴史の変化の意味や意義の考察から，様々な画期を示すことができることに気付くようにすること．また，それらの考察の結果を，文章としてまとめたりするなどの一連の学習を通して，思考力，判断力，表現力等の育成を図ること．

オ　内容のAについては，次のとおり取り扱うものとすること．

　　（1），（2）及び（3）については，遺構や遺物，編纂された歴史書，公家の日記などの資料や，それらを基に作成された資料などから適切なものを取り上げること．

カ　内容のBについては，次のとおり取り扱うものとすること．

　　（1），（2）及び（3）については，武家，公家（くげ），幕府や寺社の記録，絵画などの資料や，それらを基に作成された資料などから適切なものを取り上げること．（3）のアの（イ）については，公家や武家，庶民などの文化の形成や融合について扱うこと．また，アイヌや琉球（りゅうきゅう）の文化の形成についても扱うこと．

キ　内容のCについては，次のとおり取り扱うものとすること．

　　（1），（2）及び（3）については，幕府や藩の法令，地域に残る村方（地方）・町方文書，浮世絵などの絵画や出版物などの資料や，それらを基に作成された資料などから適切なものを取り上げること．（3）のアの（ア）については，長崎，琉球（りゅうきゅう），対馬，松前藩やアイヌの人々を通して，それぞれオランダ，中国，朝鮮との交流や北方貿易が行われたことについて取り上げること．

ク　内容のDについては，次のとおり取り扱うものとすること．

　　（1），（2）及び（3）については，日記，書簡，自伝，公文書，新聞，統計，写真，地図，映像や音声，生活用品の変遷などの資料や，それらを基に作成された資料などから適切なものを取り上げること．（3）のアの（ア）については，明治維新や国民国家の形成などの学習において，領土の画定などを取り扱うようにすること．その際，北方領土に触れるとともに，竹島，尖閣諸島の編入についても触れること．（3）のアの（ウ）については，第二次世界大戦の学習において，この戦争が人類全体に惨禍を及ぼしたことを基に，平和で民主的な国際社会の実現に努めることが大切であることを認識できるようにすること．（3）のイの（ア），（イ），（ウ）及び（エ）については，地域社会と日本や世界の歴史的な変化との関係性に着目して具体的に考察できるようにすること．（3）のイの（オ）については，

（1）から（3）までの学習のまとめとして，日本の近現代の推移を踏まえ，生徒が近現代を通した歴史の中に，根拠をもって画期を見いだし表現できるよう指導を工夫すること．その際，事象の因果関係，地域社会と日本や世界などの相互の関係性，政治や経済，社会，文化など歴史の諸要素の関係性など，様々な側面から構造的に整理して考察できるようにすること．（4）については，この科目のまとめとして位置付けること．その際，生徒の生活や生活空間，地域社会との関わりを踏まえた主題を設定するとともに，歴史的な経緯や根拠を踏まえた展望を構想することができるよう指導を工夫すること．

第5　世界史探究
1　目　標
　　社会的事象の歴史的な見方・考え方を働かせ，課題を追究したり解決したりする活動を通して，広い視野に立ち，グローバル化する国際社会に主体的に生きる平和で民主的な国家及び社会の有為な形成者に必要な公民としての資質・能力を次のとおり育成することを目指す．

（1）世界の歴史の大きな枠組みと展開に関わる諸事象について，地理的条件や日本の歴史と関連付けながら理解するとともに，諸資料から世界の歴史に関する様々な情報を適切かつ効果的に調べまとめる技能を身に付けるようにする．

（2）世界の歴史の大きな枠組みと展開に関わる事象の意味や意義，特色などを，時期や年代，推移，比較，相互の関連や現代世界とのつながりなどに着目して，概念などを活用して多面的・多角的に考察したり，歴史に見られる課題を把握し解決を視野に入れて構想したりする力や，考察，構想したことを効果的に説明したり，それらを基に議論したりする力を養う．

（3）世界の歴史の大きな枠組みと展開に関わる諸事象について，よりよい社会の実現を視野に課題を主体的に探究しようとする態度を養うとともに，多面的・多角的な考察や深い理解を通して涵養（かん）される日本国民としての自覚，我が国の歴史に対する愛情，他国や他国の文化を尊重することの大切さについての自覚などを深める．

2　内　容
A　世界史へのまなざし
（1）地球環境から見る人類の歴史
　　諸資料を活用し，課題を追究したり解決したりする活動を通して，次の事項を身に付けることができるよう指導する．
　ア　次のような知識を身に付けること．
　　（ア）人類の誕生と地球規模での拡散・移動を基に，人類の歴史と地球環境との関わりを理解すること．
　イ　次のような思考力，判断力，表現力等を身に付けること．
　　（ア）諸事象を捉えるための時間の尺度や，諸事象の空間的な広がりに着目し，主題を設定し，地球の歴史における人類の歴史の位置と人類の特性を考察し，表現すること．
（2）日常生活から見る世界の歴史
　　諸資料を活用し，課題を追究したり解決したりする活動を通して，次の事項を身に付けることができるよう指導する．
　ア　次のような知識を身に付けること．
　　（ア）衣食住，家族，教育，余暇などの身の回りの諸事象を基に，私たちの日常生活が世界の歴史とつながっていることを理解すること．
　イ　次のような思考力，判断力，表現力等を身に付けること．
　　（ア）諸事象の来歴や変化に着目して，主題を設定し，身の回りの諸事象と世界の歴史との関連性を考察し，表現すること．
B　諸地域の歴史的特質の形成
（1）諸地域の歴史的特質への問い
　　生業，身分・階級，王権，宗教，文化・思想などに関する

資料を活用し，課題を追究したり解決したりする活動を通して，次の事項を身に付けることができるよう指導する．
ア　次のような技能を身に付けること．
（ア）資料から情報を読み取ったりまとめたりする技能を身に付けること．
イ　次のような思考力，判断力，表現力等を身に付けること．
（ア）文明の形成に関わる諸事象の背景や原因，結果や影響，事象相互の関連などに着目し，諸地域の歴史的特質を読み解く観点について考察し，問いを表現すること．
（2）古代文明の歴史的特質
諸資料を活用し，（1）で考察した観点を踏まえた問いを基に，課題を追究したり解決したりする活動を通して，次の事項を身に付けることができるよう指導する．
ア　次のような知識を身に付けること．
（ア）オリエント文明，インダス文明，中華文明などを基に，古代文明の歴史的特質を理解すること．
イ　次のような思考力，判断力，表現力等を身に付けること．
（ア）古代文明に関わる諸事象の背景や原因，結果や影響，事象相互の関連などに着目し，主題を設定し，諸資料を比較したり関連付けたりして読み解き，自然環境と生活や文化との関連性，農耕・牧畜の意義などを多面的・多角的に考察し，表現すること．
（3）諸地域の歴史的特質
諸資料を活用し，（1）で考察した観点を踏まえた問いを基に，課題を追究したり解決したりする活動を通して，次の事項を身に付けることができるよう指導する．
ア　次のような知識を身に付けること．
（ア）秦・漢と遊牧国家，唐と近隣諸国の動向などを基に，東アジアと中央ユーラシアの歴史的特質を理解すること．
（イ）仏教の成立とヒンドゥー教，南アジアと東南アジアの諸国家などを基に，南アジアと東南アジアの歴史的特質を理解すること．
（ウ）西アジアと地中海周辺の諸国家，キリスト教とイスラームの成立とそれらを基盤とした国家の形成などを基に，西アジアと地中海周辺の歴史的特質を理解すること．
イ　次のような思考力，判断力，表現力等を身に付けること．
（ア）東アジアと中央ユーラシアの歴史に関わる諸事象の背景や原因，結果や影響，事象相互の関連，諸地域相互の関わりなどに着目し，主題を設定し，諸資料を比較したり関連付けたりして読み解き，唐の統治体制と社会や文化の特色，唐と近隣諸国との関係，遊牧民の社会の特徴と周辺諸地域との関係などを多面的・多角的に考察し，表現すること．
（イ）南アジアと東南アジアの歴史に関わる諸事象の背景や原因，結果や影響，事象相互の関連，諸地域相互の関わりなどに着目し，主題を設定し，諸資料を比較したり関連付けたりして読み解き，南アジアと東南アジアにおける宗教や文化の特色，東南アジアと周辺諸地域との関係などを多面的・多角的に考察し，表現すること．
（ウ）西アジアと地中海周辺の歴史に関わる諸事象の背景や原因，結果や影響，事象相互の関連，諸地域相互の関わりなどに着目し，主題を設定し，諸資料を比較したり関連付けたりして読み解き，西アジアと地中海周辺の諸国家の社会や文化の特色，キリスト教とイスラームを基盤とした国家の特徴などを多面的・多角的に考察し，表現すること．
C　諸地域の交流・再編
（1）諸地域の交流・再編への問い
交易の拡大，都市の発達，国家体制の変化，宗教や科学・技術及び文化・思想の伝播などに関する資料を活用し，課題を追究したり解決したりする活動を通して，次の事項を身に付けることができるよう指導する．

ア　次のような技能を身に付けること．
（ア）資料から情報を読み取ったりまとめたりする技能を身に付けること．
イ　次のような思考力，判断力，表現力等を身に付けること．
（ア）諸地域の交流・再編に関わる諸事象の背景や原因，結果や影響，事象相互の関連，諸地域相互のつながりなどに着目し，諸地域の交流・再編を読み解く観点について考察し，問いを表現すること．
（2）結び付くユーラシアと諸地域
諸資料を活用し，（1）で考察した観点を踏まえた問いを基に，課題を追究したり解決したりする活動を通して，次の事項を身に付けることができるよう指導する．
ア　次のような知識を身に付けること．
（ア）西アジア社会の動向とアフリカ・アジアへのイスラームの伝播，ヨーロッパ封建社会とその展開，宋の社会とモンゴル帝国の拡大などを基に，海域と内陸にわたる諸地域の交流の広がりを構造的に理解すること．
（イ）アジア海域での交易の興隆，明と日本・朝鮮の動向，スペインとポルトガルの活動などを基に，諸地域の交易の進展とヨーロッパの進出を構造的に理解すること．
イ　次のような思考力，判断力，表現力等を身に付けること．
（ア）諸地域の交流の広がりに関わる諸事象の背景や原因，結果や影響，事象相互の関連，諸地域相互のつながりなどに着目し，主題を設定し，諸資料を比較したり関連付けたりして読み解き，諸地域へのイスラームの拡大の要因，ヨーロッパの社会や文化の特色，中国社会の特徴やモンゴル帝国が果たした役割などを多面的・多角的に考察し，表現すること．
（イ）諸地域の交易とヨーロッパの進出に関わる諸事象の背景や原因，結果や影響，事象相互の関連，諸地域相互のつながりなどに着目し，主題を設定し，諸資料を比較したり関連付けたりして読み解き，アジア海域での交易の特徴，ユーラシアとアメリカ大陸間の交易の特徴とアメリカ大陸の変容などを多面的・多角的に考察し，表現する．
（3）アジア諸地域とヨーロッパの再編
諸資料を活用し，（1）で考察した観点を踏まえた問いを基に，課題を追究したり解決したりする活動を通して，次の事項を身に付けることができるよう指導する．
ア　次のような知識を身に付けること．
（ア）西アジアや南アジアの諸帝国，清と日本・朝鮮などの動向を基に，アジア諸地域の特質を構造的に理解すること．
（イ）宗教改革とヨーロッパ諸国の抗争，大西洋三角貿易の展開，科学革命と啓蒙思想などを基に，主権国家体制の形成と地球規模での交易の拡大を構造的に理解すること．
イ　次のような思考力，判断力，表現力等を身に付けること．
（ア）アジア諸地域の動向に関わる諸事象の背景や原因，結果や影響，事象相互の関連，諸地域相互のつながりに着目し，主題を設定し，諸資料を比較したり関連付けたりして読み解き，諸帝国の統治の特徴，アジア諸地域の経済と社会や文化の特色，日本の対外関係の特徴などを多面的・多角的に考察し，表現すること．
（イ）ヨーロッパ諸地域の動向に関わる諸事象の背景や原因，結果や影響，事象相互の関連，諸地域相互のつながりなどに着目し，主題を設定し，諸資料を比較したり関連付けたりして読み解き，宗教改革の意義，大西洋両岸諸地域の経済的連関の特徴，主権国家の特徴と経済活動との関連，ヨーロッパの社会や文化の特色などを多面的・多角的に考察し，表現すること．
D　諸地域の結合・変容

（1）諸地域の結合・変容への問い

　人々の国際的な移動，自由貿易の広がり，マスメディアの発達，国際規範の変容，科学・技術の発達，文化・思想の展開などに関する資料を活用し，課題を追究したり解決したりする活動を通して，次の事項を身に付けることができるよう指導する。

　ア　次のような知識及び技能を身に付けること。

　　（ア）資料から情報を読み取ったりまとめたりする技能を身に付けること。

　イ　次のような思考力，判断力，表現力等を身に付けること。

　　（ア）諸地域の結合・変容に関わる諸事象の背景や原因，結果や影響，事象相互の関連，諸地域相互のつながりなどに着目し，主題を設定し，諸地域の結合・変容を読み解く観点について考察し，問いを表現すること。

（2）世界市場の形成と諸地域の結合

　諸資料を活用し，（1）で考察した観点を踏まえた問いを基に，課題を追究したり解決したりする活動を通して，次の事項を身に付けることができるよう指導する。

　ア　次のような知識を身に付けること。

　　（ア）産業革命と環大西洋革命，自由主義とナショナリズム，南北戦争の展開などを基に，国民国家と近代民主主義社会の形成を構造的に理解すること。

　　（イ）国際的な分業体制と労働力の移動，イギリスを中心とした自由貿易体制，アジア諸国の植民地化と諸改革などを基に，世界市場の形成とアジア諸国の変容を構造的に理解すること。

　イ　次のような思考力，判断力，表現力等を身に付けること。

　　（ア）大西洋両岸諸地域の動向に関わる諸事象の背景や原因，結果や影響，事象相互の関連，諸地域相互のつながりなどに着目し，主題を設定し，諸資料を比較したり関連付けたりして読み解き，産業革命や環大西洋革命の意味や意義，自由主義とナショナリズムの特徴，南北アメリカ大陸の変容などを多面的・多角的に考察し，表現すること。

　　（イ）世界市場の形成とアジア諸国の動向に関わる諸事象の背景や原因，結果や影響，事象相互の関連，諸地域相互のつながりなどに着目し，主題を設定し，諸資料を比較したり関連付けたりして読み解き，労働力の移動を促す要因，イギリスの覇権の特徴，アジア諸国の変容の地域的な特徴などを多面的・多角的に考察し，表現すること。

（3）帝国主義とナショナリズムの高揚

　諸資料を活用し，（1）で考察した観点を踏まえた問いを基に，課題を追究したり解決したりする活動を通して，次の事項を身に付けることができるよう指導する。

　ア　次のような知識を身に付けること。

　　（ア）第二次産業革命と帝国主義諸国の抗争，アジア諸国の変革などを基に，世界分割の進展とナショナリズムの高まりを構造的に理解すること。

　　（イ）第一次世界大戦とロシア革命，ヴェルサイユ・ワシントン体制の形成，アメリカ合衆国の台頭，アジア・アフリカの動向とナショナリズムなどを基に，第一次世界大戦の展開と諸地域の変容を構造的に理解すること。

　イ　次のような思考力，判断力，表現力等を身に付けること。

　　（ア）列強の対外進出とアジア・アフリカの動向に関わる諸事象の背景や原因，結果や影響，事象相互の関連，諸地域相互のつながりなどに着目し，主題を設定し，諸資料を比較したり関連付けたりして読み解き，世界経済の構造的な変化，列強の帝国主義政策の共通点と相違点，アジア諸国のナショナリズムの特徴などを多面的・多角的に考察し，表現すること。

　　（イ）第一次世界大戦と大戦後の諸地域の動向に関わる諸事象の背景や原因，結果や影響，事象相互の関連，諸地

域相互のつながりなどに着目し，主題を設定し，諸資料を比較したり関連付けたりして読み解き，第一次世界大戦後の国際協調主義の性格，アメリカ合衆国の台頭の要因，アジア・アフリカのナショナリズムの性格などを多面的・多角的に考察し，表現すること。

（4）第二次世界大戦と諸地域の変容

　諸資料を活用し，（1）で考察した観点を踏まえた問いを基に，課題を追究したり解決したりする活動を通して，次の事項を身に付けることができるよう指導する。

　ア　次のような知識を身に付けること。

　　（ア）世界恐慌とファシズムの動向，ヴェルサイユ・ワシントン体制の動揺などを基に，国際関係の緊張と対立を構造的に理解すること。

　　（イ）第二次世界大戦の展開と大戦後の国際秩序，冷戦とアジア諸国の独立の始まりなどを基に，第二次世界大戦の展開と諸地域の変容を構造的に理解すること。

　イ　次のような思考力，判断力，表現力等を身に付けること。

　　（ア）世界恐慌と国際協調体制の動揺に関わる諸事象の背景や原因，結果や影響，事象相互の関連，諸地域相互のつながりなどに着目し，主題を設定し，諸資料を比較したり関連付けたりして読み解き，世界恐慌に対する諸国家の対応策の共通点と相違点，ファシズムの特徴，第二次世界大戦に向かう国際関係の変化の要因などを多面的・多角的に考察し，表現すること。

　　（イ）第二次世界大戦と大戦後の諸地域の動向に関わる諸事象の背景や原因，結果や影響，事象相互の関連，諸地域相互のつながりなどに着目し，主題を設定し，諸資料を比較したり関連付けたりして読み解き，第二次世界大戦中の連合国による戦後構想と大戦後の国際秩序との関連，アジア諸国の独立の地域的な特徴などを多面的・多角的に考察し，表現すること。

E　地球世界の課題

（1）国際機構の形成と平和への模索

　諸資料を活用し，課題を追究したり解決したりする活動を通して，次の事項を身に付けることができるよう指導する。

　ア　次のような知識を身に付けること。

　　（ア）集団安全保障と冷戦の展開，アジア・アフリカ諸国の独立と地域連携の動き，平和共存と多極化の進展，冷戦の終結と地域紛争の頻発などを基に，紛争解決の取組と課題を理解すること。

　イ　次のような思考力，判断力，表現力等を身に付けること。

　　（ア）国際機構の形成と紛争に関わる諸事象の歴史的背景や原因，結果や影響，事象相互の関連，諸地域相互のつながりなどに着目し，主題を設定し，諸資料を比較したり関連付けたりして読み解き，国際連盟と国際連合との共通点と相違点，冷戦下の紛争解決と冷戦後の紛争解決との共通点と相違点，紛争と経済や社会の変化との関連性などを多面的・多角的に考察し，表現すること。

（2）経済のグローバル化と格差の是正

　諸資料を活用し，課題を追究したり解決したりする活動を通して，次の事項を身に付けることができるよう指導する。

　ア　次のような知識を身に付けること。

　　（ア）先進国の経済成長と南北問題，アメリカ合衆国の覇権の動揺，資源ナショナリズムの動きと産業構造の転換，アジア・ラテンアメリカ諸国の経済成長と南南問題，経済のグローバル化などを基に，格差是正の取組と課題を理解すること。

　イ　次のような思考力，判断力，表現力等を身に付けること。

　　（ア）国際競争の展開と経済格差に関わる諸事象の歴史的背景や原因，結果や影響，事象相互の関連，諸地域相互のつながりなどに着目し，主題を設定し，諸資料を比較したり関連付けたりして読み解き，先進国による経済援助や経済の成長が見られた地域の特徴，諸地域間の経済

格差や各国内の経済格差の特徴，経済格差と政治や社会の変化との関連性などを多面的・多角的に考察し，表現する。
(3) 科学技術の高度化と知識基盤社会
諸資料を活用し，課題を追究したり解決したりする活動を通して，次の事項を身に付けることができるよう指導する。
ア 次のような知識を身に付けること。
(ア) 原子力の利用や宇宙探査などの科学技術，医療技術・バイオテクノロジーと生命倫理，人工知能と労働の在り方の変容，情報通信技術の発達と普及などを基に，知識基盤社会の展開と課題を理解すること。
イ 次のような思考力，判断力，表現力等を身に付けること。
(ア) 科学技術の高度化と知識基盤社会に関わる諸事象の歴史的背景や原因，結果や影響，事象相互の関連などに着目し，主題を設定し，諸資料を比較したり関連付けたりして読み解き，現代の科学技術や文化の歴史的な特色，第二次世界大戦後の科学技術の高度化と政治・経済・社会の変化との関連性などを多面的・多角的に考察し，表現すること。
(4) 地球世界の課題の探究
次の①から③までについて，内容のA，B，C及びD並びにEの (1) から (3) までの学習を基に，持続可能な社会の実現を視野に入れ，主題を設定し，諸資料を活用し探究する活動を通して，以下のア及びイの事項を身に付けることができるよう指導する。
① 紛争解決や共生
② 経済格差の是正や経済発展
③ 科学技術の発展や文化の変容
ア 次のような知識を身に付けること。
(ア) 歴史的経緯を踏まえて，地球世界の課題を理解すること。
イ 次のような思考力，判断力，表現力等を身に付けること。
(ア) 地球世界の課題の形成に関わる諸事象の歴史的背景や原因，結果や影響，事象相互の関連，諸地域相互のつながりなどに着目し，諸資料を比較したり関連付けたりして読み解き，地球世界の課題の形成に関わる世界の歴史について多面的・多角的に考察，構想し，表現すること。

3 内容の取扱い
(1) 内容の全体にわたって，次の事項に配慮するものとする。
ア この科目では，中学校までの学習や「歴史総合」の学習との連続性に留意して諸事象を取り上げることにより，生徒が興味・関心をもって世界の歴史を学習できるよう指導を工夫すること。その際，世界の歴史の大きな枠組みと展開を構造的に理解し，考察，表現できるようにすることに指導の重点を置き，個別の事象のみの理解にとどまることのないように留意すること。
イ 歴史に関わる諸事象については，地理的な条件と関連付けて扱うとともに，特定の時間やその推移及び特定の空間やその広がりの中で生起することを踏まえ，時間的・空間的な比較や関連付けなどにより捉えられるよう指導を工夫すること。
ウ 年表や地図，その他の資料を積極的に活用し，文化遺産，博物館やその他の資料館などの施設を調査・見学するなど，具体的に学ぶよう指導を工夫すること。その際，歴史に関わる諸資料を整理・保存することの意味や意義に気付くようにすること。また，科目の内容に関係する専門家や関係諸機関などとの円滑な連携・協働を図り，社会との関わりを意識した指導を工夫すること。
エ 活用する資料の選択に際しては，生徒の興味・関心，学校や地域の実態などに十分配慮して行うこと。
オ 近現代史の指導に当たっては，客観的かつ公正な資料に基づいて，事実の正確な理解に導くとともに，多面的・多

角的に考察し公正に判断する能力を育成すること。その際，核兵器などの脅威に着目させ，戦争や紛争などを防止し，平和で民主的な国際社会を実現することが重要な課題であることを認識するよう指導を工夫すること。
カ 近現代史の指導に当たっては，「歴史総合」の学習の成果を踏まえ，より発展的に学習できるよう留意すること。
(2) 内容の取扱いに当たっては，次の事項に配慮するものとする。
ア 内容のA，B，C，D及びEについては，この順序で取り扱うものとし，A，B，C及びD並びにEの (1) から (3) までの学習をすることにより，Eの (4) の学習が充実するように年間指導計画を作成すること。また，「歴史総合」で学習した歴史の学び方を活用すること。
イ 内容のAについては，この科目の導入としての位置付けを踏まえ，生徒が現在と異なる過去や現在につながる過去に触れ，世界史学習の意味や意義に気付くようにすること。
(1) については，地球，生命，人類の誕生などの歴史は，それぞれ異なる時間の尺度をもっていることに触れること。
(2) については，日常生活に見る世界の歴史に関わる具体的な事例を取り上げ，世界史学習への興味・関心をもたせるよう指導を工夫すること。
ウ 内容のBについては，自然環境と人類との活動の関わりの中で，歴史的に形成された諸地域の生活，社会，文化，宗教の多様性に気付くようにすること。また，遺物や碑文，歴史書，年表や地図などの資料から適切なものを取り上げること。
(1) については，生徒の学習意欲を喚起する具体的な事例を取り上げ，(2) 及び (3) の学習内容への課題意識やそれらの学習への見通しをもたせるよう指導を工夫すること。また，観点を踏まえることで，諸地域の歴史的特質を構造的に捉えることができることに気付くようにすること。
(2) については，自然環境が人類の活動に与える影響や，人類が自然環境に積極的に働きかけた具体的な事例を取り上げ，自然環境と人類の活動との相互の関係を地理的視野から触れること。
(3) については，国家と宗教の関係や，文化や宗教が人々の暮らしに与えた影響，異なる宗教の共存に気付くようにすること。また，日本の動向も視野に入れて，日本と他のアジア諸国との比較や関係についても触れること。
エ 内容のCについては，諸地域の交流の広がりとともに再編が進む中で，地球規模で諸地域がつながり始めたことに気付くようにすること。また，日本の動向も視野に入れて，日本と他の国々との比較や関係についても触れること。なお，遺物や碑文，旅行記や歴史書，年表や地図などの資料から適切なものを取り上げること。
(1) については，生徒の学習意欲を喚起する具体的な事例を取り上げ，(2) 及び (3) の学習内容への課題意識やそれらの学習への見通しをもたせるよう指導を工夫すること。また，観点を踏まえることで，諸地域の交流・再編を構造的に捉えることができることに気付くようにすること。
(2) については，人，物産，情報などの具体的な事例を取り上げ，諸地域の交流が海域と内陸の交易ネットワークの形成により活性化したことに気付くようにすること。
(3) については，アジアとヨーロッパにおいて特色ある社会構成や文化をもつ諸国家が形成されたことに気付くようにすること。
オ 内容のDについては，諸地域の結合の進展とともに変容が進む中で，地球規模で諸地域のつながりが広まり始めたことに気付くようにすること。また，日本の動向も視野

に入れて，日本と他の国々との比較や関係についても触れること．なお，公文書や手紙・日記，歴史書，芸術作品や風刺画，写真や映像，統計，年表や地図などの資料から適切なものを取り上げること．

　（1）については，生徒の学習意欲を喚起する具体的な事例を取り上げ，（2），（3）及び（4）の学習内容への課題意識やそれらの学習への見通しをもたせるよう指導を工夫すること．また，観点を踏まえることで，諸地域の結合・変容を構造的に捉えることができることに気付くようにすること．

　（2）については，諸地域が政治的，経済的に緊密な関係を持ち始めた19世紀の世界の一体化の特徴に触れること．

　（3）については，19世紀末に世界経済の構造が大きく変容し，第一次世界大戦を経てこれまでのヨーロッパ中心の国際秩序の見直しが図られたことに気付くようにすること．

　（4）については，自由主義経済の危機により，資本主義諸国では国家による経済への関与が積極的に進められるようになり，そのことが，第二次世界大戦を経て，福祉国家体制の成立の契機となったことに気付くようにすること．また，第二次世界大戦を契機とした欧米諸国の覇権の推移に触れるとともに，Eとのつながりに留意すること．

カ　内容のEについては，この科目の学習全体を視野に入れた（4）の主題を探究する活動が充実するよう（1），（2）及び（3）の主題を設定し，多元的な相互依存関係を深める現代世界の特質を考察できるよう指導を工夫すること．

　（1）については，平和で民主的な世界を目指す多様な行動主体に気付くようにすること．

　（2）については，経済格差の是正を目指す多様な行動主体に気付くようにすること．

　（3）については，欧米などの動向のみを取り上げることのないよう留意し，持続可能な社会の実現に向け，科学技術における知識の在り方について，人文科学や社会科学等の知識との学際的な連携が求められていることに気付くようにすること．

　（4）については，この科目のまとめとして位置付けること．その際，この科目の学習を振り返り，よりよい社会を展望できるようにすること．また，①から③までについては，相互につながりをもっていることに気付くようにすること．

さ　く　い　ん

中学校社会科教育・高等学校地理歴史科教育

2020 年 4 月 1 日　　第 1 版　第 1 刷　発行
2024 年 3 月 1 日　　第 1 版　第 4 刷　発行

編　　者　　社会認識教育学会
発 行 者　　発田和子
発 行 所　　株式 学術図書出版社
　　　　　　　　　　会社

〒113 - 0033　東京都文京区本郷 5 - 4 - 6
TEL 03-3811-0889　振替00110-4-28454
印刷　三美印刷（株）

定価はカバーに表示してあります.

© 2020　社会認識教育学会 Printed in Japan
ISBN978-4-7806-0680-5